KB118920

언락 **UNLOCK**

언락 UNLOCK

조 볼러 지음 ㅣ 이경식 옮김

Jo Boaler

**내 안의
가능성을
깨우는
6가지 법칙**

다산북스

인터뷰에서 마음을 활짝 열고
자신의 이야기를 들려준 사람들과
존재만으로도 고마운 두 딸 제이미와 아리안에게
이 책을 바칩니다.

지금 당장 가능성의
모든 락(Lock)을 풀어라

쾌청한 날이었다. 그날 나는 프레젠테이션을 하려고 샌디에이고 박물관으로 향하면서 건물 기둥 하나하나를 비추는 밝은 햇살에 어쩐지 고마운 마음이 들어 잠시 걸음을 멈추었다. 잠시 후 강당을 가득 메운 의과대학 교수들 앞에서 새로운 이론을 발표하려고 무대 위로 걸어 올라갔다. 긴장되어 몸이 살짝 떨렸다. 교사와 학부모 앞에 설 기회는 여러 번 있었지만, 의사 앞에서는 처음이라 어떤 반응일지 예상이 잘 안 됐다.

'아무 호응도 받지 못하는 건 아닐까?'

하지만 기우였다. 의과대학 교수 집단의 반응은 그동안 만나온 학생들과 교육자들의 반응과 크게 다르지 않았다. 대부분 깜짝 놀랐고, 그중에는 충격을 받은 사람도 있었다. 어쨌거나 거기 있던 사람 모두 내가 발표한 내용이 본인의 일 혹은 생활과 중요한 관련이 있음을 바로 알아차렸다. 강연을 듣자마자 스스로를 새로운 관점에서 바라보기 시작한 사람도 여럿 있었다. 작업 치료사인 사라Sara도 그랬다. 그녀는 강연이 끝난 뒤 나에게 달려와서, 어쩌면 지금껏 자신에게 엄청난 피해를 입혔을, 자기 능력에 대한 잘못된 믿음에 사로잡혀 있었던 경험을 털어놓았다. 학창 시절, 사라는 공부가 너무 어려웠고 공부를 왜 해야 하는지도 잘 몰랐다. 결국 그녀는 수학 과목에서 낙제했다. 자기가 할 수 있는 일에는 한계가 있다고 믿었다.

그러나 만약 이것이 잘못된 믿음이고, 실은 누구나 무엇이든 배울 수 있다면 어떨까? 얼마든지 전문 분야를 바꿀 수 있고, 새로운 방향으로 역량을 개발할 수 있으며, 여러 분야에서 두각을 드러낼 수 있고 이를 평생 이어갈 수 있다면? 매일 뇌가 성장할 수 있다면? 나는 이 책을 통해 뇌, 그리고 우리 인생이 놀랍도록 적응력이 뛰어나며 사람들이 이를 온전히 깨닫고 삶과 학습을 대하는 관점을 바꾸면 놀라운 일이 일어난다는 것을 보여주려 한다.

나는 잘못된 생각에 사로잡혀 무엇 하나 제대로 배우지 못하고 인생을 망치고 있는 이들을 거의 매일 만난다. 남녀노소, 지위나 신분의 높낮이와는 상관없다. 대개 그들은 예전에는 수학, 미술, 문학 등을 좋아했지만 정작 이것을 붙잡고 공부하기 시작하면 얼마 지나지 않아 자신은 그 과목에 재능이 없다는 결론에 이르렀다고 말한다. 보통 '수학'을 포기하면 수학과 관련된 모든 과목, 즉 과학, 의학, 공학 과목도 포기한다. 도저히 작가가 될 수 없다고 생각하는 이들은 인문학 과목 전체를 포기하며, 자신이 미술과 거리가 멀다고 판단하면 회화나 조각 같은 미술의 다른 분야도 접는다.

해마다 수백만 명의 어린이가 자신이 앞으로 많은 것을 배우리라 기대하며 들뜬 마음으로 학교 문턱을 넘는다. 그러나 아이들은 곧 자기가 남다르게 똑똑하지 않다는 걸 깨닫고 그때부터 공부를 두려워한다. 어른이라고 다르지 않다. 자기가 충분히 잘하지 못하는 데다 남들만큼 똑똑하지도 않다고 판단하고는 결국 가려던 길을 포기한다. 수천 명의 직장인이 불안한 마음을 안고서 일터로 나간다. 우리의 능력을 갉아먹는 이런 해로운 생각은 다름 아닌 우리 내면에서 비롯된다. 그리고 그 생각은 보통 타인 또는 교육 기관이 전달하는 정확하지 않은 메시지로 촉발된다. 나는 그 성급한 판단으로 인해 활짝 피어날 기회를 뺏긴 아이와 어른을 너무나 많이 보아왔다. 그래서 끈질기게 우리 발을 붙잡고 늘어지는 잘못된 믿음을 쫓아내고, 인생과 학습에 완전히 다르게 다가서는 방법에 관한 책을 써야겠다고 마음먹었다.

아이는 어른들에게 "넌 수학 머리가 없어", "넌 문학적인 감성이 부족해", "넌 예술적인 감각이 떨어져" 같은 말을 들으며 자란다. 성인이 된 후에도 대학교에서 수강 신청을 하거나 취업 준비를 할 때 '너는 이 분야와 잘 맞지 않는다'라는 평가를 받는다. 외부에서 부정적인 평가를 받기도 하지만, 문화적으로 형성된 어떤 발상, 즉 누구는 무언가를 잘할 수 있고 누구는 잘할 수 없다는 선입견을 토대로 스스로 부정적인 판단을 내리기도 한다.

이 책에서 소개하는 여섯 가지 법칙은 뇌를 이전과는 다른 방식으로 작동하게 해서 사람 자체를 변화시킨다. 자기 안의 잠재력을 깨닫기 시작하면 잘못된 믿음에 옴짝달싹 못 하고 붙들려 있던 자아가 해방되면서 다른 인생을 살게 된다. 살면서 맞닥뜨리는 크고 작은 시련을 너끈히 극복하고, 성취의 기쁨을 아는 사람으로 성장한다. 여섯 가지 법칙을 실천하면 교사 및 지도자, 학습자의 발전 가능성은 무궁무진해진다.

스탠퍼드대학교 교육대학원 교수인 나는 지난 몇 년간 뇌 과학자들과 공동 작업을 하며 교육학에 신경 과학 지식을 보탤 수 있었다. 나는 사람들에게 새로운 지식을 정기적으로 공유하며 이전과는 다른 방식으로 문제에 접근해보라고 권했다. 그리고 그 권유를 받아들인 사람의 마음가짐이 완전히 바뀌는 것을 여러 차례 목도했다. 나는 특히 교사와 학생, 학부모가 가장 끔찍해 하는 수학 과목에 초점을 맞추어 여러 해 동안 연구를 진행했다. 수학을 잘하는 능력은(아울러 다른 수많은 능력도) 고정되어 있어서 결코 변하지 않는다는 믿음이 수학을 두려워하게 하는 가장 큰 이유다. 많은 아이가 자기는 수학을 잘한다고, 혹은 못한다고 생각하면서 성장한다. 수학 문제를 풀지 못해 끙끙대다 자기는 수학을 절대 잘할 수 없다는 판단을 내려버린다. 그리고 수학 문제를 만날 때마다 그 판단을 떠올린다. 이 부정적인 판단이 수백만 명에게 영향을 미쳤다. 어느 연구에 따르면 전체 수습사원 중 48퍼센트가 수학 관련 업무에 대한 두려움을 가지고 있다.[1] 또 어떤 연구는 대학교에서 교양 수학 강의를 수강하는 학생 가운데 약 50퍼센트가 수학에 대한 두려움으로 고통받는다고 밝혔다.[2] 본인의 수학 문제 풀이 능력을 부정적으로 바라보는 사람이 얼마나 많은지 정확히 알기는 어렵지만, 적어도 전체

인구의 절반은 되지 않을까 추측한다.

수학을 두려워하는 사람이 숫자와 마주하면 뇌에서는 공포를 느끼는 영역이 활성화되는데, 이 영역은 뱀이나 거미를 보았을 때 곧바로 작동하는 영역과 일치한다.[3] 공포를 느끼는 영역이 활성화되면 문제 해결을 담당하는 뇌 영역의 활동은 감소한다. 수학 성적이 낮은 사람이 매우 많다는 사실은 결코 놀라운 게 아니다. 수학 때문에 걱정하는 바로 그 순간부터 뇌가 훼손되기 시작한다. 이처럼 특정 과목에 대한 두려움은 뇌에 부정적인 영향을 끼친다. 그러므로 능력을 부정적으로 평가하지 않고, 불안감을 유도하는 교육을 하지 않는 것이 무엇보다 중요하다.

사람의 능력은 고정불변인 것이 아니며, 어떤 학생이 특정 과목에서 최고 점수를 받는 것도 선대에게 물려받은 유전자 덕이 아니다.[4] 뇌는 고정되어 있고, 특정 분야에 소질이 없을 수 있다는 견해는 과학적으로 틀린 것이다. 그럼에도 이 잘못된 신화는 도처에 널려서 우리 일상 전반에 부정적인 영향을 끼친다. 뇌가 고정되어 있다는 생각과 우리의 인생을 유전자가 결정한다는 믿음을 떨쳐내고, 뇌가 믿을 수 없을 정도로 적응력이 높다는 사실을 받아들이면 많은 것이 달라진다. 어떤 것을 배울 때마다 우리 뇌가 새롭게 조직된다는 사실은 최근 10년 동안 가장 중요하다고 꼽을 만한 신경가소성neuroplasticity(뇌가 외부 환경의 양상이나 질에 따라 스스로 구조와 기능을 변화시키는 특성-옮긴이), 즉 뇌의 유연성에 관한 연구를 통해 확립되었다.[5]

내가 성인(대개 교사와 교육 분야 전문가)에게 고정관념을 버리고 모든 학습자가 동등한 능력을 지니고 있다고 믿으라고 하면, 그들은 한결같이 학습자였을 때 겪었던 일을 떠올리며 고개를 갸웃했다. 대부분 어떤 과목은 아무리 노력해도 성적이 나아지지 않았다고 주장했다. 이처럼 우리는 누군가는 특수한 재능을 받고 태어난 덕분에 똑똑하지만 대다수는 그렇지 못하다는 해로운 신화에 발목이 잡혀서, 인생 전체를 지배당해왔다.

잠재력이나 지능의 한계에 대한 이러한 발상이 틀렸다는 것을 아는 사람도 있다. 하지만 불행히도 전 세계 많은 문화권에는 이러한 고정관념이 아직까지 남아 있다. 다행스러운 점은 이런 잘못된 생각을 문제 삼을 때 놀라운 변화가 뒤따른다는 것이다. 나는 이 책을 통해 스스로 자기 한계를 설정하는 이 뿌리 깊고 위험한 믿음을 깨고 이른바 '한계 제로 접근법limitless approach'을 따를 때 얼마나 큰 기회가 열릴 수 있는지 밝힐 것이다. 이 접근법은 우리가 삶을 새롭게 바라볼 수 있도록 이끈다.

신경가소성이라는 개념이 처음 등장한 것은 수십 년 전이다. 신경가소성 분야에서 진행한 연구들은 어른 아이 할 것 없이 뇌는 얼마든지 성장하고 바뀔 수 있음을 입증했고, 지금은 기정사실이 되었다.[6] 그러나 이 이론은 학교 교실이나 기업의 이사회 회의실 그리고 가정으로는 아직 제대로 발을 들여놓지 못했다. 또 '교육에 꼭 필요한 이론'으로도 자리 잡지 못했다. 그런데 다행스럽게도 뇌의 변화를 연구해온 몇몇 연구자가 이 이론을 알리는 일에 발 벗고 나섰다. 스웨덴 출신의 심리학자 안데르스 에릭슨Anders Ericsson도 그중 하나다. 그는 뇌가 성장하고

변화한다는 사실을 젊은 육상 선수 스티브Steve를 대상으로 한 어떤 실험에서 처음 발견했다.[7]

에릭슨은 무작위로 배열된 숫자를 몇 개까지 기억해낼 수 있는지 알아봄으로써 인간 능력의 한계를 연구하려고 했다. 1929년에 발표된 어느 논문에 따르면 암기 능력은 개선될 수 있었다. 초기 연구진은 몇몇 사람에게 열세 개 혹은 열다섯 개의 숫자 배열을 외우도록 훈련시켰다. 한편 암기 능력을 개선하는 방법이 궁금했던 에릭슨은 카네기멜론대학교에 다니고 있는 평범한 학부생 스티브를 피험자로 선정했다. 실험 첫날 스티브의 기록은 정확하게 평균치였다. 그는 일곱 개의 숫자밖에 기억하지 못했다. 그리고 그 뒤 나흘 동안 숫자 여덟 개를 외웠다.

그런데 놀라운 일이 일어났다. 스티브와 연구진은 여덟 개가 한계라고 생각했는데, 어느 순간 스티브가 한계를 깨고 열 개를 외웠다. 한계라고 여겼던 여덟 개보다 두 개 더 많이 외우게 된 것이다. 스티브는 암기 능력을 꾸준히 향상시켜 나중에는 82개의 숫자를 암기하는 데까지 나아갔다. 말할 것도 없이 놀라운 결과였다. 그것은 결코 마술도, 속임수도 아니었다. 평범한 학생이 잠재되어 있던 학습 능력의 빗장을 풀어 희귀하고도 인상적인 위업을 이뤄낸 것이다.

그 후 에릭슨과 동일한 실험을 다른 사람과 진행했다. 이 피험자의 이름은 르네Renee였다. 르네도 스티브와 마찬가지로 처음에는 평균 수준의 암기력이었지만, 훈련을 계속한 끝에 스무 자리 가까이 암기했다. 그러나 거기서 더 나아가지 못했다. 추가로 50시간을 더 훈련했지만 암기 능력은 개선되지 않았고, 그녀는 그 연구에서 빠지기로 했다.

이 결과를 놓고 에릭슨과 그의 연구진은 새로운 과제를 탐구하기 시작했다.

'스티브는 어떻게 르네보다 훨씬 더 많은 숫자 배열을 암기할 수 있었을까?'

바로 이 연구에서 에릭슨은 자기가 '의식적인 연습deliberate practice'이라고 지칭한 개념에 관해 보다 많은 것을 알아냈다. 에릭슨은 스티브가 달리기를 좋아하는 덕분에 더 경쟁적으로 동기 부여를 했음을 깨달았다. 또 스티브는 '한계'에 부딪힐 때마다 그 한계를 넘기 위한 전략을 개발했는데, 예를 들어 스물네 자리 숫자에서 암기가 막힌 그는 숫자 배열을 네 개 말고 여섯 개씩 묶는 새로운 방향을 시도했다.

이는 위기에 봉착하면 새로운 접근법을 개발해 완전히 다른 관점에서 문제를 바라보아야 한다는 것을 알려준다. 이 말은 합리적으로 들리지만 실제로 장벽에 부딪혔을 때 자기 생각을 조절할 수 있는 사람은 극히 드물다. 대개는 장벽을 넘어설 수 없다고 판단하고 후퇴한다. 여러 분야에 걸쳐 인간이 달성 가능한 성취도를 연구한 에릭슨은 이렇게 결론을 내렸다.

"한 분야에서 누군가가 도저히 넘어설 수 없는 한계에 도달했다는 명백한 증거를 얻는 일은 드물다. 오히려 나는 사람들이 제풀에 꺾여 개선하려는 노력을 멈추는 경우만 수없이 확인했다."[8]

에릭슨이 내린 결론을 미심쩍어하는 사람(그리고 스티브가 예외적인 암기 능력을 타고났을 거라고 믿는 사람)에게 보여줄 증거는 또 있다. 에릭슨은 이 실험을 다리오Dario라는 또 다른 육상 선수와도 진행했는데, 다리오는 스티브의 기록을 넘어서 100개가 넘는 숫자 배열을 기억했다. 다리오나 스티브 모두 겉으로만 보면 평범하기 짝이 없었다. 특별한 유전자적 강점도 전혀 없었다. 그런 이들이 그토록 놀라운 위업을 달성할 수 있었던 것은 오로지 노력과 연습 덕분이었다. 유전자로 인간의 능력이 결정된다는 생각은 잘못된 것일 뿐만 아니라 위험한 것이기도 하다. 그러나 교육계 전반에 개인의 능력은 고정불변하다는 생각이 깔려 있어서 학생의 잠재력을 무시하고 성취할 가능성을 원천적으로 차단하려는 경향이 강하다.

이 책에서 밝힐 여섯 가지 법칙은 다양한 분야에서 탁월한 성취를 이루고, 이전과는 다른 방식으로 삶을 대할 수 있도록 해줄 것이다. 보통은 자신이 지닌 능력을 다 쓰지 못하고 산다. 그러나 이 여섯 가지 법칙이 이전에는 전혀 사용하지 않던 능력까지 쓸 수 있도록 도울 것이다.

본격적으로 글을 시작하기 전에 미리 밝혀둘 게 있다. 책을 쓰기 전까지는 뇌 과학 및 한계 제로 접근법이 교육자의 교육 방식과 교육을 바라보는 관점 자체를 바꾸어놓을 거라고 믿었다. 그런데 이 책을 쓰기 위해 연령과 직업, 생활환경이 제각각인 사람들(정확하게 말하면 6개국 62명)을 만나 인터뷰하면서, 한계 제로 접근법이 애초에 내가 알고 있던 것보다 훨씬 더 폭넓은 의미를 담고 있음을 깨달았다.

나의 동료인 스탠퍼드대학교 심리학과 교수 캐럴 드웩Carol Dweck은 자기 능력을 판단하는 사람들의 잘못된 관점을 바꾸려고 많은 노력을 기울여왔다. 그녀가 진행한 연구에 따르면 자신의 재능과 능력에 대해 어떻게 생각하는가가 그 사람의 잠재력에 심대한 영향을 준다.[9] 이른바

'성장 마인드셋growth mindset'을 지닌 사람은 스스로 무엇이든 학습할 수 있다고 믿는다. 반면 '고정 마인드셋fixed mindset'을 지닌 사람은 비록 새로운 것을 배운다 해도 자기의 기본적인 능력이 바뀌지 않을 거라 생각한다. 그녀는 수십 년간 연구를 통해 이러한 믿음이 우리가 학습할 수 있는 범위와 성취할 수 있는 가능성의 한계를 설정해 인생을 완전히 바꾸어놓는다는 사실을 입증해왔다.

드웩과 그녀의 동료들이 수행한 중요한 연구 가운데 하나는 컬럼비아대학교의 수학 강의실에서 진행되었다.[10] 연구진은 '수학은 기본적으로 여학생과 안 맞는 과목이다'라는 메시지를 학생들에게 전달했다. 이 말을 듣고 나서 고정 마인드셋을 지닌 여성 학생은 수학 성적이 떨어졌다. 그러나 성적에 변동이 없는 학생도 있었다. 그들은 무엇이든 학습할 수 있고 계속 전진할 수 있다는 믿음 덕에, 고정관념에서 비롯된 부정적인 평가를 거부하고 수학 성적도 지켜냈다. 이 실험을 통해 연구진은 고정 마인드셋을 지닌 사람은 선입견에 잘 휘둘린다는 사실을 발견했다.

이 책을 통해 여러분은 자신을 향한 긍정적인 믿음을 개발하려면 어떻게 해야 하는지, 나 자신, 그리고 다른 사람과 긍정적인 믿음을 주고받는 것이 얼마나 중요한지 배우게 될 것이다. 당신이 교사건 학부모건 학생이건 회사의 관리자이건 상관없다.

몇몇 사회 심리학자는 교사의 긍정적인 메시지가 학생에게 얼마나 큰 영향을 주는지 확인하려고 한 가지 실험을 했다.[11] 어느 고등학교의 문학 수업에서, 교사는 학생들이 제출한 에세이에 피드백을 하면서 절반에게는 특별히 한 문장을 추가했다. 그랬더니 1년 뒤 한 문장을 더한 피드백을 받은 학생들(특히 백인이 아닌 학생들)은 하나같이 상당히 높은 점수를 기록했다. 이들의 점수를 그렇게나 오르게 만든 그 한 문장은 무엇이었을까? 어떻게 보면 그리 대단한 말도 아니었다.

"내가 이런 피드백을 하는 이유는 너를 믿기 때문이다."

나는 교사가 학생에게 전하는 메시지가 얼마나 중요한지를 말하는 것이지, 어떤 평가를 할 때마다 저 메시지를 반드시 넣어야 한다고 주장하는 것은 아니다. 어떤 워크숍에서 한 교사가 손을 번쩍 들고 말했다.

"그 말씀은 제가 스탬프를 찍어서는 안 된다는 뜻인가요?"

그 말에 모든 사람이 웃었다.

뇌 과학 연구 결과들은 자기 신념이 얼마나 중요한지, 교사와 학부모가 학생에게 얼마나 중요한 사람인지 매우 분명하게 알려준다. 한편 우리는 날마다 미디어를 통해 지능과 재능은 선천적이며 고정된 것이라는 메시지를 받고 있으며, 이 메시지가 만연한 사회에 살고 있다.

어린아이, 심지어 세 살밖에 되지 않은 아이도 여러 방식으로 부정적인 고정 마인드셋을 스스로 만들어낸다. 일상적으로 자주 쓰이는 "똑똑하다"는 표현이 고정 마인드셋을 야기한다. 부모는 자녀에게 자신감을 심어주려고 '똑똑하다'는 칭찬을 자주 한다. 부모가 아이에게 똑똑하다고 칭찬하면 처음에 아이는 '아, 기분 좋아. 역시 나는 똑똑해'라고 생각한다. 그러나 나중에 어려운 문제를 만나 쩔쩔매고 실패하고 어떤 방식으로든 문제를 썩 훌륭하게 처리하지 못할 때, '내가 그다지 똑똑하지는 않구나'라고 생각한다. 그리고 그 고정관념에 비추어 스스로를 끊임없이 평가한다. 아이를 칭찬하는 것은 좋지만, 아이 자체가 아닌 아이가 수행한 행위를 칭찬해야 한다. '똑똑하다'라는 표현을 써야 하는 상황에서 대안으로 사용할 수 있는 몇 가지 표현을 소개하면 다음과 같다.

고정 칭찬	성장 칭찬
분수로 표현할 줄 아네? 우와! 넌 정말 똑똑하구나!	분수로 표현할 줄 아네? 그걸 배웠다니, 정말 대단하구나.
그 어려운 문제를 그런 방법으로 풀었네? 정말 똑똑하다!	그런 방법으로 문제를 풀다니, 정말 창의적이구나.
과학 학위를 가지고 있다고? 넌 천재구나!	과학 학위를 가지고 있다고? 정말 열심히 공부했겠구나.

　나는 스탠퍼드대학교에서 학부생에게 '수학을 학습하는 방법'을 가르친다. 미국에서 가장 성적이 좋은 학생들이 이 강의를 듣는데, 이 학생들조차 부정적 평가에 취약하다. 그들 대부분은 오랜 세월에 걸쳐 똑똑하다는 말을 들었다. 그러나 앞서 말했듯 '너는 똑똑하다'라는 '긍정적인' 메시지가 오히려 나쁜 영향을 끼친다. 만약 자기가 똑똑하다고 믿다가 어려운 문제를 만나 쩔쩔매면 불안한 감정에 휩쓸려 상처받기 때문이다. 이후 '나는 알고 보니 똑똑하지 않다'라는 인식에 사로잡혀 수학을 포기해버리거나 심지어 자퇴까지 한다.

이전에 뇌는 고정되어 있다는 고정관념이 있던 사람이라도 이 책을 읽고 나면 잠재력을 끌어올리는 방법이 있다는 걸 깨닫게 될 것이다. '한계 제로'의 관점을 가진다는 것은 단순히 사고를 전환하는 것 이상의 의미가 있다. 이 관점은 우리 존재와 인생을 바꾸어놓기에 충분하다. 만약 당신이 한계 제로의 관점으로 하루를 살아보면, 특히 그날이 무언가를 시도했다가 실패했다거나 심각한 실수를 저질렀다거나 하는 고약한 일이 일어난 날이라면 내가 하는 말이 결코 과장이 아님을 깨달을 것이다. 한계 제로 상태인 당신은 실패를 값지게 여기고 잘 극복해낼 뿐만 아니라, 그 어려움 덕분에 새롭고 중요한 것을 배울 것이다.

남북전쟁 이후 애틀랜타에 살았던 조지 아데어George Adair는 신문 발행인이자 목화 투기자였다가 나중에 부동산 개발업자로 큰 성공을 거두었다. 그는 "당신이 원하는 모든 것은 두려움 건너편에 있다"라는 통찰을 했기에 성공할 수 있었을 것이다. 우리도 이제부터 한계를 뛰어넘어 부정적인 믿음과 두려움의 건너편으로 나아가는 방법을 본격적으로 살펴보자.

一
목
차

법칙
1

타고난 재능을 믿지 마라
인간의 모든 편견을 뒤집은 신경가소성의 비밀 | 025

뇌가 고정되어 있다고 믿는 사람들

가능성의 싹을 짓밟는 잘못된 평가

재능 신화가 끼치는 해로운 영향

타고난 재능에 대한 편견 몰아내기

UNLOCK

UNLOCK

법칙1

UNLOCK

타고난 재능을 믿지 마라

인간의 모든 편견을 뒤집은
신경가소성의 비밀

너무도 많은 사람이 자기 뇌는 수학, 과학, 미술, 문학 혹은
그 밖의 다른 과목에 적합하지 않다고 생각한다.
그래서 어려운 과목에 맞닥뜨리면 뇌를 강화해서 앞으로 나아갈 생각을 하는 대신,
'나의 뇌는 여기까지가 한게다'라고 잘못 판단한다.

여섯 가지 법칙은 빗장으로 잠겨 있는 부분을 활짝 열리게 하는 힘이 있다. 첫 번째 법칙은 가장 중요한데도 제일 많이 간과되어온 것으로, 애초에 뇌 유연성을 다루는 신경 과학에서 비롯되었다. 어떤 사람은 이 법칙에 관한 이야기가 익숙할지 모르지만, 여전히 각 학교와 기업에서는 이 법칙과 정반대되는 이론을 토대로 학습이 이루어지고 있다. 대다수가 여전히 '뇌는 고정되어 있다'라고 생각하기에 가능성을 제한받고, 작은 성취밖에 이루지 못하는 사람으로 가득하게 되었다.

무언가를 학습할 때마다 우리 뇌의 신경 경로는 새롭게 만들어지거나 강화된다. 신경 경로끼리는 서로 연결된다. 그러므로 뇌가 고정되어 있다는 생각을 버리고, 무한히 성장할 수 있다고 믿어야 한다.

세계적인 신경 과학자 마이클 머제니치Michael Merzenich는 위대한 발견을 그야말로 우연히 알아냈다.[1] 1970년대에 그의 팀은 최첨단 기술을 이용해 원숭이 뇌 지도를 작성하고 있었다. 이른바 '마인드맵mimd map'이라고 불리는 이 지도를 그리는 작업은 매우 흥미로웠다. 그들은 이 연구 결과가 과학계 전체에 잔잔한 파도를 일으킬 거라고 예상했다. 하지만 그들의 예상은 완전히 빗나갔다. 그들의 연구 결과는 사람들의 일상과 인생 전체를 심오하게 뒤흔들고 뒤바꿀 만한 거대한 파도를 일으켰던 것이다.[2]

원숭이 뇌의 마인드맵을 그리는 데 성공한 머제니치 연구 팀은, 이 작업은 잠시 제쳐두고 그 작업과 관련된 또 다른 작업을 이어갔다. 그러다가 마인드맵 작업으로 다시 돌아왔을 때 그들은 놀라운 사실을 확인했다. 지도에 나타난 원숭이의 브레인 네트워크brain network가 달라져 있었던 것이다. 머제니치는 그때를 다음과 같이 회상했다.

"우리가 본 것은 정말 놀라운 것이었다. 나는 도저히 그 사실을 이해할 수 없었다."[3]

결국 그들은 스스로 납득 가능한 범위 안에서 결론을 내렸다. 원숭이의 뇌는 바뀔 수 있으며, 바뀌는 속도도 매우 빠르다고 말이다. 이것이 바로 '신경가소성'을 처음 발견한 순간이었다.

머제니치가 이 사실을 발표하자 다른 과학자들이 반발했다. 지금껏 확고부동하게 믿고 있던 사실이 틀렸다고 하니 도저히 인정할 수 없었다. 어떤 과학자는 뇌의 능력이 태어나면서부터 결정된다고 믿었고, 어떤 과학자는 성인이 되기 전까지만 뇌가 성장한다고 믿었다. 그들은 성인의 뇌가 날마다 변한다는 사실을 도저히 받아들일 수 없었다. 그런데 20년이 지난 지금, 신경가소성의 증거에 그토록 격렬하게 반발하던 과학자들 중에서 여전히 신경가소성을 인정하지 않는 사람은 단 한 명도 없다.

그런데 학교, 기업, 문화는 여전히 어떤 사람은 할 수 있고 어떤 사람은 할 수 없다는 고정관념에 꽁꽁 묶여 있다. 성적을 기준으로 반을 나누어 제각기 다른 방법으로 학생들을 가르치는 이유도 바로 여기에 있다. 과거에는 어떤 학교나 집단에 소속된 개인이 자기 잠재력을 온전하게 발휘하지 못하면 이것은 교육 방법이나 환경 때문이 아니라 오로지 개인의 부족한(혹은 제한받는) 뇌 때문이었다. 그러나 뇌가 유연하다는 이론이 발표되고 수십 년이 지난 지금은 달라졌다. 이제는 우리가 나서서 학습과 잠재력에 대한 잘못된 생각을 뿌리 뽑아야 할 때다.

동물을 대상으로 한 실험에서 뇌의 유연성을 입증하는 새로운 증거가 나타나자 힘을 얻은 연구진은 인간의 뇌도 바뀔 수 있는 가능성에 주목하고 연구에 매달리기 시작했다. 당시 런던에서는 매력적인 연구가 진행되었다. 내가 처음으로 학생들을 가르치고 대학교 일자리를 얻은 도시 런던은 세계에서 가장 활기가 넘치는 도시로 수백만 명의 주민과 관광객들로 늘 북적거린다. 런던에 가면 '블랙캡black cabs'이라는 영업용 택시가 수만 개나 되는 크고 작은 도로를 누비고 다니는 것을 볼 수 있다. 블랙캡 기사들은 매우 수준 높은 서비스를 제공하기로 유명하다. 예를 들어 어떤 승객이 기사에게 목적지를 말했는데 기사가 어딘지 알지 못하면 승객은 그 기사를 곧바로 블랙캡 협회에 신고할 수 있다. 그만큼 블랙캡 기사들은 런던의 골목골목을 훤하게 꿰고 있다.

런던의 모든 도로를 머릿속에 기억하는 것은 엄청난 능력이다. 블랙캡 기사가 되려는 사람들은 이 수준까지 도달하려고 많은 시간과 노력을 들이는데, 최소 4년은 공부해야 한다. 최근에 만난 블랙캡 기사는 7년간 공부해서 합격했다고 했다. 블랙캡 기사 지원자들은 런던 중심가에 있는 채링크로스 역에서 반경 6마일 내에 있는 2만 5000개의 도로와 2만 개의 랜드마크 하나하나를 모두 외우며, 이들을 연결하는 경로도 모두 외운다. 이때 무작정 암기하는 것이 아니라 도로를 직접 운행하면서 도로와 랜드마크가 연결되는 지점을 확인한다. 그래야만 정확히 외울 수 있기 때문이다. 훈련을 마치면 이른바 '지식The Knowledge' 시험을 치르는데 (이 시험의 이름은 시험 내용과 완벽하게 들어맞는다!) 블랙캡 기사 지원자들은 이 시험을 평균 열두 번이나 본다.

블랙캡 기사가 되기 위해 치러야 하는 이 가혹한 훈련과 방대한 암기량이 뇌 과학자들의 관심을 사로잡았다. 뇌 과학자들은 블랙캡 기사 지원자의 뇌가 훈련을 받기 전과 받은 후 어떻게 달라지는지 연구해보기로 했다. 그 결과 훈련을 받은 뒤 뇌의 해마가 상당하게 커졌음을 확인했다.[4] 이 연구 결과는 상당히 의미 있는 사실 두 가지를 시사한다. 첫째, 피험자 모두 성인이었음에도 뇌가 상당한 수준으로 성장했고, 둘째, 공간적·수학적 사고에서 매우 중요한 역할을 하는 해마 부위가 성장했다는 점이다. 연구진은 블랙캡 기사가 은퇴하자 해마가 다시 줄어들었고, 이는 노화 때문이 아니라 뇌 사용이 줄어서 생긴 변화라는 것을 밝혀냈다.[5] 이처럼 성인이 무언가를 새롭게 배울 때 뇌의 연결은 강화되고 신경 전달 경로는 점점 증가했지만, 사용하지 않을 때는 이것들이 다시 감소했다. 사람의 뇌가 이토록 유연하며 큰 폭으로 변화할 수 있다는 사실은 과학계에 엄청난 충격을 줬다.

이 사실은 2000년대 초부터 널리 알려지기 시작했다. 한편 그 무렵 의학계에서는 신경가소성과 관련한 놀라운 사실을 우연히 발견했다. 아홉 살 소녀 캐머런 모트Cameron Mott는 생명을 위협하는 희귀병을 앓고 있었다. 의사들은 아이의 왼쪽 뇌 절반을 완전히 제거하는 수술을 진행하기로 했는데, 이 수술 때문에 캐머런이 여러 해 혹은 평생 동안 마비 상태로 지낼 거라 예상했다. 왜냐하면 절제할 뇌 부위가 신체 운동을 관장하는 영역이었기 때문이다. 그러나 수술이 끝난 후 다들 깜짝 놀랐다. 아이가 보여준 운동 능력은 예상과는 완전히 달랐다. 이를 본 의사들은 절제된 뇌, 즉 좌반구 기능을 수행하는 데 필요한 신경 경로를 우반구가 만들어내고 있다는 결론을 내렸다.[6] 게다가 이 변화는 예상한 것보다 훨씬 더 빠르게 진행되었다.

그 이후로 어린이를 대상으로 뇌 절반을 절제하는 수술이 일반화되었다. 크리스티나 샌트하우스Christina Santhouse는 여덟 살 때 이 수술을 받았다. 수술을 집도한 신경외과의는 훗날 대통령선거에 출마하기도 한 벤 카슨Ben Carson이었다. 크리스티나는 나중에 고등학교에서 우등생 명단에 이름을 올렸으며 대학교 졸업 후 대학원에 진학해서 박사 학위까지 받았다. 현재는 언어병리학자로 일하고 있다.

신경 과학계와 의학계에서 뇌가 끊임없이 성장하고 변화한다는 사실을 입증하는 다양한 증거가 나오고 있다. 우리 뇌는 아침에 일어날 때마다 달라진다. 이 책에서는 뇌의 성장과 연결성을 평생에 걸쳐 극대화할 수 있는 여러 방법을 소개하려 한다.

몇 년 전에 있었던 일이다. 우리는 중학생 83명을 스탠퍼드대학교 교정으로 초대해서 18일 동안 여름 수학 캠프를 열었다. 그동안 기록한 성적을 보았을 때 그야말로 평균적인 중학생들이었다. 캠프 첫날에 한 명씩 진행한 인터뷰에서 대부분이 자신은 '수학 머리'가 없다고 말했다. 그리고 캠프 참가자 중에서 누가 수학을 제일 잘할 것 같으냐는 질문에 학생들이 이구동성으로 지목한 학생이 있었다. 그는 교사가 하는 질문마다 가장 먼저 손을 들고 대답한 학생이었다.

우리는 학생들의 고정관념을 바꾸는 작업을 시작했다. 모든 학생은 캠프에 참가하기 전에 수학 시험을 치렀는데, 캠프가 끝나는 17일 후에 이것과 동일한 수학 시험을 다시 치렀더니 점수가 평균 50퍼센트나 올랐다. 이것은 보통 2~3년에 걸쳐 달성할 수 있는 성취도였다. 믿을 수 없을 정도로 놀라운 결과였다. 올바른 평가와 교육법을 전제로 할 때 뇌의 학습 능력이 획기적으로 좋아질 수 있다는 증거였다.

학생 대부분이 사로잡혀 있는 잘못된 믿음을 몰아내려고 한 일은 다음과 같다. 우리는 학생들에게 해마가 절반밖에 없는 캐머런의 뇌 사진 몇 장을 보여준 다음 캐머런이 받은 뇌 절제 수술 이야기를 해주었다. 아울러 캐머런의 회복 과정, 절제된 뇌가 성장해서 의사들이 충격에 빠진 이야기를 들려주었다. 이 이야기에 학생들은 고무되었다. 그 뒤 학생들은 서로 이렇게 말하기 시작했다.

"뇌가 절반밖에 없는 애도 하는데, 나라고 왜 못 해?"

너무도 많은 사람이 자기 뇌는 수학, 과학, 미술, 문학 혹은 그 밖의 다른 과목에 적합하지 않다고 생각한다. 그래서 어려운 과목에 맞닥뜨리면 뇌를 강화해서 앞으로 나아갈 생각을 하는 대신, '나의 뇌는 여기까지가 한계다'라고 잘못 판단한다. 그러나 특정 분야에 특출나게 능력을 발휘하는 뇌를 지니고 태어나는 사람은 아무도 없다. 모든 사람은 자기에게 필요한 신경 경로를 개발해야만 한다.

우리가 학습할 때 뇌는 세 가지 방식으로 성장한다. 첫째, 새로운 경로가 만들어진다. 처음에 이 경로는 가늘고 연약하지만 어떤 것을 보다 깊이 학습하면 할수록 이 경로가 점점 튼튼해진다. 둘째, 이미 존재했지만 서로 연결되지 않았던 경로 사이에 새로운 연결 경로가 생겨 이어진다. 셋째, 이미 있던 경로가 더 강화된다.

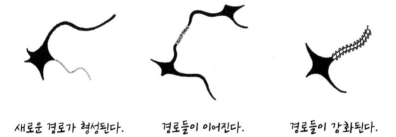

새로운 경로가 형성된다.　　　경로들이 이어진다.　　　경로들이 강화된다.

신경 경로가 새롭게 만들어지고 강력해지는 과정 덕분에 우리는 수학, 역사, 과학, 미술, 음악 등 노력을 기울이는 여러 영역에서 성공을 거둔다. 이 경로들은 타고나는 것이 아니라 학습을 통해 개발된다. 즉

더 많은 노력을 기울일수록 더 나은 결과가 나오고 뇌 성장도 활발해
진다. 뇌 구조는 우리가 수행하는 다양한 활동으로 인해 변화하면서,
활동에 보다 적합한 회로를 완벽하게 만들어낸다.[7]

▬ 뇌가 고정되어 있다고 믿는 사람들

'나는 어떤 것도 제대로 배우지 못해'라고 생각하며 살아온 수백만
명의 어린이와 청소년, 어른에게, 그리고 학생이 문제를 풀지 못하고
쩔쩔매고 실패하는 걸 보고서는 '너는 결코 성공하지 못할 거야'라고
단정하는 교사나 회사 관리자에게 이런 지식이 얼마나 커다란 변화를
가져다줄지 상상해보라. 지금까지 너무 많은 사람이 교사에게 특정 과
목의 학습 능력이 부족하다는 평가를 들었다. 교사가 일부러 학생에게
모질게 굴려고 이런 말을 하지는 않았을 것이다. 교사는 학생이 어떤
과목에 집중할지 혹은 어떤 과목을 포기할지를 결정할 수 있도록 지침
을 내리는 것이 자기 역할이라고 생각했을 뿐이다.

어떤 사람은 학생을 위로할 목적으로 "어차피 수학은 네가 할 과목
이 아니야. 그렇다고 걱정하지는 마. 다른 과목도 많아" 같은 말을 전한
다(슬프게도 이런 말은 여학생이 더 자주 듣는다). 직접 듣기도 하지만 실력별로
반을 나눈다든가 학습 속도를 강조한다든가 하는 케케묵은 교육법을
통해서도 간접적으로 이런 평가를 받는다. 교육 체계에서 비롯된 것이
든 교육 담당자와 직접 나누는 대화에서 전달받든 간에, 이 잘못된 피

드백 때문에 많은 사람이 지금까지 자기에게 무언가를 학습할 수 있는 능력이 없다고 믿었다. 누구든 이 끔찍한 생각에 한번 사로잡히면 쉽게 헤어 나오지 못한다. 그리고 이 생각은 학습 과정과 인지 과정을 모두 바꿔버린다.

캘리포니아주립대학교 샌 마르코스캠퍼스의 수학연구소장 제니퍼 브리치Jennifer Brich는 수학과 자기 뇌에 관한 학생들의 잘못된 생각을 바로잡으려고 무척 애쓰는 교육자다. 그녀는 원래 '사람은 특정 분야의 재능을 타고나며, 그 분야에 한정해서만 잘할 수 있다'라고 생각했지만 뇌 성장과 변화에 관한 연구 자료를 접한 후 달라졌다. 지금 그녀는 그 분야에 관련된 자료를 기반으로 하여 강의를 듣는 학생뿐 아니라 학부생을 지도하는 대학원생에게도 가르친다. 새로운 이론을 가르치는 건 쉬운 일이 아니다. 아닌 게 아니라 그녀는 나에게 어떤 사람은 태어날 때부터 수학에 재능이 있지만 어떤 사람은 그렇지 않다고 믿고 싶어 하는 사람들이 엄청나게 반발하고 있다고 털어놓았다.

몇 달 전 일이다. 제니퍼 브리치 교수가 연구실에서 이메일을 살펴보고 있었는데, 바로 옆방의 다른 교수 연구실에서 흐느끼는 소리가 들려오기에 귀를 기울였다.

"괜찮아. 자네는 남자가 아니고 여자잖아. 여자의 뇌는 남자의 뇌와 달라. 그러니까 자네는 이걸 금방 못 알아듣는 거야. 좀 못해도 돼."

옆방의 남자 교수가 학생에게 하는 말이었다. 너무도 놀라운 발언이었다. 깜짝 놀란 제니퍼는 용기를 내어 옆방 연구실 문을 두드렸다. 제니퍼는 문을 열고 고개를 안으로 빼꼼 들이밀고서 그 교수에게 잠깐

이야기를 나눌 수 있는지 물었다. 그리고 그가 학생에게 한 말이 잘못됐다고 지적했다. 당연히 그 교수는 화를 냈고, 나중에 학장에게까지 그 일을 보고했다. 다행히 그 학장은 여자였다. 학장은 그 교수의 생각이 잘못되었다며 제니퍼 편을 들어주었다.

제니퍼는 여전히 학습에 관한 잘못된 신화를 붙잡고 씨름하는 중이다. 그녀는 이 일에 아주 적격이다. 그녀는 자신이 대학원생일 때 어떤 교수가 던진 말 때문에 크게 상심했던 경험을 들려주었다.

그때 저는 대학원생이었습니다. 1학년을 막 마쳤을 때였죠. 당시 관심 있던 주제로 연구를 막 시작했을 때였습니다. 꽤 잘해나가고 있었어요. 위상수학topology 수업이었는데, 무척 어려웠지만 열심히 해서 시험 점수도 꽤 잘 받았어요. 저 자신이 정말 자랑스러웠습니다. 채점이 된 시험지를 돌려받았는데, 정확하게는 기억이 안 나지만 만점에 가까운 점수였어요. 98점 정도였을 거예요. 정말 기뻤죠. 그런데 시험지 뒷면에 교수님 메모가 적혀 있더군요. 수업이 끝난 뒤에 연구실로 찾아오라고요. 저는 '아, 교수님도 내가 받은 점수에 흡족하셔서 칭찬해주시려나 보다'라고만 생각했습니다.

그런데 교수님 연구실로 찾아갔더니, 대뜸 제가 수학을 하기에 적합하지 않다고 하시는 거예요. 처음에는 제가 어떤 부정한 방법을 써서 시험 점수가 높게 나온 건 아닌지 의심을 하시더라고요. 그러고는 저는 수학을 하기에 적합한 학생이 아니며, 장차 수학자가 될 리도 없을 것이고, 수학이 제 미래가 될 수 없다는 이야기를 줄기차게 늘어놓으셨습니다. 저더러 다른 선택을 진지하게 고민해보라면서요.

제가 말했습니다. 저는 이미 그해 여름에 학위 논문 주제를 정해 작업을 시작했고, 학점도 나쁘지 않다고요. 그제야 교수님은 제 성적표를 보더니 제가 학부에서도 수학을 전공했다는 걸 알았죠. 그런데 제 학점을 꼼꼼하게 살펴보고는, 제가 그런 학점을 받았을 리가 없다는 투로 계속 질문을 해댔습니다. 정말 가슴이 찢어지는 것 같았어요. 왜냐하면 그분은 제가 평소 존경하고 유능하다고 생각했던 분이었거든요. 수학계에서도 존경받는 분이었죠. 특히 남학생이 그분을 무척 좋아했어요. 그때 연구실에서 나온 뒤에 저는 차에서 엉엉 울었습니다. 너무도 분해서 고래고래 소리를 질렀어요.

저는 어머니에게 전화를 했습니다. 저의 어머니는 교사이신데, 제가 교수님 이야기를 전하니 어머니도 펄펄 뛰셨습니다. 그리고 이렇게 말씀하셨죠. 수학계에서 정말 뛰어난 실력을 발휘한 사람들만 생각하고, 그 사람들이 어떻게 그렇게 뛰어날 수 있었는지 그 이유만 생각하라고요. 어머니는 제가 그 교수와 다르게 생각하도록 이끌어주셨습니다. 그때 어머니가 해주신 그 말은 제가 '성장 마인드셋'을 이해하는 데 중요한 단초가 되었습니다. 어머니의 말을 듣고 보니 제 마음속에서 맹렬하고 거침없는 어떤 정신이 샘솟았어요. 그리고 그 이후부터 저는 제 경력과 관련해 동기 부여가 필요하다는 생각이 들면 늘 그때 감정을 일깨우곤 합니다. 훗날 졸업식장에서 그 교수에게 승리의 미소를 지어 보일 수 있었습니다.

학생들의 인생을 책임지는 중요한 자리에 있으면서 이 교수는 오직 일부 사람만이 수학을 전공할 수 있다는 잘못된 믿음을 지니고 있었다. 비단 이 교수뿐만이 아니다. 많은 사람이 '성공은 소수에게만 해당하는 것'이라고 생각한다. 이렇게 생각할 수밖에 없는 사회적 환경에 놓여 있기도 하다. 그런데 일부만이 높은 성취를 이룰 수 있다고 믿어버리면, 이 믿음이 인생 전체에 영향을 미쳐 스스로를 온전히 충족시킬 인생 경로를 선택하지 못하게 된다. 잘못된 믿음이 잠재력을 제대로 발휘하지 못하도록 방해하는 것이다.

학생에게 '너의 뇌는 어떤 걸 배우기에는 부족해'라고 말하는 것은, 그들이 새로운 과학 이론을 알지 못하거나 인정하려 들지 않기 때문이다. 과학Science, 기술Technology, 공학Engineering, 수학Mathematics(이하 STEM) 과목의 교사나 교수만큼 뇌가 고정되어 있다는 생각에 강하게 사로잡힌 사람은 없는 것 같다. 너무도 많은 사람이 이런 잘못된 생각에 갇혀 있음은 그다지 놀라운 일도 아니다. 뇌가 성장한다는 사실을 보여주는 신경 과학은 약 20년 전까지만 해도 제대로 확립되지 않은 생소한 학문이었다. 신경 과학이 등장하기 전까지 사람은 누구나 특정한 뇌를 타고나며 이 뇌는 영원히 바뀌지 않는다고 믿었다. 교수나 교사 가운데 많은 사람은 지금까지 신경 과학이 제시하는 증거를 단 한 번도 본 적이 없다. 대학교에서는 단행본 교양서(예를 들면 당신이 읽고 있는 이 책과 같은 것)를 출간해 과학적인 증거를 널리 알리는 활동보다 학술지에 논문을 게재하는 활동을 더 높게 평가하기 때문이다. 이런 장벽 때문에 뇌는 고정되어 있지 않다는 주장의 근거가 가장 필요한 사람들,

즉 교사, 회사의 관리자, 학부모에게 가 닿지 못하는 것이다.

▃ 가능성의 싹을 짓밟는 잘못된 평가

정작 필요한 사람들에게 뇌에 관한 지식이 전달되지 못하는 문제를 해결하기 위해, 나는 캐시 윌리엄스Cathy Williams와 함께 스탠퍼드대학교 산하 온라인 학습 사이트 유큐브드(https://www.youcubed.org)를 만들었다. 유큐브드는 뇌 과학 연구 결과를 교사와 학부모에게 알리려고 만든 사이트다. 우리는 지금 많은 뇌 과학자와 의사가 새로운 정보를 널리 알리려고 책을 출간하거나 테드TED 강연을 하는 시대에 살고 있다. 노먼 도이지Norman Doidge도 뇌 과학계에서 밝혀낸 새롭고 중요한 사실을 널리 알려 사람들의 인식을 전환하려고 애쓰는 이들 중 하나다.

도이지가 쓴 『스스로 치유하는 뇌』에는 심각한 학습 장애나 질병(예컨대 뇌졸중)을 앓던 사람들이 완치가 불가능하다는 판정을 받았음에도 꾸준한 뇌 훈련을 통해 병마를 완전히 물리친 희망적인 사례가 가득하다. 이 책에서 도이지는 뇌의 각 영역 사이에 격벽이 쳐져 있어 서로 소통하거나 협력하지 않는다든가, 뇌는 변하지 않는다는 잘못된 믿음을 하나하나 깨부순다. 그는 뇌가 고정되어 있다고 믿었던 '어둠의 시대'를 묘사하면서, 사람들이 뇌의 유연성을 이해하는 속도가 느리며 그들이 뇌가 변한다는 사실을 믿게 하려면 '지적인 혁명'이 일어나야 한다고 주장한다.[8] 나도 도이지의 의견에 동의한다. 지난 몇 해 동안 여러 사람에게 뇌에 관한 이론을 가르치면서 뇌의 잠재력, 더 나아가 인간이 지닌 잠재력을 인정하지 않고 저항하는 이들을 숱하게 보았기 때문이다.

펑장히 많은 학교가 여전히 '뇌는 고정되어 있다'라는 생각에 갇혀 있다. 그리고 학교에서 오랜 세월에 걸쳐 형성된 관행은 바꾸기 어렵다. 가장 흔한 것이 학생의 학습 능력이 제각기 다르다는 '잘못된' 판단을 전제로 학습 능력이 비슷한 학생끼리 집단을 묶어 교육하는 수준별 수업이다. 영국에서 실시한 연구 결과에 따르면, 네 살 때 수준별로 분류된 아이들 가운데 88퍼센트가 나머지 교육 기간 내내 우등반이면 우등반, 열등반이면 열등반에서 벗어나지 않았다.[9] 끔찍한 결과이긴 하지만 크게 놀라울 것도 없다. 우리가 어린 학생들에게 "너희는 열등반에 속해"라는 평가를 하면 아이들은 그대로 믿는다. 결국 이 아이들의 성취도는 평가받은 수준에서 크게 벗어나지 못한다.

이런 현상은 어떤 아이가 우등반 혹은 열등반에 속한다는 이야기를 들은 교사에게도 동일하게 나타난다. 교사는 의도하든 의도하지 않든 우등반 학생과 열등반 학생을 차별해서 대한다. 미국에서 2100개 학교에 다니는 약 1만 2000명의 아이들을 유치원 때부터 초등학교 3학년까지 추적한 연구에서도 비슷한 결과가 나왔다.[10] 처음 시작할 때 가장 열등한 반에 속해 있던 아이들 가운데 가장 우등한 반으로 올라간 아이는 단 한 명도 없었다. 아이의 능력을 예상한 다음 이를 토대로 우열반을 나누는 교육 정책이 우등반과 열등반, 혹은 중간반에 속한 학생이 보다 높은 성취를 얻게 하는 데 도움이 된다면 당연히 옹호해야 한다. 그러나 실제로는 전혀 그렇지 않다.

읽기 과목에서의 수준별 수업 효과를 연구한 논문들에 따르면, 수준별 수업을 채택한 학교가 그렇지 않은 학교보다 학생들의 점수가 평균적으로 낮았다.[11] 읽기 과목뿐만 아니라 수학 과목에서도 마찬가지였다. 나는 영국과 미국의 중·고등학교 수학 점수를 비교했는데, 수준별 수업을 했을 때 모든 학생을 차별 없이 섞어서 가르치는 경우보다 수학 점수가 더 낮았다.[12]

샌프란시스코에서는 고등학교 1학년까지 수준별 수업을 하지 않기로 만장일치로 결정했는데, 이 결정에 많은 학부모가 반대하면서 한바탕 물의가 빚어졌다. 그러나 모든 학생이 동일하게 교육을 받은 지 두 해 만에 대수학 과목의 낙제 비율이 40퍼센트에서 8퍼센트로 줄어들었고, 고등학교 1학년 이후 우등반에 들어가는 학생 수도 3분의 1이나 늘어났다.[13]

교사가 학생을 가르치는 방식이 두 해 만에 극적으로 바뀌었으리라고는 생각하지 않는다. 그러나 학생이 배우는 내용과 학생이 스스로 품었던 편견이 바뀐 것만은 분명하다. 일부가 아닌 모든 학생이 높은 수준의 내용을 학습했고, 그 결과 높은 수준의 성취를 이뤘다. 몇몇 국가에서 발표된 학습 성취도 관련 연구 논문에 따르면 수준별 수업을 가능한 한 나중에, 최소한으로 진행한 학교의 학생이 더 높은 성취도를 기록했다. 안타깝게도 내가 사는 곳이자 일하는 곳인 미국과 영국은 세계에서 수준별 수업 정책을 가장 강력하게 밀어붙이는 국가들이다.

아이들이 지닌 학습 능력이 얼마큼인지는 아무도 모른다. 그러므로 학습에 제한을 가하는 학교의 관행을 근본적으로 수정해야 한다. 학생을 향한 섣부른 판단을 하지 말아야 할 이유를 가장 선명하게 보여주는 사례 하나를 소개하겠다. 호주의 니컬러스 레치퍼드Nicholas Letchford라는 아이의 부모는, 아이가 학교에 다니기 시작한 첫해에 교사에게서 '니컬러스는 학습불능자(난독증이나 셈 장애 때문에 정상적으로 학습 과정을 거칠 수 없는 사람-옮긴이)이며 지능지수가 매우 낮다'라는 말을 들었다. 교사는 아이의 어머니 로이스 레치퍼드Lois Letchford에게 니컬러스가 자신이 20년 교직 생활 동안 경험한 최악의 학생이라고 말했다. 니컬러스는 집중하거나 연관을 짓거나 읽거나 쓰는 것을 어려워했다. 그러나 그 뒤 몇 년 동안 로이스는 자기 아들이 제대로 학습하지 못한다는 사실을 인정하지 않고, 일을 할 때도 아들을 데리고 다니면서 집중하는 법, 연관 짓는 법, 읽는 법, 쓰는 법을 가르쳤다. 2018년은 로이스에게 매우 중요한 해였다. 그간의 노력을 담은 책 『리버스드Reversed』[14]가 출간된 해이자 니컬러스가 옥스퍼드대학교에서 응용 수학 분야 박사 학위를 받은 해였기 때문이다.

각종 연구를 통해 뇌가 고정되어 있다는 생각은 사실이 아닌 것으로 이미 판명 났지만, 학교에서만큼은 이 고정관념이 여전히 끈질기게 남아 있다. 교사와 부모가 뇌는 고정되어 있다는 메시지를 계속해서 보내는 한, 학생은 앞으로 커다란 기쁨과 성취를 가져다줄 수도 있는 공부를 지금 당장 잘 못한다는 이유로 포기할 것이다.

인간에게 무한한 잠재력이 있음을 입증하는 새로운 뇌 과학 이론은 많은 사람에게 충격으로 다가올지도 모른다. 무한한 잠재력을 지닌 사람의 범주에는 학습불능자 진단을 받은 사람도 포함된다. 이들은 불의의 사고나 부상으로, 혹은 태어나면서부터 뇌가 물리적인 손상을 입어 학습이 어려운 사람들이다. 학교는 오랜 세월 동안 그들이 지닌 약점을 적극적으로 해결하기보다는, 그들을 열등반으로 몰아넣어 회피하는 쪽을 택했다.

그러나 바버라 애로스미스 영Barbara Arrowsmith-Young은 완전히 다른 접근법을 선택했다. 최근 나는 토론토에 방문했다가 그녀를 만났다. 바버라와 함께 시간을 보내다 보면 그녀가 지닌 열정에 흠뻑 매료되고 만다. 그녀의 열정은 뇌, 그리고 뇌 개발 방법에 대한 지식을 나누는 것뿐만 아니라 학습에 특별한 배려가 필요한 아이의 신경 경로를 바꾸는 표적 뇌 훈련targeted brain training을 수행할 때도 빛이 난다.

바버라도 한때 학습불능자 판정을 받았다. 1950~1960년대에 토론토에서 성장하면서 그녀는 몇몇 영역은 탁월하게 뛰어났지만 다른 영역에서는 지능이 지체되어 있다는 말을 들었다. 그녀는 단어를 제대로 발음하지 못했고, 공간 추론도 잘하지 못했다. 인과관계를 잘 알지 못했고 단어의 철자를 거꾸로 썼으며, '엄마', '딸'이라는 단어는 각각 이해했지만 '엄마의 딸'이라는 표현은 이해하지 못했다.[15] 그러나 다행스럽게도 기억력은 뛰어나서, 학교에서 집으로 돌아오는 길을 외우고 자기가 잘못되어 있다는 사실도 숨길 수 있었다.

성인이 된 그녀는 자기가 장애를 지녔다는 사실에 오히려 동기 부여를 받아 아동 발달 분야를 연구했고, 그러던 중 러시아의 신경 과학자 알렉산드르 루리아Alexander Luria를 만났다. 루리아는 문법, 논리, 시계 읽기 등에 문제가 있는 뇌졸중 환자에 대해 책을 쓰고 뇌 손상을 입은 사람을 연구했으며, 뇌의 여러 기능을 깊이 있게 분석하고 광범위한 신경 심리학 검사법을 개발한 사람이었다. 루리아의 저작을 읽으며 바버라는 자기 뇌가 손상되었음을 알았고, 깊은 우울감에 빠져 자살까지 생각했다. 그러나 신경가소성을 다룬 첫 번째 논문을 읽고서 특정 활동이 뇌를 성장시킬 수 있음을 깨닫고는, 몇 달에 걸쳐 가장 취약하다고 생각하던 것을 집중적으로 공부했다. 그녀는 시계가 그려진 카드 수백 장을 만들어 연습을 거듭한 결과 마침내 보통 사람보다 시계를 더 빨리 볼 수 있게 되었다. 뒤이어 상징적인 이해 능력이 나아졌고, 난생처음 문법과 수학과 논리를 이해했다.

현재 바버라는 학습 장애 진단을 받은 학생들의 뇌를 훈련하는 학교를 운영 중이다. 나는 그녀와 이야기를 나누면서, 내 앞에 있는 여자에게 그토록 심각한 학습 장애가 있었다는 사실이 믿기지 않았다. 그 정도로 그녀는 의사소통을 잘했고, 사고도 뛰어났다. 바버라는 40시간 이상을 들여 뇌의 강점과 약점을 진단하는 검사법을 개발하고, 뇌 경로 개발을 돕는 일련의 표적 인지 훈련targeted cognitive exercise을 실행했다. 심각한 장애를 지닌 채 애로스미스 학교를 찾아온 학생들은 이 같은 교육 프로그램 덕에 하나같이 장애를 극복하고 학교를 떠날 수 있었다.

내가 애로스미스 학교 중 한 곳을 처음 방문했을 때였다. 인지 과제를 수행하느라 컴퓨터 화면에 집중하고 앉아 있는 아이들 모습이 눈에 들어왔다. 나는 바버라에게 학생들이 그 과제를 수행하면서 행복해하는지 물었다. 그녀는 학생들이 프로그램의 효과를 피부로 직접 느껴서인지 동기 부여가 잘된다고 대답했다. 실제로 내가 대화해본 많은 학생이 '안개가 걷히는 느낌'이라고 표현하며 인지 과제 프로그램을 시작한 뒤 비로소 세상을 이해할 수 있게 되었다고 했다. 이 학교를 두 번째 찾아갔을 때 나는 이 프로그램에 참여하는 어른 몇 명과 대화를 나눌 수 있었다.

섀넌Shannon은 젊은 변호사였는데, 일이 너무 느리다는 비난을 받은 뒤에 잔뜩 기가 죽어 있었다. 변호사는 일한 시간만큼 급료를 받는 게 일반적인데, 금방 할 수 있는 일을 섀넌은 너무 느리게 했으므로 의뢰인으로서는 불만을 품는 게 당연했다. 섀넌은 애로스미스 학교를 추천받고 여름 한 철 동안 이 학교에 등록하기로 했다. 내가 그녀를 만난 것은 프로그램이 시작된 지 몇 주 지난 시점이었는데, 그녀는 자기 인생이 이미 바뀌고 있다고 말했다. 섀넌은 보다 효율적으로 생각할 수 있게 되었고, 예전에는 잘하지 못했던 '연결 짓기'를 제대로 할 수 있었다. 심지어 과거에 일어났던 일이 어떤 맥락에서 일어났는지 알아차릴 수도 있었다(당시에는 전혀 알지 못했다). 그녀 역시 다른 참가자와 마찬가지로 자기 마음속에서 '안개가 걷혔다'라고 이야기했다. 또 예전에는 다른 사람과 대화를 나눌 때 자신이 마치 지나가는 행인처럼 느껴졌지만, 지금은 모든 것이 선명해져서 대화에 온전하게 집중할 수 있게 되었다고도 했다.

바버라는 교육자가 애로스미스 학교로 와서 훈련을 받은 다음 자기 학교로 돌아가서 사용할 수 있는 프로그램도 개발했다. 어떤 학생은 애로스미스 학교에서 몇 달, 혹은 몇 년간 훈련받으며 머물지만, 원격 프로그램 개발이 완성되면 장차 다른 곳에 사는 학생도 프로그램에 참여할 수 있게 될 것이다. 새로운 뇌 훈련법을 선도하고 있는 바버라는, 다른 많은 획기적인 창시자들과 마찬가지로 뇌의 신경가소성을 전혀 인정하지 않는 이들에게 온갖 비판과 비난을 받고 있다. 그러나 '나는 고장 난 사람이다'라는 편견을 강요받아야 했던 학생들을 위해, 바버라는 오늘도 투쟁을 계속 이어가고 있다.

애로스미스 학교에 온 학생은 모두 자기가 잘못된 사람이라는 생각에 사로잡혀 있었다. 많은 학생이 일반 학교에서 퇴짜를 맞아 애로스미스로 쫓기듯 온 형국이었다. 그러나 이 학생들은 애로스미스 학교 덕분에 완전히 바뀌었다. 애로스미스 학교를 방문한 후 나는 뇌 훈련을 하면 어떤 게 달라지는지와 애로스미스의 여러 방법론을 유큐브드를 신뢰하는 교사와 부모(이들은 스스로를 '유큐비안youcubian'이라고 부른다)에게 공유하기로 결심했다. 앞서 언급했듯 학교에서 이루어지는 특수 교육은 학생의 취약점을 파악한 다음 그 문제를 그냥 내버려 둔 채로 학생이 지닌 상대적인 강점에만 초점을 맞추어왔다. 하지만 애로스미스 학교의 접근법은 정반대다. 학생의 뇌에서 취약한 부분을 포착한 다음 이를 강화한다. 뇌의 경로를 만들어내고 경로끼리 연결하는 데 초점을 맞춘다. 새롭게 형성되는 경로와 연결이야말로 애로스미스의 학생에게 필요한 것이기 때문이다. 학습 장애가 있는 모든 학생이 뇌 훈련을 통해 평생 이마에 붙이고 살아갔을지 모를 '장애인' 딱지를 떼고 한계를 돌파하는 것, 완전히 달라진 뇌 덕분에 새로운 희망을 품고 살게 되는 것이야말로 내가 꿈꾸는 이상이다.

놀랍게도 남에게 '이 분야는 너하고 맞지 않아'라는 평가를 받은 분야에서 오히려 두각을 나타낸 경우는 무척 많다. 딜런 린Dylan Lynn은 난 산증dyscalculia(계산 능력과 관련한 수학 학습 장애의 한 형태-옮긴이)이라는 진단을 받았다. 그러나 그녀는 자기가 수학을 할 수 없다는 사실에도 굴하지 않고 통계학을 전공해서 결국 학위를 따냈다. 많은 사람이 그녀에게 수학 과목 수강을 취소하라고 했지만, 그녀는 꿋꿋이 통계학에 자기만의 공부법을 적용해가며 열심히 공부했다. 딜런은 현재 목표를 성취할 수 없으니 포기하라는 말을 듣는 학습자에게 자신의 성공담을 들려주며 용기를 불어넣고 있다.[16]

이제 우리는 어린아이에게 학습 장애인이라는 딱지를 붙이는 일은 있을 수 없음을 깨달아야 한다. 어떤 종류의 학습 장애 진단을 받은 아이에게라도 말이다.

학습 장애가 없는 아이도 어떤 과목(특히 수학)에서 쩔쩔매고 부진하면 교수나 부모에게 학습 장애가 있다는 말을 듣는다. 그리고 실제로 자기가 그런 줄로 믿는다. 수십 년간 모든 교사가 수학적 사실을 남들만큼 암기하지 못한다는 이유로 학생들에게 장애인 딱지를 붙여왔다.

스탠퍼드 의과대학교의 신경 과학자 테레사 이우클라노Teresa Iuculano가 동료와 함께 진행한 어느 연구에 따르면, 어린이의 뇌가 성장하고 변화할 가능성은 어린이 뇌의 능력을 잘못 판단할 가능성만큼이나 컸다.[17] 연구진은 피험자를 수학 학습 장애 진단을 받은 어린이 집단과 장애가 없는 평균 수준의 어린이 집단으로 나누었다. 그리고 어린이가 수학 문제를 풀 때 뇌를 자기공명영상MRI으로 찍어 두 집단 어린이들 사이에 실제로 존재하는 뇌의 차이를 확인했다. 결과가 무척 흥미로웠는

데, 학습 장애가 있는 아이가 정상 아이보다 수학 문제를 풀 때 활성화되는 뇌 부분이 더 많았다.

많은 사람이 특수한 배려가 필요한 아이의 뇌는 보통 아이에 비해 더적은 부분이 활성화될 거라고 생각한다. 어려운 문제에 당면할수록 더욱활성화되는 뇌의 특성을 간과한 것이다. 실제로 보통 아이가 수학 문제를 풀 때는 뇌의 모든 부분이 아니라 몇 부분만 집중적으로 활성화된다.

연구진은 보다 심층적인 연구를 위해 두 실험 집단에 개인 교습을시작했다. 8주에 걸친 개인 교습이 끝난 뒤, 놀랍게도 두 집단은 동일한 성취도를 보였다. 뿐만 아니라 수학 문제를 풀 때 뇌에서 활성화되는 부분도 같아졌다.

이 연구를 통해 짧은 시간 만에(연구진이 피험자의 학습에 개입하는 기간은대개 8주다) 뇌가 완전히 바뀌고 재설계될 수 있다는 사실이 입증되었다. '학습 장애'를 지닌 학생은 자기 뇌가 보통 학생과 동일하게 작동하는 수준까지 뇌를 훈련하고 개발했다. 이 학생들이 원래 학교로 돌아가 '학습 장애인' 딱지를 시원하게 떼는 모습을 상상해보라. 뇌 훈련을받지 않았더라면 도저히 누릴 수 없었을 엄청난 변화를 얼마나 누리며살아갈지, 상상만으로도 가슴이 벅차오른다.

_ 재능 신화가 끼치는 해로운 영향

뇌가 성장한다는 사실은 학습 장애 진단을 받은 학생뿐만 아니라 모든 학생에게 똑같이 중요하다. 스탠퍼드대학교에 입학한 학생은 고등학교 시절 소위 날고 기었던 최상위권 학생들이다. 고등학교에서 올 A를 받은 학생도 적지 않다. 그러나 대학교에서 첫 번째 수학 시험을 치르고 난 뒤 많은 학생이 자기는 수학을 공부할 머리가 아니라면서 포기한다.

앞서 언급했듯 나는 지난 여러 해 동안 '수학을 어떻게 학습할 것인가'를 주제로 강의하면서 학생들이 고정관념을 떨쳐내도록 도왔다. 이 강의를 하면서 나는 매 학기 눈이 번쩍 뜨일 정도로 놀라운 일을 겪는다. 스스로가 STEM 과목과 맞지 않는다고 너무 쉽게 믿고는 포기해버리는 학생을 수없이 보았다. 불행하게도 이 학생들은 대부분 여자이고, 백인이 아니었다. 이들이 백인 남성 집단에 비해 더 쉽게 상처받는 이유를 추측하기는 어렵지 않다. 특정 성이나 인종을 향한 우리 사회의 고정관념은 뿌리가 깊어서, 그들이 STEM 과목을 공부하기에 적합하지 않다는 생각이 쉽게 확산된다.

《사이언스》에 발표된 어떤 연구 논문은 이 사실을 강력하게 입증했다.[18] 사라 제인 레슬리Sarah-Jane Leslie와 안드레이 심피언Andrei Cimpian은 동료들과 다양한 전공의 대학 교수들을 상대로 면접 조사를 해서 특정 분야에서 성공하려면 특별한 능력을 타고나야 한다는 선입견이 얼마나 퍼져 있는지 살펴보았다. 결과는 충격적이었다. 타고난 재능이 필요하다고 생각하는 경향이 강한 분야일수록 여성과 백인이 아닌 연구자 수가 그만큼 적었던 것이다. 이러한 경향은 연구진이 살펴본 30개 학과에서 동일하게 나타났다. 다음 페이지에서 소개하는 도표에 그 상관관계가 잘 드러나 있다. 위는 과학 분야와 기술 분야, 아래는 예술 분야와 인문학 분야다.

　나는 이런 데이터를 볼 때마다 '타고난 재능이 있다는 선입견이 성인에게도 이만큼 영향을 끼치는데, 하물며 어린 학생에게는 얼마나 더 많은 영향을 줄까?' 하는 생각이 든다.

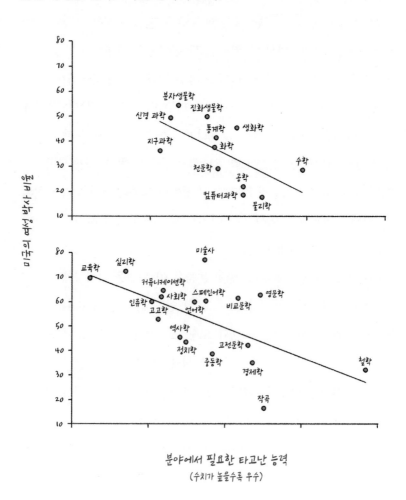

분야에서 필요한 타고난 능력
(수치가 높을수록 우수)

존재 여부가 명확하지 않은데도 '재능'은 각종 선입견을 만들어 우리에게 해로운 영향을 미친다. 재능은 성별과 인종 차별이 개입된 편견이다. 뇌가 고정되어 있고 재능은 타고난 것이라는 생각을 믿으면 대개 여성이나 유색 인종 집단은 열등하다고 믿는 경향이 있다.

세스 스티븐스 다비도위츠Seth Stephens-Davidowitz가 구글 검색으로 수집한 자료가 이 사실을 선명하게 보여준다.[19] 그가 한 연구는 매우 흥미로우면서도 충격적인 사실을 밝혀냈다. 구글 검색에서 '나의 두 살짜리 아들은……' 다음에 가장 많이 이어지는 말은 바로 '재능을 타고났다gifted'였다. 또 '내 아들이 재능을 타고났을까요?'라는 검색어가 '내 딸이 재능을 타고났을까요?'보다 두 배 반이나 더 많았다. 두 살짜리 아이가 지닌 잠재력은 성별에 상관없이 동일한데도 말이다.

슬프게도 이 문제는 부모에게서 그치지 않는다. 대니얼 스토리지Daniel Storage와 동료들은 한 교수 평가 공유 사이트(https://www.ratemyprofessors.com)에 달린 익명의 댓글을 모두 분석한 결과 '뛰어나다'고 평가를 받은 교수 중 남자의 비율이 여자보다 두 배 많고, '천재적이다'라는 평가를 받은 교수 중 남자의 비율이 여자보다 세 배 많다는 것을 확인했다.[20] 이외에 다른 여러 연구를 살펴보아도 타고난 재능과 천재성은 인종과 성에 따른 편견과 맞물려 있었다.

그러나 우리는 자기에게 편견이 있다는 사실조차 알지 못하는 경우가 많다. 만일 일부만 '천부적인' 재능을 지녔다고 생각하는 편견을 몰아내고 모든 사람은 성장할 수 있으며 얼마든지 놀라운 성취를 이뤄낼 수 있음을 깨닫는다면, 여성과 유색 인종을 향한 편견도 모두 사라질 것이다. 무엇보다 STEM 과목에서 이런 변화가 꼭 필요하다. 연구자의 성비 불균형이 가장 심한 분야가 바로 STEM인 건 결코 우연이 아니다.

많은 학생이 '나는 수학에 소질이 없다'라는 생각에 사로잡히는 데는 여러 가지 원인이 있지만, 그중 하나는 학생을 가르치는 사람의 태도다. 수학계의 엘리트주의를 몰아내는 데 자기 인생을 바치는 수학자가 꽤 많은데, 대학교에서 수학을 가르치는 파이퍼 해런Piper Harron도 거기에 속한다. 내가 영웅으로 생각하는 이 수학자 파이퍼 해런의 웹사이트에는 다음과 같은 구절이 올라와 있다.

"내가 본 수학 교육 현장은 '수학을 더 잘할 수 있는 사람들을 열심히 쫓아내는 엉망진창 현장'이다. 자기가 천재라도 되는 양 으스대는 사람들을 나는 도저히 참고 볼 수 없다. 나는 수학을 하겠다는 사람들에게 자율권을 주고 싶다."[21]

파이퍼처럼 수학적 재능에 관한 잘못된 믿음, 헛된 신화를 몰아내려고 목소리를 낸다는 건 정말 멋진 일이다.

그러나 불행히도, 잘못된 엘리트주의를 계속해서 퍼뜨리고 특별한 재능을 가진 소수만이 수학을 배울 수 있다고 대놓고 말하는 교사나 교수가 곳곳에 널려 있다. 지난주에 나는 전형적인 사례 둘을 전해 들었다. 커뮤니티칼리지(미국의 지역 전문대학 과정-옮긴이)의 어느 교수는 첫 시간에 전체 수강생 중 세 사람만이 수업에 통과할 것이라고 했으며, 어느 고등학교 수학 교사는 수학 우등반에 모인 학구열에 불타는 열다섯 살 학생들에게 "다들 자기가 똑똑하다고 생각하겠지만, 이 학급에서 높은 평점을 받는 학생은 아무도 없을 거야"라고 말했다. 이런 발언이 엘리트주의자들이 즐겨 하는 말이다. 그들은 강의를 온전하게 통과하는 학생 수가 적다는 걸 자랑스럽게 여긴다. 통과 학생 수가 적다는 사실이야말로 자기가 정말 어려운 내용을 가르치고 있다는 증거라고 생각하면서 말이다. 바로 교육자의 이런 발언이 학생으로 하여금 훗날 발견할 수도 훌륭한 성취를 이룰 수도 있을 길을 걸어가지 못하게 가로막는다. 이런 고정관념은 학생뿐만 아니라 학문에도 명백하게 해를 끼친다. 왜냐하면 해당 학문에 유익한 통찰과 돌파구를 발견할 수도 있을 사람을 미리 차단해버리는 것과 마찬가지이기 때문이다.

마리암 미르자하니Maryam Mirzakhani도 그렇게 차단당할 뻔했던 사람 중 하나다. 마리암이 여성으로서 수학계의 노벨상인 필즈상을 수상했을 때, 그녀의 인생과 업적에 관한 이야기가 전 세계 언론을 통해 알려졌다. 그녀는 이란에서 성장했으며, 다른 많은 학생과 마찬가지로 학교 수학 교육 과정에서 특별한 격려를 받지 못했다. 중학교 1학년 때는 수학 교사에게 수학 재능이 없다는 말을 듣기도 했다. 그러나 다행히도 그녀와 그녀의 수학 능력을 믿어준 다른 교사들이 있었다.

열다섯 살 때 테헤란에 위치한 샤리프대학교의 문제 풀이 반에 등록하면서 모든 게 바뀌었다. 마리암은 수학 문제 풀이를 무척 좋아했고, 계속해서 고급 수학을 공부했다. 박사 과정을 밟는 동안 이미 그녀는 수학계에서 그동안 밝히지 못했던 이론들을 증명해냈다. 그녀는 다른 수학자들과 차별화된 방식으로 문제에 접근했는데, 거의 다 시각적인 접근법이었다. 만일 그녀가 수학에 재능이 없다고 했던 교사의 말을 곧이곧대로 들었다면 수학 분야는 지금보다 훨씬 더 협소한 영역에 머물

렀을 것이다.

마리암이 스탠퍼드대학교에 왔을 때(마리암은 2008년부터 2017년까지 스탠퍼드대학교 교수로 재직했다–옮긴이) 우리는 자주 만나서 수학 학습과 관련된 토론을 했다. 그녀의 제자 중 하나가 박사 과정 심사를 받을 때 내가 심사위원장을 맡은 일은 나에게 큰 기쁨이었다. 아깝게도 마리암은 마흔 살의 나이로 세상을 뜨고 말았다. 세상은 믿을 수 없을 정도로 위대한 수학자 한 명을 잃었다. 그녀의 신념은 언제까지고 살아남아 수학의 지평을 계속 넓혀나가겠지만 말이다.

미국수학협회에서 발간하는 협회지 11월 호에는 내가 박사 논문 최종 심사를 본 수학자 제냐 사피어Jenya Sapir가 마리암이 수학계에 남긴 놀라운 기여를 회고하며 쓴 글이 실려 있다.

마리암은 강의 시간에 아름답고 세밀한 풍경을 그리곤 했다. A, B, C의 개념에 관해 이야기한다 하면 그녀는 단순히 각각이 무엇을 의미하는지 설명하지 않고, 이 각각이 함께 존재하며 복잡한 방식으로 상호 작용을 하는 수학적 풍경을 그려내곤 했다. 인상적이었던 것은 그녀가 우주의 규칙이 조화롭게 협력하여 A, B, C 개념이 나타났다는 식으로 묘사했다는 점이다. 나는 가끔 마리암의 내면세계가 어떤 모습일지 상상하곤 했다. 내 상상 속에서 그녀의 내면은 다양한 분야의 온갖 어려운 수학적 개념들이 서로 영향을 주고받는 모습이다. 그녀는 자기 안의 우주에서 수학적 개념들이 상호 작용하는 것을 지켜보면서 진리를 깨우쳤던 게 아닐까.[22]

이 세상은 다른 사람과 다르게(흔히 더 창의적으로) 생각하며 스포츠, 음악, 학문 등을 자기 전문 분야로 삼지 말라고 세뇌당한 사람으로 가득하다. 그러나 끊임없이 이런 세뇌를 당하면서도 끈질기게 자기 길을 걷는 사람은, 대개 나중에 믿을 수 없을 만큼 위대한 업적을 쌓곤 한다.

그러나 부정적인 판단을 사실로 믿으며 결국 자기가 가야 할 길을 등지고 꿈을 접는 사람이 얼마나 많은가? 역사상 가장 성공한 작가로 꼽히는 조앤 롤링J. K. Rowling도 『해리포터』 시리즈를 열두 군데 출판사에서 퇴짜 맞았다. 어머니가 죽은 직후 그녀의 인생은 그야말로 최악으로 떨어졌다. 그녀는 아이 딸린 이혼녀인 데다 가난했지만, 좌절하지 않고 자기가 소중하게 여기는 활동에 집중했다. 그것은 바로 글쓰기였다.

열두 군데 출판사에서 퇴짜를 맞고 열세 번째로 블룸즈버리 출판사에 원고를 보낼 때는 그녀도 자신감을 많이 잃은 상태였다. 이 출판사 사장 역시 긴가민가 하는 마음으로 '해리포터' 원고를 여덟 살짜리 딸아이에게 건넸다. 그런데 이 어린 독자가 무척 좋아하면서 자기 엄마에게 출판하라고 성화인 것이 아닌가. 그렇게 해서 출간된 『해리포터』는 전 세계에서 5억 부 넘게 팔렸으며, 그녀는 아직 빛을 보지 못했지만 자기 작품에 대한 믿음을 잃지 않는 작가들의 롤모델이 되었다. 지금 조앤 롤링은 가난 철폐와 아동 복지를 위해 활발하게 창작 활동을 하고 있다. 나는 그녀가 한 말들을 좋아하는데, 특히 다음 인용 부분을 무척 좋아한다.

어떤 일에도 실패하지 않고 살기란 불가능합니다. 너무 조심스럽다 못해 아예 사는 것 자체를 포기하지 않는다면 실패는 피할 수 없습니다. 하지만 이 경우조차도 애초에 실패를 전제하고 있습니다.(2008년 하버드대학교 졸업 연설에서 했던 말-옮긴이)

__ 타고난 재능에 대한 편견 몰아내기

오로지 재능 있는 소수만이 특정 학문을 배울 자격이 있다는 주장은 뇌가 변하지 않는다고 믿었던 시대에나 통했을 법한 생각이다. 교사와 교수, 학부모가 그런 생각에 사로잡혀 있는 것은 그들도 잘못된 믿음이 '진리'로 통했던 시대에 살았기 때문이다. 이 잘못된 신화는 학교 강의실과 가정에서 학생과 미취학 아동에게 끔찍한 영향을 미쳤다. 아이들은 어른들의 잘못된 생각 때문에 자신은 어떤 것을 성취하기에 부족하다고 믿게 되었다. 이 고정관념은 재능을 타고났다고 평가받는 학생에게도 부정적인 영향을 미쳤다. '재능을 타고났다'라는 긍정적인 평가가 어떻게 부정적인 영향을 끼칠 수 있는지 의아할 것이다.

나는 앞서 어떤 분야에서 두각을 나타내려면 그 분야에 필요한 재능을 유전적으로 타고나야 한다는 생각이 여성과 백인이 아닌 학생에게 특히 부정적인 영향을 끼친다는 사실을 입증한 어느 연구를 언급했다. 그런데 이 선입견 덕에 득을 보는 것 같은 쪽에도 해로운 영향을 미친다. 도대체 어떤 나쁜 영향을 끼치는 걸까?

여러 달 전 나는 한 영화 제작자를 만났다. 그가 만든 영화는 사회 정의 관점에서 바라본 '재능'에 관해 다뤘다. 영화에 흥미를 느낀 나는 영화 홍보 동영상을 보았고, 결과적으로 실망했다. 영화는 백인이 아닌 학생에게도 타고난 재능이 많다는 것을 인정해야 한다고 주장했다. 그런 영화를 만드는 이유는 나도 충분히 이해한다. 왜냐하면 재능에 관한 이야기를 하면 인종적인 불균형이 심각하기 때문이다. 하지만 이 영화는 그 이면에 존재하는 다른 중요한 문제를 간과하고 있었다. 결국 나는 유큐브드 팀과 시티즌 필름Citizen Film의 제작자 소피 콘스탄티노 Sophie Constantinou의 도움을 받아 직접 영화를 제작하기로 결심했다.[23]

우선 스탠퍼드대학교 학생들에게 '재능을 타고난 아이'라는 딱지가 붙었을 때 경험을 이야기해달라고 부탁했다. 이 영화에 출연한 열두 명의 학생이 모두 비슷한 이야기를 했다. 그런 평가 덕분에 많은 이득을 보기도 했지만 손해도 보았다는 것이었다. 이 학생들은 자기 내면에 타고난 재능이 있다고 믿었고 자기가 힘들어서 쩔쩔맬 때는 그것이 바닥나버렸다는 생각이 들었다고 했다. 또 자신은 질문에 대답은 해도 되지만 질문은 하면 안 된다고 생각했다고도 말했다. 남들이 실은 자기에게 타고난 재능이 없다고 눈치챌까 봐 어렵고 힘든 상황을 숨기려 노력했다고도 털어놓았다. 마지막에 줄리아Julia는 이런 말을 했다.

"만일 제가 그 누구도 재능을 타고나지는 않았다고 말하는 세상에서 성장했다면, 훨씬 더 많은 질문을 했을 거예요."

뛰어난 학생에게 더 성장할 수 있는 적절한 환경을 제공하는 이른바 '재능 운동gifted movement'이 필요하다는 견해에는 나도 동의한다. 그러나 특정 학생이 재능을 천부적인 선물로 받았기 때문에 당연히 혜택을 누려야 한다는 관념을 기반으로 이 운동이 진행되어온 것은 문제다. 이미 상당히 높은 수준에 이른 학생에게 특별히 더 어려운 과제를 제시해야 한다는 주장은 다른 중요한 사실을 놓치고 있다. 바로 다른 학생도 열심히 노력하기만 하면 얼마든지 그 수준에 도달할 수 있다는 사실이다. 소수의 학생이 다른 이들이 도저히 성취할 수 없는 어떤 것을 이미 지닌 채 태어났다는 생각은, 아무 재능도 없다고 생각하는 학생이나 재능을 타고났다고 생각하는 학생에게 똑같이 해롭다.

재능을 타고났다는 평가가 나쁜 영향을 미치는 또 다른 이유는 그런 평가가 '나는 굳이 열심히 노력하지 않아도 돼'라는 생각을 하게 만든다는 점이다. 만약 아주 열심히 노력해야 하는 상황이 오면 그 자체로 충격을 받는다. 이는 지난여름 스탠퍼드대학교에서 교육대학원 학생을 상대로 뇌 성장 수업을 하다 깨닫게 된 사실이다. 나는 '타고난 재능'이 미치는 부정적인 영향을 연구한 논문을 설명하고 있었다. 그때 수잔나Susannah가 손을 번쩍 들더니 슬픈 목소리로 말했다.

"제가 살아온 인생과 똑같아요."

이어 수잔나는 어린 시절 이야기를 털어놓았다. 당시 그녀는 수학 과목에서 매번 1등을 차지했다. 재능을 타고난 학생을 대상으로 하는 어떤 프로그램에 참여했고, 거기서도 '수학 머리'가 있다는 평가를 받았다. 그녀는 UCLA 수학과에 입학했다. 그러나 두 번째 해에 들은 어느 강의가 어찌나 어렵던지 따라가느라 쩔쩔맸다. 이때 그녀는 자기는 수학 머리가 없다고 판단하고 중도에 포기해버렸다. 수잔나는 몰랐지만 그때 그 어렵고 힘든 과정은 뇌가 성장하기에 최적이었다. 그 과정을 통해 한층 높은 수준의 수학 공부에 필요한 신경 경로들이 만들어질 수도 있었다. 이런 사실을 그녀가 알았더라면, 아마도 끈질기게 매달려서 수학 전공자로 학부를 졸업했을 것이다. 바로 이것이 뇌가 고정되어 있다는 선입견이 수잔나에게 끼친 나쁜 영향이다.

수잔나의 사례를 통해 재능을 타고났다는 딱지가 결국 그토록 좋아하던 일을 어떻게 포기하게 만드는지 알 수 있다. 이런 일은 문학, 과학, 역사, 드라마 작법, 지리학에서도 일어난다. 힘들게 노력해서가 아니라 선천적인 재능 덕에 잘한다는 평가를 받으면, 그는 자기도 모르게 있는 힘을 다해 노력하는 과정을 회피하게 된다. 그리고 결국에는 자기에게 사실은 타고난 재능이 없다고 믿어버린다. 나는 다소 특수한 분야에 몸담은 덕에 STEM 과목을 감당할 만한 재능을 타고나지 못했다며 중도에 포기하는 학생을 적잖이 보았다. 문제는 STEM 과목만 포기하는 게 아니라는 것이다. 어떤 과목을 해낼 재능이 없다고 믿으면, 다른 과목에도 재능이 없다고 생각하기가 쉽다.

모든 사람이 똑같은 조건으로 태어난다고 주장하는 게 아니다. 사람은 저마다 자기만의 독특한 뇌를 가지고 태어난다. 각 사람의 뇌는 서로 다르다. 그러나 사람들이 천부적으로 가지고 태어나는 간극은 뇌를 변화시키는 여러 가지 방법에 의해 좁혀진다. 자기가 하고자 하는 일에 영향을 줄 정도로 예외적인 뇌를 가지고 태어나는 사람의 비율은 전체의 0.001퍼센트도 되지 않는다. 뇌의 차이 때문에 어떤 사람은 자폐가 있을 수도 있고, 조금만 노력해도 어느 정도 수준에 다다를 수도 있다. 어쨌거나 사람들이 저마다 다른 뇌를 지닌 채로 태어난다 해도, '수학 머리', '글쓰기 재능', '미술 감각', '음악 머리' 같은 것을 지니고 태어나는 경우는 없다. 사람은 누구나 성공하려면 뇌의 경로를 개발해야 한다. 그리고 누구나 가장 높은 수준을 학습하고 성취할 잠재력을 지니고 있다.

'재능 있는 사람들'을 집중 연구한 베스트셀러 저자 대니얼 코일Daniel Coyle도 이 점에 동의한다. 그는 뛰어난 재능을 타고난 이들(코일은 이들을 '매우 특별하게 효과적인 방식으로 일해온 사람들'이라고 말한다) 각각의 교사를 만나 인터뷰했는데, 교사들은 '천재'로 보이는 학생을 10년에 한 번 꼴로 본다고 말했다.[24] 그러니 전체 학생 중 상위 6퍼센트를 따로 선발해 특별 교육을 시켜야 한다는 결정은 얼마나 터무니없는 것인가? 안데르스 에릭슨은 수십 년간 지능지수IQ를 연구한 끝에, 천재로 일컬어지는 사람(아인슈타인, 모차르트, 뉴턴 등)은 '태어나지 않으며', 이들의 성공은 예외적일 만큼 치열한 노력의 결과라고 결론지었다.[25] 정말 중요한 점은 우리는 성장하고 있는 모든 학생과 의사소통을 해야 한다는 것, 그리고 우리 모두에게는 타고난 재능 혹은 타고난 장애 같은 고정된 어떤 것이 존재하지 않는다는 사실이다.

뇌가 고정되어 있다는 발상은 이미 지나간 시대의 이야기다. 지금 우리는 '성장하는 뇌' 시대를 살고 있다. 뇌가 성장하는 과정은 마땅히 찬양받아야 하며, 특정 사람이 더 유능하다는 케케묵은 생각과 이를 기반으로 한 교육은 모두 걷어치워야 한다. 특히 그 고정관념이 성별과 인종 불평등의 원인으로 작용하는 상황에서는 더더욱 그렇다. 모든 사람은 평생 성장한다. 무언가를 할 수 있는 사람과 할 수 없는 사람으로 가르는 이분법으로 사람들에게 무거운 짐을 지워서는 안 된다.

고등학교 시절 나는 물리 선생님에게 여자가 공부를 잘하려면 훨씬 더 열심히 노력해야 하는 반면 남자는 선천적으로 똑똑해서 저절로 잘한다는 말을 들었다. 지금도 그때가 생생하게 기억난다. 모든 학생이 모의시험을 보는 중이었다. 영국에서 열여섯 살 학생이면 누구나 봐야 하는 굉장히 중요한 시험 전에 보는 연습 시험이었다. 여학생 네 명과 남학생 네 명이 등급 경계선에 아슬아슬하게 걸친 점수를 받았는데, 나도 그 여덟 명 중 하나였다. 그런데 물리 선생님은 남학생은 공부를 별로 하지 않고 그 점수를 받았지만 여학생은 열심히 공부해서 그 점수를 받았다고 판단했다. 그는 아무리 노력해도 여학생은 더 나아지지 않을 것이라고 여기고는, 남학생은 보다 높은 수준의 시험에 응시하게 하고 여학생은 보다 낮은 수준의 시험에 응시하게 했다.

나는 고등학교 때 공부를 거의 하지 않았다. 온갖 것을 암기하는 게 너무 지루하고 싫었기 때문이다. 완전히 망치지 않을 정도로만 시험을 보려고 최소한의 노력만 기울였다. 나는 여학생은 열심히 공부했을 것이라는 그 선생님의 판단이 잘못되었음을 알고 있었다. 집에 돌아온 나는 어머니에게 선생님의 성차별적인 결정에 관해 이야기했고, 페미니스트였던 어머니는 학교에 항의했다. 그 덕에 나는 더 높은 수준의 시험에 응시할 수 있었다. 물리 선생님은 그 시험은 C 이상을 받지 못하면 탈락이라며 나에게 어리석은 모험을 한다고 했다. 나는 기꺼이 모험을 감행하겠다고 말했다.

그해 여름 나는 A를 받았다. 나는 운이 좋았다. 교사가 내린 성차별적인 결정에 이의를 제기해 준 어머니가 있었고, 교사의 잘못된 편견 때문에 내가 더 열심히 시험 준비를 할 수 있었기 때문이다. 그러나 그 일이 안 좋은 영향도 미쳤다. 더는 물리를 공부하지 않기로 결심했기 때문이다. 다른 이유는 없었다. 성차별적인 결정을 내린 그 선생님은 물리 담당 교사였기에 그 사람도 물리 과목도 더 이상 보고 싶지 않았다.

다행히도 수학 과목에서는 그런 일을 당하지 않았다. 내가 속한 수학반 담당 교사나 대학 교수는 모두 여자였다. 나는 수학뿐만 아니라 과학 과목에서도 물리를 제외하고 모두 고급반을 선택해서 들었다. 고등학교 시절 내가 경험한 사건은 그 물리 선생님과 같은 사람들이 성별, 인종 등을 이유로 학생의 진로를 제한할 때 어떤 나쁜 일이 일어나는지 고스란히 보여준다.

최근 만난 여학생들에게서 들은 이야기다. 그들은 상위권 대학에서 첫 번째 시험을 치르고 난 뒤 자신들이 들으려 하는 수학 강의에 대해 담당 교수에게 조언을 구했다. 교수는 그 강의가 매우 이론적이어서 어려울 테니 지역에 있는 커뮤니티칼리지에서 듣는 게 좋겠다고 대답했다. 모두 아프리카계 미국인이었던 이 여학생들은 그 순간 STEM 과목과 영원히 작별하겠다고 결심했다. 그들은 이미 그런 평가를 질리도록 받아왔던 터였다. 이전의 수많은 학생과 마찬가지로 이들도 STEM 과목을 포기해버렸다.

수학뿐만이 아니다. 미술, 문학, 음악, 체육 등과 같은 과목도 처음에는 재미있어하다 점점 어려워지면 결국 자기는 그 과목에 맞는 머리(혹은 몸)가 없다고 단정한다. 어떤 경우에서든 이런 생각을 하게 되면 미래에 관련 과목은 영구 삭제되고 만다. 이런 일은 학교에서만 일어나는 게 아니라 직장에서도 그대로 이어진다.

내가 만난 직장인들은 뇌 과학을 알기 전에는 회의 때 실수할까 봐 너무 두렵고 떨려서 아이디어 하나도 제대로 내지 못하고, 누군가에게 어떤 평가를 받을지 몰라 늘 두려워했다. 당연하다. 우리는 모든 사람을 '똑똑한' 정도에 따라 판단하는 세상에서 성장했다. 그리고 대부분이 '충분하지 않다'라는 평가를 받는다고 느끼며 자신이 부족하다는 사실이 드러날까 봐 전전긍긍했다. 뇌가 고정되어 있다는 생각을 벗어던지면 비로소 빗장이 풀리고 자유로워진다. 특히 뇌 과학 지식을 신경과학 지식과 결합할 때 더욱 그렇다.

노동자뿐만 아니라 관리자도 이 고정관념에 사로잡혀 있다. 회사의 관리자는 어떤 직원을 머리가 좋지 않다는 이유로, 혹은 충분히 똑똑하지 않다는 이유로 처음부터 제쳐두는 경향이 있다. 만약 관리자가 자기 직원에게 무한 잠재력이 있다고 본다면, 직원에게 말 한마디라도 예전과 다르게 하고 직원이 잠재력을 발휘할 수 있도록 다양한 학습 기회를 제공할 것이다. 기업이 훨씬 더 많은 직원이 중요한 아이디어를 내거나 제품을 만들 수 있도록 권한을 배분하는 등 인적 자원 운용 방식을 바꾸면 성장 가능성이 커질 수밖에 없다.

한계 제로의 인생을 살아가는 첫 번째 단계는 뇌가 끊임없이 성장하고 바뀐다는 사실을 깨닫는 것이다. 우리는 날마다 아침이면 새롭게 바뀐 뇌를 가지고서 잠에서 깨어난다. 뇌는 인생의 모든 순간마다 신경 경로를 연결하고 강화하며 새 신경 경로를 만들어낸다. 우리 뇌에 놀랄 만한 적응력이 있다는 사실을 깨닫는다면 마음이 열리면서 예전과는 다른 인생을 살게 된다. 어려움이 우리를 성장시킨다는 사실을 믿으며, 어렵고 힘든 상황에 직면해도 두려움 때문에 등을 보이고 돌아서는 대신 어려움 속으로 자신만만하게 뛰어들 것이다.

대다수가 여전히 '뇌는 고정되어 있다'라고 생각하기에
가능성을 제한받고,
작은 성취밖에 이루지 못하는 사람으로
가득하게 되었다.

법칙2

UNLOCK

실패를 사랑하라

틀릴수록 성장하는
인간의 뇌

실제로 실수하거나 틀리는 것이
오히려 이롭다는 메시지는
뇌 성장에 매우 의미 있는 영향을 끼친다.

인생은 온갖 실수가 넘쳐난다. 우리는 늘 실수하고 틀린다. 실패와 실수는 일상의 일부다. 실패가 아무 문제도 일으키지 않고 도리어 행운의 결과를 안겨줄 때도 있지만, 우리는 보통 실수를 하거나 맞혀야 하는 것을 틀리면 '망했다!'라는 생각부터 떠올리고 자책한다. 매우 많은 사람이 실수나 실패에 부정적으로 반응하는 것도 당연하다. 우리는 틀리거나 실패하는 것은 나쁘다는 관념을 가지고 성장했다. 시험을 중요시하는 학교에 다니면서 실수하고 틀릴 때마다 지적을 받는다. 학교에서뿐만 아니다. 집에서도 실수를 저지르면 부모에게 혼부터 난다. 정말 불행한 일이 아닐 수 없다. 왜냐하면 우리는 실수를 통해 성장하기 때문이다.

어려워서 쩔쩔매고 틀릴 때가 뇌가 성장하기에 최적의 시간이다.

학습 과정에서 어려운 난관에 기꺼이 맞서고 실수하거나 틀릴 때, 학습 경험을 빠르게 처리하고 개선하는 신경 연결neural connection들이 고양된다. 실패와 노력의 긍정적인 영향에 관한 연구는 신경 과학[1]과 고성취자들의 행동 과학[2] 양쪽에서 모두 이루어지고 있다. 이 분야의 어떤 연구는 상식과 완전히 빗나간다. 우리는 너무도 오랜 세월 동안 틀리면 안 된다고 믿어왔다. 언제나 옳아야 하고, 틀리지 말아야 한다는 생각의 굴레에서 자유로워지는 것이야말로 엄청난 변화이다.

__ 기꺼이 틀릴 용기

실패가 오히려 긍정적인 효과를 불러올 수 있다는 걸 처음 깨달은 것은 교사 워크숍을 준비할 때였다. 마인드셋 연구 분야의 개척자 캐럴 드웩이 이 워크숍에 합류했는데, 그 자리에 참석한 교사 모두가 캐럴이 하는 말에 귀 기울였다. 그녀는 우리가 실수를 하거나 틀릴 때마다 뇌에서 시냅스가 점화되는데, 이것이 뇌 성장의 증거라고 했다. 그 말에 그 자리에 있던 교사들은 충격을 받았다. 왜냐하면 그들 모두 최대한 틀리지 않아야 한다는 원칙을 토대로 일하고 있었기 때문이다. 캐럴은 우리가 실패하거나 틀릴 때 뇌의 반응과 성장 마인드셋과 고정 마인드셋을 지니고 있을 때 뇌가 어떻게 다르게 반응하는지 살펴본 연구

에 관해 이야기했다.[3]

제이슨 모저Jason Moser와 그의 동료들은 무언가를 잘못했을 때 뇌에 나타나는 반응에 관한 캐럴의 작업을 한층 더 확장한 끝에 놀라운 사실을 발견했다. 연구진은 피험자들이 시험을 치르는 동안 뇌를 MRI로 촬영했고, 문제를 맞혔을 때와 틀렸을 때의 사진을 나란히 놓고 비교했다. 그랬더니 피험자가 문제를 맞혔을 때보다 틀렸을 때 뇌가 더 활성화되면서 강화되고 성장이 촉진되었다.[4] 이제 신경 과학자들은 실패가 신경 경로를 강화하는 데 긍정적으로 기여한다는 의견에 동의한다.

법칙2는 특히 큰 의미가 있다. 대부분의 교사는 학생이 틀리지 않도록 학습 방식을 설계한다. 교과서는 쉽고 단순한 문제로 구성되어 있어서 학생이 정답을 맞힐 가능성이 매우 높다. 상식적으로 생각해보면 문제 대부분을 맞히면 학생들의 동기 부여 수준이 한층 높아져야 한다. 그러나 실제 연구 결과는 그렇지 않았다. 정답을 맞히는 것이 뇌 훈련에 좋은 방법이 아니었던 것이다.

성장을 경험하려면 매우 어렵고 까다로운 문제를 붙잡고 씨름해야 한다. 틀리는 것을 두려워하지 않는 분위기를 조성해야 하고, 학생들에게 실수에서 얻을 수 있는 이득이 무엇인지 알려줘야 한다. 이것이 핵심이다. 과제는 학생이 확실히 틀리도록 충분히 어렵고 까다로워야 하고, 실패했을 때 학생이 실패를 고약한 낭패로 여기지 않게 분위기를 만들어야 한다. 이 두 가지 요소가 함께해야만 이상적인 학습 경험이 만들어질 수 있다.

대니얼 코일은 탁월하게 높은 수준의 성과를 내는 재능 있는 사람들을 연구하면서, 그들이 거둔 성취는 타고난 능력이 아니라 체계적으로 설계된 연습에서 비롯된 것이라고 결론 내렸다. 그는 음악, 체육, 학술 분야 등에서 학습 능력이 뛰어난 사람들의 사례를 연구했다. 그는 연구를 통해 매우 높은 수준의 성취를 거둔 사람은 모두 특별한 유형의 연습을 했으며, 이 연습이 뇌의 신경 경로를 미엘린(신경 섬유의 축색을 감싸는 피막-옮긴이)으로 감싸도록 유도했다는 사실을 밝혀냈다.

우리의 뇌는 신경 섬유들이 연결되어 있는 그물망(뉴런 포함)을 통해 작동하며, 미엘린은 섬유를 감싸는 일종의 절연체로 신호의 강도, 속도, 정확성을 증가시킨다. 우리가 어떤 생각을 떠올리거나 축구공 차기 같은 행동을 할 때 미엘린은 관련된 신경 경로를 감싸서 특정 회로를 최적화한다. 이때 우리가 하는 생각이나 동작이 보다 효율적이고 유연하도록 만든다. 대부분의 학습에는 시간이 필요한데, 미엘린은 신호를 강화하고 해당 경로를 느리게 강화함으로써 학습 과정을 지원한다. 코일은 자기 분야에서 세계 최고의 업적을 남긴 수학자, 골프 선수, 축구 선수, 피아니스트 등의 사례를 제시하면서, 그들 모두 여러 겹의 미엘린 층으로 감싸인 '기막히게 훌륭한 신경 경로'를 가지고 있다고 말한다. 바로 훌륭한 신경 경로 덕분에 그들이 대단한 기량을 발휘하게 되었다는 것이다.

그렇다면 어떻게 해야 그런 기막히게 훌륭한 신경 경로를 만들 수 있을까? 어려운 환경에서 자기 능력을 100퍼센트 발휘하면서 실패를 거듭하고, 그 실패를 바로잡아 앞으로 나아가며 더 많이 실패하는 과정에서 훌륭한 신경 경로가 만들어진다. 어려운 과제를 붙들고 계속 힘들게 밀어붙일 때이다.

코일이 쓴 책의 서두에 학습에 관한 흥미로운 이야기가 등장한다. 클라리넷을 배우는 열세 살 소녀 클라리사Clarissa는 '타고난 재능'도 '좋은 귀'도 가지고 있지 않은, 평균 수준의 리듬감에 클라리넷을 잘해야 하는 특별한 동기도 없는 아이다. 그러나 이 아이는 음악 동아리 사이에서 유명해졌다. 보통 아이보다 시간당 학습 속도가 열 배나 더 빠르기 때문이다. 음악 전문가들은 그녀가 보여주는 놀라운 학습 성취도를 동영상으로 기록해 연구 중이다. 코일은 클라리사가 클라리넷을 연습하는 동영상을 보고는, 이 동영상에 '한 달 연습량을 6분 만에 해치우는 소녀'라는 제목을 붙여야 한다고 주장했다. 그는 책에서 클라리사가 연습하는 광경을 다음과 같이 묘사했다.

클라리사는 한 번 숨을 쉬고 두 개의 음을 분다. 그다음 멈춘다. 입술에서 클라리넷을 떼고 악보를 바라본다. 아이는 눈을 가늘게 뜨고 있다. 아이는 일곱 개의 음을 분다. 그 노래의 시작 부분이다. 마지막 음을 놓치자 곧바로 입술에서 클라리넷을 뗀다. (……) 아이는 다시 처음부터 리프(반복 악절)를 연주한다. 이번에는 아까보다 몇 음 더 앞으로 나아간다. 그러나 마지막 음을 또 놓치고, 다시 돌아가 놓친 부분을 제대로 분다. 이제 시작 부분은 딱딱 맞아떨어지기 시작한다. 아이가 내는 소리들이 제대로 된 울림을 낸다. 이 부분을 완성하고 나자 아이는 6초간 멈춘다. 이때 손가락이 클라리넷의 키들 위로 부지런히 움직인다. 마치 그 부분을 마음속으로 재생하는 것처럼 보인다. 아이는 몸을 앞으로 숙이고 숨을 크게 한 번 쉬고는 다시 시작한다.

소리는 그다지 좋지 않다. 이 소리는 음악이 아니다. 잠깐씩 소리를 내다 말아서 소리는 딱딱 끊어진다. 게다가 틀리기까지 한다. 그러다 보니 딱딱 끊어지는 슬로모션으로 재생되는 것 같다. 이 아이의 겉모습만 보면 연습을 제대로 하고 있지 않다고 생각할 수도 있다. 하지만 이는 잘못된 판단이다.[5]

어떤 음악 전문가는 클라리사의 클라리넷 연습 영상을 보고는 "대단하다"면서 "만일 어떤 사람이 이것을 병에 담아 판다면 그 가격은 수백만 달러가 될 것이다"라고 덧붙였다. 한편 코일은 다음과 같이 말했다.

"이것은 평범한 연습이 아니다. 차원이 다른 연습이다. 목표 지향적이며 '틀리기'에 초점을 맞춘 과정이다. 이 과정을 통해 무언가가 계속 성장하고 조금씩 만들어진다. 노래가 완성되면서 클라리사는 전문가가 되어갔다."[6]

또 코일은 여러 학습 사례를 살펴본 뒤 다음과 같이 말했다.

"어떤 신경학적 메커니즘으로 인해 특정한 패턴의 연습이 학습자의 기량을 향상시켰다. 학습자는 자기가 무엇을 하고 있는지 의식하지 않고도, 그 누구도 모방할 수 없으며 특별한 연습 패턴으로만 도달할 수 있는 학습 단계에 들어섰다. 간단하게 말하면, 타고난 재능만으로는 성취할 수 없는 단계에 도달했다."[7]

빈번하게 틀리고 어려워서 쩔쩔매는 과정을 통해 우리는 초심자에서 전문가로 성장한다. 이것은 어렵고 까다로운 활동을 하느라 시행착

오를 겪을 때 오히려 뇌 활동이 증가하고, 틀리지 않고 제대로 일을 할 때는 뇌 활동이 감소한다는 어느 논문의 주장과도 일치한다.[8] 그런데 불행히도 대부분의 학습자는 틀리지 않아야 한다고 생각하며, 틀리거나 어려운 문제 앞에서 고생하면 자기가 훌륭한 학습자가 아니라는 자책감에 사로잡힌다. 쩔쩔매는 것이 최고의 학습임에도 말이다.

연습은 어떤 지식이나 기술을 연마하는 데 매우 중요하다. 전문가의 기량에 관한 이해의 지평을 연 안데르스 에릭슨은 피아니스트, 체스 선수, 소설가, 운동선수 등 세계 정상급 전문가 대부분이 20년 넘게 약 1만 시간 동안 연습했음을 발견했다. 또 이런 최고의 전문가들이 거둔 성공은 천부적인 지능이 아니라 그들이 끈질기게 수행한 '의식적인 연습' 덕분임을 확인했다.[9] 중요한 건 전문가가 된 사람은 '올바른' 방식으로 열심히 노력했다는 사실이다. 에릭슨 외의 많은 연구자가 효과적인 연습을 동일한 맥락에서 설명했다. 자신을 한계 끝까지 밀어붙이고, 이런저런 실수를 하면서 틀려보고, 실수를 바로잡고, 다시 더 많은 실수와 실패를 경험하는 것이야말로 가장 효과적인 연습이다.

▬ 나를 쩔쩔매게 하는 문제와 마주하라

4년에 한 번씩 수학·과학 성취도 추이변화 국제비교 연구TIMSS 시험이 57개국에서 열린다. 가장 최근에 열린 대회 수학 과목에서는 싱가포르가 1위를 차지했다. 이런 시험을 통해 얻는 정보를 유용하게 활용하려면 각 나라의 교육 방법을 알아야 한다. 그래서 어느 연구진은 7개 국을 선정해 해당 국가의 수학 교실에 직접 들어가 교사가 학생을 가르치는 모습을 직접 동영상으로 녹화했다. 나라별 수학 교육의 특성을 연구한 결과 주목할 만한 사실 여럿을 발견했다.[10] 그중 하나는 미국의 수학 교육 과정이 상대적으로 높은 점수를 기록한 다른 나라들에 비해 학습 범위는 넓지만 심화 수준은 낮다는 사실이었다. 이를테면 폭은 1킬로미터나 되는데 깊이는 1센티미터밖에 되지 않는 상황과 같았다.

수학 과목에서 늘 상위 5위 안에 드는 일본은 연구진이 관찰 대상으로 선정한 7개국 중 하나였다. 일본 학생은 자기에게 주어진 시간의 44퍼센트를 근본적인 개념을 발명하고 생각하는 데 썼다. 하지만 미국 학생은 이런 활동에 주어진 시간의 1퍼센트도 쓰지 않았다.

이 연구를 이끌었던 짐 스티글러Jim Stigler는 '일본 교사는 학생이 힘들어서 쩔쩔매길 바란다'라고 쓰면서, 이들은 일부러 학생에게 오답을 제시함으로써 학생이 근본적인 개념까지 되짚어보도록 유도한다는 사실을 지적했다. 나는 여러 해에 걸쳐 미국과 영국을 오가며 수천 시간 동안 수업 모습을 지켜보았지만, 이런 식으로 학생을 훈련시키는 광경은 단 한 번도 본 적이 없다. 대신 학생이 문제 앞에서 쩔쩔매지 않도록 하려는 교사만 수없이 보았다. 학생이 도움을 청하면 교사가 달려가 해법을 제시함으로써 더 어려운 문제를 풀기 위해 필요한 질문을 차단하고 쉬운 문제만 풀게 하는 모습이 미국과 영국의 전형적인 교실 풍경이었다. 교사는 공부를 어려운 과제가 아니라 쉬운 것으로 만들어버렸고, 학생이 쩔쩔맬 수 있는 기회를 원천적으로 차단했다. 한편 학생은 자기에게 주어진 과제를 깨끗하게 완수하고 기뻐했다. 배우는 게 거의 없는데도 말이다.

중국도 TIMSS에서 높은 수학 성적을 기록하는 나라다. 내가 중국에서 방문한 교실에서도 일본에서와 비슷한 광경을 볼 수 있었다. 당시 나는 어느 콘퍼런스에서 강연해 달라는 요청을 받았다. 그때 잠깐 짬을 내어 중국 학생들이 공부하는 교실 몇 군데에 들어가 수업을 참관했다. 고등학교 수학 수업 시간은 대략 한 시간이었는데, 학생들이 그 한 시간 동안 네 개 이상의 질문을 놓고 해법을 찾으려 머리를 싸맨 모습이 인상적이었다. 미국의 전형적인 수학 교실과 뚜렷하게 대비되었기 때문이다. 미국에서는 학생들이 한 시간에 약 서른 개의 질문을 받고 척척 해치우는데, 중국 교실과 비교하면 약 열 배나 많은 질문을 처리하는 셈이었다. 중국 교실에서 오가는 질문은 미국에 비해 더 심층적이고 종합적이었다. 또 중국 교사는 종종 학생에게 도발적인 질문을 했는데, 일부러 잘못된 진술을 하게 해서 그 허점으로 인해 반박을 당하도록 유도했다.

어떤 수업은 미국 교실에서는 흔히 시시하게 여겨지는 여각(합하면 직각이 되는 두 예각-옮긴이)과 보각(합하면 180도가 되는 두 각-옮긴이) 주제를 다루고 있었다. 중국 교사는 학생들에게 여각의 정의를 내려보라고 했고, 학생들은 제각기 자기가 생각하는 답을 내놓았다. 때로 이 교사는 학생들이 제시하는 정의가 엉뚱한 방향으로 흐르도록 유도한 다음 "그 엉터리 같은 이야기가 여각의 정의라고?"라며 장난스럽게 되묻곤 했다. 그러면 학생들은 씩씩거리면서 보다 정확한 정의를 찾아내려고 애를 썼다. 이 교사는 장난을 치기도 하고 학생들이 지닌 생각을 비꼬기도 하면서 더 깊은 생각을 이끌어냈다. 학생들은 힘들게 더듬어나가며 개념을 확장하고 선명하게 정리하고 해명했다. 그리고 이 과정을 통해 인상적일 정도로 심화된 수준까지 나아갔다.

이를 미국의 표준적인 수학 시간과 비교해보자. 교사가 여각과 보각의 정의를 내리고, 학생들은 서른 개의 짧은 문제를 풀며 개념을 연습한다. 중국 수업의 특징은 어려운 문제로 학생을 쩔쩔매게 만드는 것이다. 교사는 의도적으로 학생들을 모순된 상황으로 몰아넣어 열심히 생각하도록 만든다. 이 교실 풍경은 연구진이 정의한 '틀리기에 초점을 맞춘 목표 훈련'과 완전히 일치한다. 코일이 말했듯 "효과적인 뇌 회로를 구축하는 최고의 방법은 문제를 풀고 자기가 틀린 것을 돌아보게 하고, 또다시 문제를 푸는 것"이다. 중국 교사들이 바로 이 과정을 실천하고 있었던 것이다.

수십 년간 학습을 연구해온 심리학자 엘리자베스 비요크Elizabeth Bjork와 로버트 비요크Robert Bjork는 많은 학교에서 진행하는 학습이 매우 비생산적이라고 지적했다. 실제로 학습 과정에서 가장 중요한 과정은 학교에서 이루어지는 표준적인 교육 방법에서 벗어나는 경우가 많다. 그들은 '어려움'의 중요성을 역설하며 어려운 일을 하도록 마구 몰아붙여야 한다. 또 정보를 검색하는 행동을 무척 강조했다. 우리가 어떤 정보를 검색하면, 나중에 그 정보가 필요할 때 보다 쉽게 접근할 수 있도록 뇌 속에서 정보를 변화시킨다는 것이다.[11]

많은 사람이 시험을 앞두고 시험 범위에 속하는 내용을 읽고 또 읽는다. 그러나 비요크 부부는 이것이 뇌에 그다지 도움이 되지 않는다고 지적했다. 공부한 내용을 훨씬 잘 기억하는 방법은 자가 시험, 즉 스스로 문제를 내고 푸는 것이다. 이때 틀리더라도 이 경험마저 기억에 남아서, 공부한 내용을 금방 소환할 수 있는 상태로 뇌를 유지할 수 있다. 학습에 관한 연구를 하는 과학자들은 시험의 목적이 성적 향상만이 되어서는 안 된다고 말한다. 시험이 스트레스를 유발하고 학습 경험이 축소되도록 만들기 때문이다. 그들에 따르면 권위자가 평가하지 않는 자가 시험이나 동료끼리 서로 문제를 내 풀게 하는 시험이 뇌 성장에는 더 유익하다.[12]

＿ 뇌가 성장하는 최고의 순간

신경 과학이라는 학문이 점점 확고하게 자리를 잡아가면서 어려운 문제 앞에서 쩔쩔매고 실수하는 것에 얼마나 큰 가치가 있는지 증명하는 사례가 더 늘어나고 있다. 훌륭한 교사는 그 사실을 직관적으로 알고서 실패야말로 가장 좋은 학습 기회라고 강조한다. 그러나 불행히도, 학생이 실제로 틀렸을 때 고약한 기분에 사로잡히지 않을 만큼 이 메시지는 강력하지 않다. 좋은 교사들이 있어도 학습 현장 자체가 성적 지상주의에 물들어 있기 때문이다. 심지어 '틀리는 일'이 학습뿐만 아니라 뇌 성장에도 유익하다는 과학 이론이 점점 더 설득력이 생겨도 교사는 이 이론을 학생에게 전달하기 어렵다. 교사가 학생이 시험에서 실수하고 틀릴 때마다 벌을 주어야 하는 체계는 바뀌지 않기 때문이다.

교육은 서로 영향을 미치는 수많은 요소가 결합되어 있는 복합적인 체계다. 교사는 학생들에게 올바른 가치를 전달할 수 있다. 그러나 이렇게 전달한 가치가 교육청의 관행으로 훼손되는 것은 막지 못한다. 그래서 나는 교사들에게 학생뿐만 아니라 교육 당국자나 학부모에게도 올바른 교육 이론을 적극적으로 알리라고 강조한다.

교사가 학생들에게 틀려도 괜찮다고 장려할 때 학생들은 믿을 수 없을 정도로 강력한 자유를 보장받는다. 뉴질랜드에서 초등학교 2학년을 가르치는 교사 수잰 해리스Suzanne Harris는 절차적 교육(단계별로 정해진 절차에 따라 이루어지는 교육-옮긴이)과 시간제한이 있는 시험을 치렀던 시대에 처음 교직을 시작했다. 그녀는 내가 쓴 책 하나를 읽고서는 자기가 옳다고 생각해온 것이 연구 결과가 보여주는 교육 방향과 일치한다는 것을 알았다. 그리고는 교장에게 가서 자기가 이른바 '조 볼러 Jo Boaler 방식'으로 학생들을 가르쳐도 되는지 물었다. 교장은 그러라고 했다. 수잰은 당장 여러 변화를 시도했다. 그중 하나가 학생들에게 실수하고 틀리고 어렵고 힘들어서 쩔쩔매는 것에 어떤 좋은 효과가 있는지 설명하는 것이었다. 나와 인터뷰할 때 수잰은 이런 행동이 반 학생인 덱스Dex에게 가져다준 놀라운 변화에 관해 자세히 들려주었다.

학습 장애 판정을 받은 덱스는 학교에서 진행하는 교육 과정을 소화하는 데 도움이 되는 명상을 날마다 해야 했다. 어느 날 수잰은 수업 도중에 학생들에게 특별한 문제 하나를 제시했다. 유큐브드 웹 사이트에서 '네 개의 4'라고 불리는 문제 중 하나였다.

네 개의 4로 가능한 모든 연산을 사용해서 1과 20 사이에 있는 수를 만들어보라.

학생들은 이 문제를 가지고 재미있게 놀았다. 숫자 범위를 20 이상으로 확장해 풀기도 했다. 덱스는 64에 16을 더했다. 그리고 나중에 16에 64를 더해보고는 두 경우의 합이 동일하다는 것을 깨달았다. 수의 관계에서 중요한 교환 법칙을 발견한 것이다. 교환 법칙에 따라 덧셈과 곱셈에서는 수의 순서가 바뀌어도 결과가 똑같다. 예를 들어 18에 5를 더하나 5에 18을 더하나 합은 같다. 뺄셈이나 나눗셈에서는 순서에 따라 결과가 달라질 수 있다는 것을 알려면 먼저 교환 법칙을 이해해야 한다.

수잰은 덱스가 교환 법칙을 놓고 씨름했다는 사실을 알고는 이 법칙을 초등학교 2학년 수준에 맞게 '순서 바꾸기를 아는 전략'이라고 이름 붙였다. 시간이 흐르면서 다른 학생들 역시 이 법칙을 알게 되었는데, 이 아이들은 인기 텔레비전 오디션 프로그램인 「엑스 팩터The X Factor」 포스터를 찾아내서는 그 위에다 '덱스 팩터'라고 바꾸어 적었다. 이후 아이들과 그동안 배운 것에 관해 함께 이야기 나눌 때 한 여학생이 '덱스 팩터 법칙'이 구구단을 배우는 데 많은 도움이 되었다고 말했다. 다른 학생들은 덱스를 더는 '멍청이'라고 부르지 않았고 오히려 '천재'로 대했다.

그러던 어느 날이었다. 교장이 교실에 들어와서는 '틀리는 일'의 가치를 배워가고 있던 학생들에게 일종의 도발을 했다. 아이들에게 이렇게 말한 것이다.

"자, 잘 들어봐. 5 더하기 3을 내가 일부러 10이라고 틀리게 답한다
하자. 이때도 나의 뇌가 성장할까?"

아이들은 깜짝 놀라면서도 교장에게 야무지게 대꾸했다.

"왜 일부러 틀려요? 그런 짓을 왜 하죠? 누가 그래요?"

"아니…… 너희들이 틀리면 뇌가 커진다고 했잖아."

그러자 학생들이 말했다.

"일부러 틀렸다면 이야기가 다르죠. 틀렸다는 걸 알고 있다면 그건
틀린 게 아니에요. 그건 말도 안 되는 거예요!"

나는 아이들이 자기가 알게 된 새로운 지식을 옹호하려고 어른에게
까지 맞서며 자기주장을 했다는 이야기를 듣고 무척 즐거웠다.

최근 태미 샌더스Tami Sanders라는 어떤 교사에게 이메일을 한 통 받
았다. 태미는 홍콩에 있는 국제 학교에서 초등학교 3학년 학생들을 가
르치고 있었다. 다음은 그녀가 보내온 이메일의 일부다.

우리 반에서 가장 조용한 아이가 오늘 저에게 다가왔답니다. 이 아이
의 목소리가 얼마나 작은지, 제 귀를 아이 얼굴 앞으로 들이밀어야 간
신히 들릴 정도입니다. 그런데 이 아이가 오늘 제 귀에다 대고 이렇게
속삭이더군요.

"선생님, 제가 선생님 책장에 있는 이 책을 읽고 있는데요. 제 생각에
선생님이 이 책을 꼭 읽어보셨으면 해요. 정말 좋은 책이에요."

저는 이 아이가 손에 들고 있는 책이 무엇인지 보았습니다. 그런데 놀

랍게도 선생님이 쓴 『스탠퍼드 수학공부법』이지 뭡니까?

그 아이의 이름은 지젤Gisele이었다. 그때 지젤은 나에게 편지를 써서 내가 그 책과 똑같은 내용으로 여섯 살 미만이 읽을 수 있는 책, 여섯 살에서 여덟 살까지 읽을 수 있는 책, 아홉 살에서 열두 살까지 읽을 수 있는 책, 열세 살에서 열다섯 살까지 읽을 수 있는 책, 그리고 열다섯 살 이상이 읽을 수 있는 책을 써주면 좋겠다고 했다. 나는 아직까지 지젤이 제안한 책들을 쓰지 못했다. 그러나 이 아이의 발상과 새로운 이론을 널리 퍼뜨리고 싶어 하는 열정이 무척이나 좋다.

몇 해 전 중학생을 상대로 유큐브드 여름 캠프를 진행할 때 우리는 실수와 실패를 사랑해야 한다고, 그 경험이 학습의 가장 중요한 요소이며 뇌를 성장시키는 동력이라고 강조했다. 이 말을 들은 학생들은 보다 자율적으로 학습했다. 다양한 방식으로 문제에 접근하고 의견도 적극적으로 교환했는데, 심지어 자기 생각이 옳은지 확신하지 못하는 상황에서조차 그렇게 했다. 그들은 어려운 문제에 마주쳐도 끈기를 잃지 않았다. 틀리는 것이 뇌에 유익하다는 생각이 많은 것을 바꿔놓았다. 실제로 실수하거나 틀리는 것이 오히려 이롭다는 메시지는 뇌 성장에 매우 의미 있는 영향을 끼친다.

캠프에 엘리Ellie라는 여학생이 있었다. 엘리는 반에서 키가 작은 편에 속했고 언제나 야구 모자를 삐딱하게 쓰고 있었다. 다른 아이들이 칠판 앞에 둘러서서 문제를 놓고 각자 생각을 이야기할 때 엘리는 그 사이에 까치발을 디디고 서서 다른 아이들을 따라잡으려 애썼다. 왜소한 몸은 배우려는 열정 앞에서 아무 문제도 아니었다. 캠프 기간 동안 엘리가 보인 모습을 몇 문장으로 표현하면 '단호하다', '고집 세다', '설령 내가 이 문제를 풀다 죽는다 해도 끝까지 풀고야 말겠다'가 적당할 정도였다.

캠프 초반에 치른 사전 시험에서 엘리는 83명 가운데 73등으로 성적이 가장 낮은 집단에 속했다. 게다가 엘리는 캠프 전에 진행한 면접에서 수학은 늘 따분한 과목이며 실은 캠프에 참가하지 않고 집에서 마인크래프트 게임이나 하고 싶다고 말하기도 했다. 그러던 아이가 캠프에서는 매 순간 집중하고, 자기 의견을 스스럼없이 주장하며, 제시된 모든 것을 완벽하게 이해하려고 끊임없이 노력했다. 물론 실수도 많이 했는데 실수 끝에 기필코 올바른 해답을 얻어냈다. 캠프에서 이 아이를 눈여겨본 사람이라면 누구나 엘리가 저성취자이긴 하지만 모르는 것을 이해하려고 무척 노력한다고 말했을 것이다.

도대체 어떤 이유로 엘리는 적극적으로 변했을까? 캠프 참가자 가운데서 학습 능력이 가장 많이 개선된 학생이 엘리였다. 처음 시작할 때는 점수가 가장 낮은 집단에 속했던 엘리는 18일 후 점수가 가장 높은 집단으로 이동했다. 83명 중 73등에서 시작해 13등으로 무려 60등이나 뛰어올랐고 성적도 무려 450퍼센트나 올랐다. 엘리는 코일이 말한 '가속 학습 구역zone of accelerated learning'[13] 안에 있었던 것이다. 엘리는 스스로를 극한까지 밀어붙이며 실수하고 틀리고 또 이 실수를 바로잡으며 빠른 속도로 이해의 범위를 넓혀갔다.

어떻게 하면 더 많은 사람에게 이 생산적인 학습 방식을 알리고 권할 수 있을까? 엘리가 다른 아이들 사이에서 두각을 나타낸 것은 처음부터 수학을 잘 알아서가 아니었다. 사실 그 아이는 늘 정답을 말하지 못했다. 하지만 아무리 틀리고 실패해도 기죽지 않고 끈질기고 단호한 태도로 공부했다. 캠프에 참여한 교사들은 요즘 학생들이 끈기가 없다고 했다. 힘들게 노력하지 않으며 그저 자기들의 지시만 기다린다고 불만스러워했다. 교사들이 보기에 학생들이 힘들게 노력하는 과정 자체를 견디지 못하는 것처럼 보였다. 그러나 이 문제는 보다 정확하게 파악해야 한다. 학생들이 애써 힘들게 노력하지 않는 것은 고정 마인드셋 때문이다. 아이들은 살아오면서 아무리 노력해도 자기는 결국 해내지 못하며, 힘들게 노력해야만 하는 건 자기에게 능력이 없다는 증거라는 잘못된 생각을 주입받았다.

캠프에 참가한 학생 83명 중 많은 수가 교사들이 지적한 것처럼 위험을 회피하거나 끈질기게 물고 늘어지지 않았다. 그러나 우리가 실패와 노력에 매우 소중한 가치가 있음을 끊임없이 강조하자 아이들은 어려운 수학 문제에도 포기하지 않고 매달리기 시작했다. 기죽은 얼굴로 '이 문제는 너무 어려워요'라고 호소하는 듯한 아이들에게 우리는 이렇게 말해주었다.

"틀리고 실패할 때가 뇌가 성장하는 최고의 순간이야. 문제가 너무 어렵다는 느낌이 들 때 뇌가 성장하고 있다는 걸 알아야 해. 계속 그렇게 하면 돼. 이건 정말 중요하고 가치 있는 일이야."

이렇게 말하면 아이들은 다시 자기가 풀던 문제로 돌아가곤 했다. 그리고 캠프가 끝날 무렵이 되자 어느새 문제가 아무리 어려워도 포기하지 않고 끈질기게 물고 늘어지는 습관이 몸에 배었다. 교사가 질문을 하면 거의 모든 아이가 자기 생각을 말하고 싶어 손을 번쩍 들었다.

엘리 이야기를 하면 교사들은 엘리가 했던 공부법을 보다 많은 아이에게 소개하고 싶어 했다. 학생들이 어려운 문제에 맞닥뜨렸을 때 힘들어 쩔쩔매면서도 앞으로 계속 나아가기를 원했기 때문이다. 제니퍼 새퍼Jennifer Schaefer도 그런 교사였다. 제니퍼는 학생들을 힘든 분투의 과정으로 나아가도록 격려하는 법을 깨우친 사람이었다.

제니퍼는 캐나다의 온타리오주에서 6학년 학생을 가르치고 있다. 그녀는 뇌 과학이라는 새로운 학문을 알게 된 후 학생을 가르치는 방식이 예전과는 상당히 달라졌다며 나에게 연락해왔다. 내가 만나본 다른 많은 여성과 마찬가지로 제니퍼도 성장 과정이 순종의 연속이었다고 말했다. 쓸데없이 위험을 무릅쓰지 않고 '멋지고' '깔끔하게' 잘하라는 말을 수없이 들었고, 그렇게 할 때마다 보상을 받았다. 그래서 제니퍼는 학교에 다닐 때도 정답에 확신이 서지 않으면 절대로 손을 들지 않았다.

청소년 상담자이기도 한 제니퍼는 교육적인 면에서 아이들에게 자긍심과 자신감을 심어주는 것이 얼마나 중요한지 잘 알고 있었다. 그 교육적 지식에 뇌 과학이 더해지자 아이들을 가르치는 방식이 바뀌었다. 그녀는 이제 반 아이들이 스스로 자기가 똑똑한지 아닌지 마음속으로 미리 판단한다는 것을 잘 안다. 그녀는 9월과 10월 두 달을 온통 뇌 성장과 마인드셋을 배우는 데 집중했다. 그때를 그녀는 다음과 같이 회상했다.

단순히 아이들에게 자신감을 심어주려는 차원이 아니었습니다. 그 이상이었죠. 뇌에 대한 진짜 사실, 즉 아이들의 학습과 관련된 매우 구체적인 지식에 관심이 갔어요.

저는 아이들이 자부심을 가지도록 줄곧 노력해왔습니다만, 이건 그것과 달랐습니다. 친구들 사이에서 어떤 기분에 사로잡히느냐 하는 문제가 아닌 학습과 관련된 문제였으니까요.

제니퍼는 독특한 방식으로 뇌 성장과 마인드셋을 이해했다. 그녀는 자기 방식을 학교와 가정에서 아이들을 가르치고 양육하는 데 사용했다. 많은 교사는 마인드셋과 관련된 중요한 정보를 학생들에게 알려주는 데 그치는 반면, 제니퍼는 여기서 한발 더 나아가 새로운 뇌 과학이 교육 방식에 온전히 스며들도록 했다. 나는 최근 여러 해 동안 학생을 사이에 두고 나타나는 교사와 학부모 간 상호 작용을 연구해왔는데, 특히 애써 힘들게 노력하는 중요한 순간에 이루어지는 상호 작용이 성장 마인드셋 개발에 중요하다. 제니퍼가 처음 학생들에게 애써 노력하는 분투의 과정을 장려할 때 그녀는 '계단' 비유를 사용했다. 그녀는 이 계단을 그린 포스트잇을 교실 곳곳에 붙여두었다.

제니퍼는 그림에서 굳이 맨 위에 올라가 있는 '우쭐대는 사람'까지는 아니어도 바닥에 앉아 있는 '슬픈 사람'이 되어서는 안 된다고 말한다. 중요한 것은 위로 올라가기 위해 노력하고 애를 쓰는 것이라면서 말이다. 이 내용을 제니퍼는 다음과 같이 설명했다.

오늘 나는 어느 계단까지 올라와 있을까?

바닥에 앉아 있는 사람이 자기 모습이기를 바라는 사람은 아무도 없습니다. 맨 위에 있는 사람을 보면 짜증도 납니다. 과제를 끝마친 데다 너무도 행복해 보이거든요. 그래서 저는 늘 이렇게 말합니다.

"너희는 이런 사람이 될 필요까지는 없어. 이 사람은 너무 완벽해 보여서 어딘가 재수 없잖아. 중간쯤에 있는 사람이 가장 좋아."

제니퍼 반 아이들이 계단 비유보다 더 좋아하는 비유가 있다. 바로 영국의 교육 전문가 제임스 노팅엄James Nottingham이 창안한 '학습 구멍learning pit'이다. 학습 구멍은 애써 노력하는 분투의 구멍이며, 학습 과정에서 반드시 거쳐야만 하는 중요한 장소다.

학생들이 구멍에 떨어졌을 때 느끼는 '너무 헷갈려', '난 수학을 못 해', '이 문제는 도대체 말이 안 돼!'와 같은 감정을 우리 모두 경험해보

았다. 그래서 학생들이 구멍에서 나오려고 노력할 때 다음과 같이 생각했다. '혼란스러움이 너를 지배하도록 내버려두지 마.' '한 계단씩 차근차근 올라가.' 제니퍼는 구멍에 떨어져 있다는 사실 자체를 칭찬하며, 자신이 손을 내밀어 끌어 올려줄 수도 있고 아이들이 구멍에 빠지지 않도록 훌쩍 뛰어넘거나 돌아가는 방법을 알려줄 수도 있겠지만 그렇게 하면 학습과 뇌 성장에는 아무 도움이 안 된다고 학생들에게 강조한다.

학생들이 때로 좌절하면서 제니퍼에게 "선생님! 정말 구멍에서 옴짝달싹 못 하겠어요!"라고 말하면 그녀는 이렇게 답했다.

"제대로 잘하고 있어! 문제를 해결하는 데 필요한 게 있으면 뭐든 말만 해. 뭐가 필요하니?"

그녀는 아이들이 구멍에 빠져 있는 상황에서 "제대로 잘하고 있어!"

라는 말로 박수를 보내며 문제 풀이 과정을 미리 정해진 어떤 것으로 구조화하지 않는다. 대신 그녀는 아이들에게 어떤 게 필요하냐고 물었다. 분투는 꼭 거쳐야 하는 중요한 과정임을, 구멍을 빠져나오는 여부와 상관없이 힘들게 쩔쩔매며 노력하는 것 자체로 박수받아 마땅하다는 걸 잘 알기 때문이다.

내가 만난 또 다른 교사 레아 하워스Leah Haworth는 중요한 다른 방법을 강조했다. 레아는 어린 시절을 이야기하며 자기만의 교육 방법론을 말해주었는데, 이 방법론이 눈물로 학교생활을 시작한 레아의 반 아이들 몇몇에게 엄청나게 긍정적인 영향을 미쳤다.

레아는 초등학교에 다닐 때 끔찍한 일을 겪었다. 영국에서 살 때 초등학교에 입학한 그녀는 불행히도 '열등반' 학생으로 분류되었다. 이 일로 레아는 스스로 '나는 교사가 굳이 신경 쓸 가치가 없는 아이'라는 판단을 했다. 레아의 자존감이 바닥에 떨어졌음은 말할 것도 없다. 그런데 레아가 열세 살 때 가족이 함께 뉴질랜드로 이주했고, 다행히도 그곳에는 학습에 뒤처진 레아가 다른 아이들을 따라잡을 수 있도록 돕는 헌신적인 교사들이 있었다. 나중에 레아는 교사가 되었다. 그녀는 학습을 포기하려는 학생을 격려하는 것이 얼마나 중요한 일인지 경험을 통해 잘 알고 있었다. 켈리Kelly도 그런 학생 중 하나였다. 레아는 켈리가 우는 것을 보고 그 아이가 '나는 훌륭한 학생이 아니야'라는 생각에 매여 있음을 단박에 알았다. 켈리는 공부할 때 많은 걱정과 두려움에 사로잡혀 있었다. 레아는 어려운 과제를 할 때는 켈리 옆에서 도와주되 이 도움을 점차 줄여나가기로 했다. 또 아이들에게 자기 어린 시절을 들려주면서, 자신도 공부를 못한다고 느낄 때 속이 상해 울었다고 이야기해주었다. 시간이 흐르고 학년이 바뀌는 동안 레아는 켈리에게 점점 더 어려운 과제를 내주면서 도움은 점차 줄였다. 그러자 켈리가 변했다. 자신감에 찬 켈리는 더는 울지 않고 미소를 지었다. 그때를 레아는 이렇게 회상했다.

> 1년 남짓한 시간 만에 켈리가 보여준 변화는 정말 놀라운 것이었어요. 수학 문제를 푸는 능력뿐만 아니라 마인드셋도 완벽하게 달라지고, 학습의 여러 측면이 골고루 발전했으니까요. 예전에 켈리는 자신이 어려운 수학 문제는 풀려고 시도조차 하지 않았어요. 울기만 했죠. 그러던 아이가 이제는 어떤 문제든 두려움 없이 척척 맞서고 자기가 잘못 생각한 점도 스스럼없이 친구들에게 밝히게 되었어요. 반 아이들 모두 저마다 성장을 하고 있는 중이었지만 그중 켈리의 성장은 특히 놀라웠죠. 그 모습을 바라볼 때마다 저는 이런 생각에 잠겼어요. '이게 바로 내가 교사라는 직업을 선택한 이유다.'

레아는 학생들에게 성장 마인드셋을 심어주고, 학생들이 힘들게 노력하는 과정을 기꺼이 경험하도록 교육 방식을 바꾸었다. 그러자 학생들이 변하기 시작했다. 이전에는 레아 반 학생 가운데 목표 기준에 도달한 학생 비율이 65퍼센트였지만, 새로운 접근법으로 교육한 첫해에 84퍼센트로 향상되었다. 유큐브드와 함께한 교사 대부분에게 이런 변화가 생겼다. 비록 100퍼센트가 목표이긴 하지만, 시도 첫해에 84퍼센트에 다다른 것만 해도 엄청나게 인상적인 결과였다. 레아는 자기 자신에게 믿음이 부족한 학생을 포함하여 반 학생 모두에게 긍정적인 메시지와 함께 실패를 경험하면서 힘들게 노력하는 분투의 시간이 중요하다는 사실을 알렸다. 그러자 학생들의 성적이 향상되었다.

실수와 실패, 그리고 노력이 긍정적인 효과를 가져다준다는 새로운 연구 결과를 학생이나 대중에 처음 제시할 때, 나는 이 내용을 '실수와 실패가 뇌를 성장시킨다'라는 짧은 문장으로 묘사한다. 이 단순한 메시지의 힘은 강력해서 전 세계 많은 학생이 큰 도움을 받았다. 그런데 '성장'이라는 말을 문자 그대로 협소하게 받아들여 '뇌가 실제로 조금씩 더 커진다'라는 뜻으로 오인하는 사람들이 있다. 그들은 아직까지도 온갖 이유를 대며 나를 비판한다. 다시 말하지만, 우리가 실수하거나 무언가를 틀릴 때 뇌의 신경 경로 사이사이 연결성이 강화되고, 뇌 용량과 능력이 커진다. 나는 지금도 '실수와 실패가 뇌를 성장시킨다'라는 문장을 고수하고 있다. 이 문장은 유치원생 혹은 그보다 더 어린 학생에게도 전달해야 하며, 본래 '성장'은 온갖 다양한 방식으로 나타날 수 있기 때문이다. 신경 경로의 강화, 뇌 용량의 증가가 매우 중요한 성장 방식이라는 것이 나의 견해다.

실패를 바라보는 관점이 인생을 결정한다

실패의 긍정적인 효과를 알고 나면 실패를 완전히 다른 관점에서 바라보게 된다. 이것은 한계 제로의 인생을 살아가는 데 매우 중요한 요소다. 실제로 나도 실패를 두려워하고 스스로를 믿지 못하다가 가까스로 극복했다.

학자로서 나는 많은 실패를 경험했다. 스탠퍼드대학교에 있는 유큐브드 센터가 계속 운영되려면, 즉 직원에게 월급을 주고 교사와 학부모가 필요로 하는 학습 관련 자료를 무료로 나누어주려면, 보조금을 지원해주는 여러 프로그램에 부지런히 신청해서 선정되어야 한다. 그러나 우리는 대부분 퇴짜를 맞았다. 잡지사에 투고하는 논문들도 일상적으로 퇴짜 맞는다. 설령 퇴짜를 맞지 않고 실린다 해도, 독자와 비평가의 비판적인 댓글을 피해갈 수 없다. 많은 댓글이 '연구 논문이 아니라 허황한 이야기'일 뿐이라는 말로 나의 논문을 폄하한다. 실패를 개선의 기회로 바라보지 않은 채 학자의 길을 걸어간다는 것은 거의 불가능하다. 나의 박사 학위 논문 심사자였던 폴 블랙Paul Black 교수는 나에게 이런 말을 해주었다.

"자네가 잡지사에 논문을 보낼 때마다, 거기서 퇴짜를 맞은 뒤에 다른 잡지사에서도 퇴짜를 맞을 수 있다는 점을 늘 명심하게."

이 교수님의 조언이 맞았다.

한계 제로 접근법은 까다로운 사람을 맞닥뜨렸을 때(특히 힘겨운 도전을 수행해야 할 때)도 도움이 된다. 오늘날 소셜 미디어 세상에서는 어떤 발언을 하건 반박을 피할 수 없다. 어떤 반박은 매우 공격적이다. 나도 극단적으로 공격적인 반박을 당한 적이 한두 번이 아닌데, 그런 순간에서조차 여전히 의연하게 긍정적인 측면을 찾아내려 하는 것이 중요함을 깨달았다. 도전을 회피하거나 자책하는 대신 이렇게 생각해야 한다. '이 상황에서도 소중한 어떤 것을 찾아내서 나중에 문제를 개선하는 데 사용해야지.'

캐런 고티에Karen Gauthier는 뇌 성장을 다루는 새로운 과학을 접한 후 실패에 접근하는 방법도 다시 배웠다. 교사이자 학부모인 캐런은, 어린 시절에 '선택적인 침묵자'로 살았다. 무언가를 말해서 틀리느니 아무 말도 하지 않는 것이 더 쉬웠기 때문이다. 캐런이 어린아이일 때 그녀의 부모는 힘든 일은 아예 포기하라고 가르쳤다. 캐런은 소프트볼과 피아노 등 조금이라도 버겁게 느껴지는 일은 다 그만두었다. 교사로서 혹은 부모로서 우리는 아이가 포기하도록 만드는 것이, 즉 쩔쩔매며 힘들게 노력하는 분투의 과정을 덜어주는 것이 아이에게 가장 좋은 길이라고 생각할 수 있다. 그러나 실제로는 아이에게 부정적인 영향을 미칠 확률이 크다.

나는 레일사이드에 있는 어느 학교 교실에서 수업을 참관하고 있었다. 여학생 하나가 칠판 앞에 서서 문제 풀이 과정을 설명하다 갑자기 중단했다. 그러고는 더듬거리는 말투로 그다음에 어떻게 해야 할지 모르겠다고 말했다. 반 학생 모두가 그 아이를 바라보았고, 교실에는 침묵만 흘렀다. 외부 관찰자 눈에는 이 상황이 끔찍해 보일 수 있다. 그러나 교사는 그 여학생에게 그만 들어가서 자리에 앉으라고 말하는 대신 계속 설명해보라고 말했다. 아이는 칠판 앞에서 계속 문제와 씨름을 벌였다.

나중에 이 여학생이 그때 그 순간을 돌아보면서 한 말이 나를 깜짝 놀라게 했다.

"선생님은 나를 포기하시지 않았어요."

반 아이 모두가 이 학생의 말에 동의했다. 아이는 교사가 자신에게 계속 설명해보라고 한 것을 '너를 신뢰한다'라는 표시로 해석한 것이다. 바로 이때 나는 어려운 상황을 스스로 해결하도록 하는 게 오히려 학생이나 자녀의 자신감을 키우는 데 도움이 된다는 걸 처음 확인했다.

캐런이 교사의 길을 선택한 것은 학생에게 자신이 겪은 것보다 더 나은 경험을 하게 해주고 싶어서였다. 캐런은 오렌지카운티 정부로부터 '올해의 교사상'을 받았는데, 오렌지카운티의 수학 교육 책임자로 초빙된 직후 (본인 표현에 따르면) '완벽한 실패'를 경험했다. 그녀는 수학 교육 책임자가 된 후 교사들에게 새로운 교육 방법을 시도해보라고 권했다. 그러나 교사들은 시큰둥했다. 그녀는 약 10주 후 자신이 주어진 역할을 제대로 못 하고 있다는 것을 깨달았다. 바로 그때 어린 시절로 되돌아간 캐런은 이런 생각을 했다.

'역시 나는 잘 못해. 괜히 엉뚱한 사람들 힘들게 하고…… 나는 이 일을 할 수 없어.'

캐런은 힘든 나날을 보냈다. 그런데 그 시기에 어떤 친구 하나가 그녀를 도왔고, 덕분에 그녀는 끈기를 키우고 자기 확신을 굳건히 할 수 있었다. 캐런이 실패와 뇌 성장의 상관관계를 주제로 한 논문을 관심 있게 읽기 시작한 것도 그 무렵이었다. 그리고 그 공부가 그녀의 인생을 바꾸었다. 캐런은 당시를 다음과 같이 회상했다.

그때 갑자기 제 마음가짐이 예전과 완전히 달라졌습니다. 이런 생각이 들었어요.

'잠깐만…… 이건 위기가 아니라 오히려 기회야. 모르는 척 외면하면서 '나도 할 만큼 했어'라고 할 문제가 아니야.'

힘든 시련이 자기를 짓밟고 무너뜨리려고 온 게 아니라 기회를 주려고 왔다고 여기는 태도는, 한계 제로의 마인드셋을 지녔을 때 나타나는 특징적인 반응이다.

캐런은 실패가 모든 사람에게 일어나며(비록 어떤 사람은 그런 일이 일어나지 않은 것처럼 행동하면서 살아가지만) 다른 사람도 자신과 똑같이 역경 앞에서는 주저하고 힘들어한다는 사실을 깨달았다. 그리고 실패와 힘겨운 분투에 예전과는 다르게 접근하게 되었다. 그녀는 계곡과 산의 비유를 통해 자기가 겪은 실패를 새로운 관점에서 바라보았다.

계곡에 있다는 것은 변화의 깊고 어두운 참호 속에 있다는 뜻입니다. 이 시기를 영광스럽게 여기고 멋지게 돌파하면 머지않아 산꼭대기에 오를 수 있죠. 산꼭대기에 올라 뒤를 돌아보면 감사한 마음이 들 것입니다.

또 캐런은 부정적인 혼잣말이 아닌 긍정적인 혼잣말을 하기로 결심하고, 가능한 한 긍정적인 생각을 하려고 노력했다.

그녀가 지금껏 갇혀 있던 닫힌 공간에서 문을 열고 나오기 직전, 아이 생각이 났다. 아이 모습에서 자기 어린 시절이 겹쳐졌다. 캐런도 자기 부모가 그랬듯 만만해 보이지 않는 일은 아이에게 시키지 않았고, 시켰다가도 아이가 조금이라도 힘들어하면 곧바로 포기하게 했던 것이다. 그러나 지금은 바뀌었다. 캐런은 그 악순환의 고리를 끊었던 때를 다음과 같이 회상했다.

가장 좋은 변화는 제 아들에 관한 것이었습니다. 2년 전 아들을 태우고 리틀리그의 마지막 야구 경기가 열리는 운동장으로 가던 중이었어요. 아들이 말했어요. "엄마, 오늘이 마지막 경기 날인데 아무래도 홈런 한번 못 치고 리틀리그를 끝내려나 봐요."

아들은 그때까지 홈런을 친 적이 한 번도 없었거든요.

그래서 제가 물었습니다. "네 생각은 어떤데? 너는 네가 홈런을 칠 수 있다고 믿니?"

아들이 말했어요. "저도 모르겠어요."

그래서 제가 그랬죠. "타석에 들어설 때 '나는 ....다'라고 말해. 빈칸에 무슨 말을 넣을지는 네가 알아서 하고, '나는 충분히 강인하다. 나는 충분히 잘한다. 나는 홈런을 칠 것이다.' 뭐 이런 말이 들어갈 수 있겠지?"

결국 아들은 해냈습니다. 녀석이 타석으로 걸어갈 때 제가 아들에게 "나는!"이라고 큰소리로 외쳤죠. 그러자 녀석이 절 돌아보면서 "아, 엄마, 조용히 해요!"라고 하더군요. 그렇게 타석에 들어서더니 정말 홈런을 쳤습니다. 저는 좋아서 펄쩍펄쩍 뛰었어요.

캐런을 묶어두고 있던 족쇄가 풀리는 과정은 그녀에게 오렌지카운티의 수학 교육 책임자로서 또 한 아이의 어머니로서 매우 중요했다. 최근 그녀는 성장 마인드셋을 굳건히 하고서 수학 교육 책임자보다 더 높은 직책에 지원해 발탁되었다. 그녀는 지금 캘리포니아의 가장 큰 교육청에서 교육 과정 전문가로 일하고 있다. 그녀는 어렵고 힘든 일에 도전하는 것이 중요하다는 사실을 배우지 못했다면 그런 직책에 지원할 생각은 아예 하지도 못했을 거라고 말했다. 교육에 대한 캐런의 태도가 바뀌는 데는 여러 해가 걸렸으며, 그 여정은 실패와 분투의 과정이 얼마나 중요한지 입증해주는 뇌 과학을 배우는 데서 시작되었다. 한계 제로의 상태에서 시련을 기꺼이 끌어안는 경지로 나아가 실패를 기회로 바라보는 지점까지 다다랐다.

한계 제로의 접근법은 실패에 맞닥뜨렸을 때 빛을 발한다. 성장 마인드셋을 지닌 사람은 어렵고 힘든 과제에 도전하고 그중 대부분 성공한다. 성장 마인드셋을 지닌 사람은 실패할 때 어떤 말을 할까? 실패하고도 단념하지 않는 사람들, 두들겨 맞으면서도 곧바로 다시 일어나서 도전하는 사람들, 반박을 당하면 그것을 자신이 무언가 중요한 일을 하고 있다는 증거로 바라보는 이들은 진정 한계 없는 사람들이다. 일이 잘 풀릴 때 한계가 없다고 느끼기는 쉽다. 한계 제로의 마인드셋이 힘을 발휘하는 순간은 일이 잘 안 풀리고 각종 시련이 앞을 가로막을 때다.

케이트 리지Kate Rizzi는 위기 때 마인드셋이 얼마나 중요한지 보여주었다. 케이트는 어릴 때 호기심이 매우 강했다. 그러나 그녀의 가족은 케이트의 호기심은 안중에도 없었고, 오로지 어른의 지시를 잠자코 잘 따르라고만 했다. 자기 호기심이 불필요하고 적절치 않은 것이라 느낀 케이트는 자아 정체성을 의심하기에 이르렀고 결국 자신을 소중히 여기지 않게 되었다. 케이트는 스스로를 부정하고 가능한 한 자신을 작게 쪼그라뜨려야 한다고 느꼈고, 본래 자기와는 전혀 다른 사람인 듯 가장했다. 이러면 대개 황량한 감정에 휩싸일 수밖에 없다. 감정 때문에 케이트는 자신감을 잃어버렸다. 케이트는 어린 시절에 자신이 똑똑하지 않다고 느끼는데도 남에게 자신이 똑똑하다는 걸 증명하려 노력해야 했다고 회상했다. 그녀는 자신이 한 위장이 폭로될까 봐 전전긍긍하며 대학교까지 다녔다.

그랬던 케이트가 전환점을 맞이한 계기는 랜드마크 에듀케이션 Landmark Education(2002년 설립된 자기계발 교육업체-옮긴이)에서 들은 어떤 강의였다. 이 강의를 통해 그녀는 뇌, 그리고 인생에 새롭게 접근하는 방법을 배웠다. 일례로 뇌의 변연계는 선사 시대에 맹수의 위험에서 사람을 보호할 목적으로 개발된 것이다. 오늘날에는 골목길을 돌아서는 순간 맹수에게 공격받을 수도 있다는 걱정에 시달리지 않지만, 뇌의 변연계는 여전히 '쓸데없는 호기심을 발동하면 안 돼. 그런 위험을 무릅써서는 안 돼'라는 메시지를 끊임없이 보낸다. 케이트는 그 강의를 통해 변연계가 보내는 부정적인 메시지에 저항할 수 있고 저항해야 한다는 것을 배웠다. 그 강의 덕분에 그녀는 자신의 감정과 경험을 바꿀 수 있는 능력이 내면에 있음을 알게 되었다. 강의를 듣기 전에는 케이트는 누가 알은체하면 지나치게 경계했다. 사실 누구나 그런 감정을 경험한다. 케이트는 강의를 들은 후 한계 제로 상태를 목표로 삼았다. 그녀는 이를 두고 "내 인생을 시험대에 올려놓았다"라고 표현했다.

강의를 들은 후 케이트는 어떤 구인 광고를 보았다. 케이트가 사는 지역의 어느 대학교에서 언론학과 학과장을 보조하는 사람을 구하고 있었다. 예전에는 그녀가 단 한 번도 관심 가져본 적이 없는 직종이었지만 지원했고 운 좋게 채용되었다. 그녀는 이 취직의 경험을 자신이 한 새로운 '인생 시험'의 첫 번째 성취였다고 묘사했다. 이 경험을 통해 그녀는 위험한 일이라도 얼마든 시도할 수 있고 그 시도가 먹힐 수 있음을 확인했다. 시간이 흐르면서 어느새 케이트는 인생을 두려워하지 않고 자신의 열정을 따르기 시작했다. 그녀는 두려움이나 공포가 아닌 관심과 흥미에 따라 무엇이든 결정했다.

케이트는 최근 커다란 장애물에 맞닥뜨렸다. 학습 전문가로 경력을 쌓았는데, 넉 달 전에 전혀 예상치 않게 그리고 도무지 이해할 수 없는 이유로 해고당한 것이다. 그녀가 추진하는 새로운 이론을 수용할 준비가 되어 있지 않다는 게 학교가 내세우는 이유였다.

이런 상황을 겪으면 대개는 의지가 꺾여버린다. 그러나 이미 여러 해 동안 한계 제로 상태를 유지해온 케이트는 해고를 실패가 아닌 하나의 기회로 보았다. 해고의 충격이 어느 정도 가라앉은 후 그녀는 해고를 창의성을 발휘할 새로운 기회로 여기기로 마음먹었다. 그리고 다른 직장을 찾는 대신 창업을 했다. 학생들을 대변하는 입장에 서서 학교와 가정을 잇는 교육 조력자로 일하기로 한 것이다. 케이트는 지금 자신이 하는 이 일을 정말 사랑한다. 나는 그녀가 누군가에게 자기 정체가 탄로 날까 봐 두려워하던 아이에서 어떤 방해도 거뜬하게 물리치는 강인한 여성으로 바뀐 것에 놀라지 않을 수 없었다.

사람의 뇌는 늘 성장하고 변한다. 무엇보다 실수와 실패, 힘든 노력의 과정이 학습 능력을 향상시키고 뇌를 성장하게 한다. 이 두 법칙이 뇌가 고정되어 있다는, 그 해로운 신화에서 우리를 해방시킨다. 우리가 무엇이든 배울 수 있고, 문제 해결 과정이 힘들고 어려운 것이 실은 긍정적인 신호임을 깨달을 때 우리는 이전과 다르게 배우고 상호 작용을 할 수 있다. 자기가 모든 것을 알아야 한다고 생각하는 대신 자기가 잘 모르는 부분은 솔직하게 털어놓으며, 자기와 관련된 불확실한 것을 주변인과 공유할 수 있게 된다. '내가 모든 것을 다 알고 있지는 못하다'라는 사실이 남들에게 알려질까 봐 걱정하지 않고 어떤 회의 자리에 가서든 자기 의견을 당당하게 밝힘으로써 자기가 속한 조직이나 업무에 기여할 수 있다. 이 모든 변화가 우리를 자유롭게 해방할 것이다. 새로운 뇌 과학은 학생, 교육자, 학부모, 회사 관리자 모두의 삶에 변혁을 가져다준다. 누구나 한계 제로의 상태가 될 수 있다. 다음부터는 이 과정과 관련해 놀랍고도 중요한 과학적 사실을 제시하겠다.

법칙3

UNLOCK

무엇이든 될 수 있다고 믿어라

뇌와 몸을 동시에 바꾸는
마인드셋

애당초 '돌아갈 수도 없고 넘어갈 수도 없고
관통할 수도 없는 진정한 장애물'은 존재하지 않는다.

여섯 가지 법칙 모두 다 중요하지만, 지금부터 소개할 법칙은 내가 봐도 정말 놀랍다. 법칙3은 자기 자신을 향한 믿음을 바꾸면 뇌와 신체도 이전과 다르게 작동한다는 의미를 담고 있다. 나는 학생들에게 자기 자신을 어떻게 바꿀 수 있는지 이야기하기에 앞서, 스스로에 대한 인식을 바꿀 때 몸(구체적으로 근육과 내부 장기)에서 나타나는 놀라운 변화를 먼저 일러주곤 한다.

┃ 생각을 바꾸면 신체와 뇌도 함께 바뀐다.   ┃

_ 마음에는 신체를 지배하는 놀라운 힘이 있다

스탠퍼드대학교 심리학과의 앨리아 크럼Alia Crum과 옥타비아 자르트 Octavia Zahrt는 마음가짐이 건강에 미치는 영향을 밝히려고 6만 1141명을 대상으로 20년 동안 관련 자료를 수집했다. 이 연구에서 연구진은 자기 운동량이 상대적으로 많다고 생각하는 사람이 그렇지 않은 사람에 비해 실제로 더 건강하다는 사실을 확인했다. 실제 운동량이 동일한 경우였는데도 말이다. 부정적으로 생각하는 사람과 긍정적으로 생각하는 사람 사이의 차이는 믿을 수 없을 정도로 컸다. 자기 운동량이 부족하다고 생각하는 사람은 자기 운동량이 충분하다고 생각하는 사람에 비해 사망 확률이 71퍼센트나 더 높았다.[1]

또 다른 연구에서 연구진은 50세 언저리의 성인이 노화에 대해 어떻게 느끼는지 알아보려고 이들 집단을 관찰했다. 연구진은 피험자를 노화에 대해 긍정적인 믿음을 지닌 사람과 부정적인 믿음을 지닌 사람으로 나누어 관찰했다. 그 결과 전자는 후자보다 평균 7.5년 더 오래 살았다. 기저 질환 등 다른 변수를 고려해도 마찬가지였다.[2] 18세에서 49세까지의 피험자 440명을 대상으로 한 또 다른 연구에서도, 노화에 대해 부정적인 사람은 그 뒤 38년 동안 심혈관 질환에 걸릴 확률이 그렇지 않은 사람에 비해 의미 있는 수준으로 높았다.[3] 이보다 연령대가 낮은 18세에서 39세까지의 성인을 대상으로 한 연구에서도 노화를 부정적으로 보는 사람은 긍정적으로 보는 사람에 비해 60세 이후 심혈관 질환에 걸리는 비율이 두 배나 높았다.[4]

앨리아 크럼과 엘런 랭어Ellen Langer는 호텔 청소원을 대상으로 또다른 흥미로운 실험을 했다. 연구진은 피험자를 두 집단으로 나누고, 한 집단에만 청소가 건강한 삶을 위해 미연방의무감이 추천하는 일이라는 정보를 제공했다. 두 집단은 똑같이 청소 작업을 했지만 4주 후 자기가 하는 일이 건강에 좋다고 믿은 집단에서만 체중, 혈압, 체지방, 허리-엉덩이 비율, 체질량 지수가 모두 감소했다. 이 결과는 생각을 달리하는 것만으로 체중을 줄이고 건강을 회복할 수 있다는 사실을 보여준다.[5] 연구진은 자기가 하는 일이 건강에 좋다는 믿음이 실제 건강에 커다란 영향을 미친다는 것을 확인했다. 믿음이 마인드셋을(더 나아가 인생을) 바꾸어놓은 것이다. 마인드셋의 개선은 신체도 달라지게 만들었다. 이는 마인드셋을 바꾸자 뇌 기능까지 달라지는 것과 동일한 맥락이다.

그 뒤로도 새로운 연구가 많이 진행되었다. 이 연구들은 우리가 훈련이나 연습을 하지 않고도 긍정적인 마음가짐으로 임한다면, 근력을 강화하거나 악기 연주 기량을 더 빨리 늘릴 수 있음을 증명한다. 어떤 실험은 심리 훈련(이미지 훈련)과 실제 신체 훈련의 효과를 비교했다.[6] 근력 강화를 위해 손가락 하나로 어떤 물체를 강하게 미는 상상을 하는 심리 훈련과 실제로 물체를 손가락으로 강하게 미는 신체 훈련을 12주 동안 매주 15분씩 다섯 번 실시했다. 그랬더니 심리 훈련을 받은 집단의 근력은 35퍼센트, 신체 훈련을 받은 집단의 근력은 53퍼센트 증가했다.

연구진은 실제로 근육을 움직이지 않았는데도 근육이 강화되자 심리 훈련만으로도 근육이 활성화되고, 힘을 증가시키는 뇌의 신호를 자극했다고 분석했다. 그러면서 다음과 같은 결론을 내렸다.

"사람의 마음에는 신체를 지배하는 놀라운 힘이 있다."

내가 이 연구 내용을 동료들에게 전했을 때 그들은 운동하는 것을 상상만 하면 되니 굳이 헬스장에 가지 않아도 되겠다면서 웃었다. 그러나 이 말은 부분적으로만 옳다. 마음이 근육을 발달시키는 행위를 집중해서 상상할 때만이, 뇌의 신호를 통해 근육이 실제로 강화된다.

피아니스트를 대상으로 한 어떤 연구에서도 비슷한 결과가 나왔다.[7] 전문 피아니스트를 피험자로 모집한 후 이들에게 어떤 곡을 익혀서 연주하라는 과제를 냈다. 이 가운데 절반은 상상으로만 연주 연습을 하게 했고 나머지 절반은 실제 건반으로 연습을 하게 했다. 그런데 심리 훈련을 한 집단이 건반으로 연습한 피아니스트와 거의 분간이 가지 않을 정도로 완벽하게 연주했을 뿐만 아니라 움직임의 속도, 타이밍, 움직임을 예상하는 패턴 등에서 별다른 차이를 보이지 않았다. 이 실험을 진행한 학자들은 손을 과도하게 사용하면 신체의 긴장이 유발될 수도 있는데 머리로 훈련하면 손을 아낄 수 있으므로 심리 훈련이 피아니스트에게 더 유익하다고 밝혔다.[8]

_ 이타적인 사람들의 비밀

나의 동료 캐럴 드웩은 마인드셋에 관한 책을 출간하며 수백만 명의 인생을 바꾸어놓았다. 사람은 자기 능력에 대해 저마다 다른 마인드셋을 지니고 있다. 어떤 사람은 자기는 무엇이든 배울 수 있다고 믿는 반면, 어떤 사람은 자기 지능은 고정되어 있으며 자기가 배울 수 있는 것에 한계가 있다고 믿는다. 캐럴과 그의 팀은 여러 번의 실험과 연구를 통해 자기 자신을 바라보는 시각이 중요함을 입증했다. 생각을 바꾸어 성과를 얻는 여러 방법을 설명하기 전에, 마인드셋팀이 마음속 갈등을 이겨내고 평화로운 상태를 유지하는 능력에 대해 수행한 놀라운 작업부터 소개하겠다.

내가 현재 텍사스대학교 오스틴캠퍼스 심리학과 교수로 있는 데이비드 이거David Yeager를 처음 만난 것은 그가 스탠퍼드대학교에서 박사 과정을 밟고 있을 때였다. 마인드셋과 갈등을 주제로 한 주요 연구를 진행해온 데이비드와 캐럴은 고정 마인드셋을 지닌 사람, 즉 자기 능력이 바뀔 수 없다고 믿는 사람은 갈등이 일어나면 공격적으로 돌변하여 상대에게 보복하고 싶은 충동에 매우 강하게 사로잡힌다는 사실을 발견했다. 그러나 이들에게 뇌는 언제든 성장할 수 있다는 긍정적인 정보를 제공하여 마인드셋이 바뀌도록 유도하자 공격적인 성향은 서서히 사라졌다.[9]

연구진은 고정 마인드셋을 지닌 사람은 쉽게 공격적으로 변할 수 있다고 지적했다. 그들은 자기를 포함한 모든 사람이 바뀔 수 없다고 확신하고 실패를 자기가 약하다는 증거로 인식하기 때문이다. 그래서 그들은 스스로를 더 부정적으로 바라본다. 고정 마인드셋을 지닌 사람은 그렇지 않은 사람보다 수치심을 더 많이 느끼고, 자기가 상대하는 사람을 기본적으로 나쁜 사람으로 여기며 증오한다.

반면 연구진은 성장 마인드셋을 지닌 사람은 갈등이 생겼을 때 증오심이 적고 수치심도 적으며 공격적인 성향도 덜하다는 사실을 확인했다. 사람은 얼마든지 바뀔 수 있는 존재로 바라보기 때문이다. 중요한 것은 고정 마인드셋을 지닌 사람이 느끼는 공격적인 감정 또한 바뀔 수 있다는 점이다. 고정 마인드셋을 지닌 사람들에게 성장 마인드셋을 갖추도록 지원했을 때 이들은 관대해졌고, 다른 사람을 도우려는 행동을 했다.

또 다른 연구에서는 성장 마인드셋을 지닌 사람이 상대적으로 인종 편견도 덜하다는 사실이 확인되었다.[10] 생각이 고정되어 있지 않으며 편견은 극복할 수 있다고 생각할 때 비로소 인종이 다른 사람들과도 다양한 방식으로 소통할 수 있다.

새로운 연구들은 마음가짐이 우리 인생에 어떤 영향을 주는지 여실히 보여주었다. 자신의 마인드셋을 바꾸고 얼마든지 변화할 수 있다고 믿을 때 다른 사람을 향한 공격성이 줄어들고 여러 방면에서 보다 개방적인 사람이 된다. 뿐만 아니라 생각을 바꾸면 더 건강해질 수도 있다. 그러므로 내 안의 잠재력과 성장의 힘을 믿는 순간 놀라운 성취를 이룰 수 있는 것은 당연한 일일지도 모른다.

▬ 마인드셋이 학습에 미치는 영향

리사 블랙웰Lisa Blackwell, 칼리 체스네프스키Kali Trzesniewski, 캐럴 드웩

이 공동으로 진행한 획기적인 연구는 다양한 생각이 학습에 미치는 영향을 분명하게 입증했다.[11] 피험자 학생은 두 개의 집단으로 나뉘었는데, 기준은 단 하나, 각 학생이 지닌 마인드셋이었다. 이 두 집단은 같은 학교에 다니며 같은 교사에게 수업을 들었다. 다음 그래프를 보면 성장 마인드셋을 지닌 학생의 성취도는 시간이 지날수록 높아지는데 고정 마인드셋을 지닌 학생의 성취도는 현상 유지에 그치거나 낮아지고 있

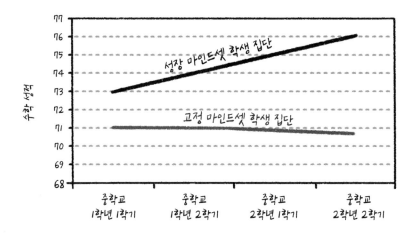

다. 이 연구 결과를 뒷받침하는 다른 연구들도 많다.

앞서 법칙2에서 실패가 뇌 성장에 도움이 된다고 입증한 제이슨 모저와 그 동료들의 연구를 소개한 바 있다.[12] 이 연구는 성장 마인드셋을 지닌 사람은 틀리거나 실패할 때 고정 마인드셋을 지닌 사람보다 더 활발한 뇌 활동을 한다는 사실도 강조했다. 연구진은 뇌의 활성도와 온도를 나타내는 지도를 만들었는데, 이 지도를 보면 성장 마인드셋을 지닌

사람의 뇌는 마치 불이 붙은 것처럼 밝은 오렌지색으로 빛난다.

이 연구 결과는 매우 중요한 사실을 시사한다. 바로 자기 자신에 대한 믿음이 실제로 활동 능력을 좌우한다는 것이다. 오랜 세월 동안 인간의 감정은 인지능력이나 알고 있는 지식의 양과는 상관없는 것으로 여겨져 왔지만, 그것은 사실이 아니다. 감정은 인지나 지식과 서로 얽혀 있다. 어떤 일에 실패했을 때 자기의 잠재력을 믿는 사람이 그렇지 않은 사람보다 더 능률적인 뇌 활동을 하는 것이 그 증거다.

이 발견은 우리에게 엄청난 의미가 있다. 어떤 까다로운 과제에 당면해 도무지 마음의 갈피를 못 잡고 있다 하자. 그러나 자기 안의 잠재력을 믿는다면, '애초에 내가 이걸 할 수 있으리라고는 생각도 않았어'라며 포기하는 마음으로 그 과제를 대할 때보다는 뇌가 활발히 반응할 것이다. 어려운 과제나 까다로운 상황에 맞닥뜨렸을 때 마음이 편안한 상태라면 자기 자신을 믿기가 수월하다. 어려운 상황에서 실수하거나 실패할 때 긍정적인 믿음을 지니고 있다면 스스로를 의심할 때보다 뇌가 어려운 상황에 더 잘 적응한다. 스스로를 믿을 때 뇌의 구조가 물리적으로 변화하고, 이를 통해 수준 높은 사고를 한다. 그리고 창의적으로 문제를 해결하게 된다. 운동을 통해 건강해지고 있다고 믿으면 정말 더 건강해지듯, 보다 생산적으로 학습하고 있다고 믿으면 실제로 더 많은 양의 학습을 할 수 있게 된다.

모저의 연구 결과는 성장 마인드셋을 지닌 학생의 성취도가 왜 시간이 지날수록 상승하는지 이해하는 데도 도움이 된다. 사실 이 그래프는 성장 마인드셋을 지닌 학생은 문제를 틀릴 때마다 많은 뇌 활동을 한다는 사실을 이미 아는 이에게는 그리 놀랍지도 않다. 다만, 어떤 학생은 왜 그렇게 성적이 낮은지 알 수 있는 실마리를 제공한다. 스스로 해당 과목에 소질이나 재능이 없다고 생각해버리기 때문이다. 여러분은 이제 어떤 사람은 '수학 머리'를 가지고 있고 어떤 사람은 그렇지 않다는 잘못된 생각이 얼마나 해로운 신화인지 잘 알 것이다.

__ 고정 마인드셋에서 성장 마인드셋으로

성적이 유전적으로 결정된다는 잘못된 생각을 버리고, 자기 안의 잠재력을 믿을 때, 비로소 성적이 향상되는 걸 보여주는 증거는 많다. 그러므로 성장 마인드셋을 갖추면서 마인드셋의 변화가 어떤 차이를 만드는지 이해하는 것이야말로 한 단계 더 성장하는 데 있어 무척 중요하다. 드웩이 수행한 여러 연구 중 하나는 어린이의 마인드셋(부모의 칭찬 같은 것에서 비롯된)이 세 살 무렵에 형성된다는 사실을 밝혀냈다. 드웩과 그의 동료들은 14개월에서 38개월까지의 아이에게 부모가 한 칭찬을 토대로 아이가 열여덟 살이 되었을 때 갖게 될 마인드셋을 미루어 짐작할 수 있다는 걸 발견했다.[13] 부모가 아이에게 하는 칭찬이 좋은 것만은 아니다. 해로운 칭찬도 있다. '능력은 고정불변의 것'이라는 생각을 심어주는 칭찬이 그렇다. 똑똑하다는 말을 들으면 당장은 아이가 기분 좋게 받아들인다. 그러나 나중에 어떤 일을 잘하지 못하거나 실패하면 스스로 똑똑하지 않다고 판단을 내리고, 그 뒤로도 계속 그 판단에 비추어 자기를 평가하는 함정에 빠진다.

드웩의 또 다른 연구는 '똑똑하다'라는 칭찬이 얼마나 즉각적인 영향을 미치는지 밝혀냈다. 드웩은 두 학생 집단에 어려운 과제를 제시한 다음, 과제를 완성했을 때 한 집단에는 "정말 똑똑하구나!"라고 칭찬했고, 다른 집단에는 "열심히 노력했구나!"라고 칭찬했다. 그러고는 두 집단에 속한 아이들에게 쉬운 과제와 어려운 과제 중 다음번에 수행할 과제를 직접 고르게 했다. 흥미롭게도 '열심히 노력했구나!'라는 칭찬을 들은 집단의 90퍼센트는 어려운 과제를 택한 반면 '정말 똑똑하구나!'라는 칭찬을 들은 집단은 압도적인 수가 쉬운 과제를 택했다.[14] 똑똑하다는 칭찬을 들으면 우리는 똑똑하다는 평가를 유지하려고 상대적으로 쉬운 과제를 선택한다. 그래야 계속 똑똑해 보일 수 있기 때문이다.

학생이 수학이나 과학 과목을 포기할 때 바로 이런 생각이 영향을 미친다. 학교 내에서 고정 마인드셋을 지닌 대표적인 사람들은 다름 아닌 '성적이 좋은 여학생들'이다. 드웩과 그의 동료들은 연구를 통해 공부를 잘하는 여학생이 수학과 과학을 포기할 가능성이 상대적으로 높으며, 이들이 공통적으로 고정 마인드셋을 지녔음을 확인했다. 컬럼비아대학교 수학과에서 수행한 어떤 연구는 '여학생은 수학에 소질이 없다'라는 고정관념이 여학생들에게 부정적인 영향을 미친다는 사실을 확인했다. 성장 마인드셋을 지닌 여학생은 그런 평가를 거부하고 계속해서 수학 공부에 매진했지만 이에 비해 고정 마인드셋을 지닌 여학생은 STEM 과목을 포기했다.[15]

그렇다면 성장 마인드셋은 어떻게 개발할 수 있을까? 전등 스위치를 켜듯 단번에 얻어지리라 기대하면 안 된다. 성장 마인드셋을 개발하는 것은 하나의 여정이다. 이미 여러 차례 말했듯 마인드셋은 변할 수 있다. 뇌는 유연하며 성장한다는 증거(앞서 법칙1과 법칙2에서 이미 많은 증거를 확인했다)가 이를 뒷받침한다. 수많은 연구가 마인드셋이 바뀔 수 있음을 알려주고 있으며, 나는 강의실과 워크숍에서 이를 직접 경험했다. 누구든 뇌 과학을 이해하면 그 즉시 뇌의 성장과 변화가 시작된다. 나는 이것을 수많은 학생에게서 직접 발견했고, 전 세계 교사들에게서 생생한 이야기로 전해 들었다.

마치 근육처럼 뇌도 노력을 들여 훈련하면 성장할 수 있다는 사실을 받아들이기만 해도 성적이 오르기 시작한다. 마인드셋 연구진은 중학교 1학년 학생을 두 집단으로 나누어 한 집단에는 학습 기술 정보를, 다른 한 집단에는 뇌 성장과 마인드셋에 대한 자료를 제공했다.[16] 실험

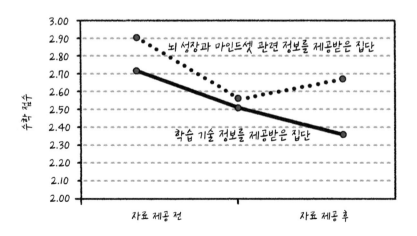

전 학생들의 성취도는 전반적으로 하락 추세였는데 마인드셋에 관한 자료를 제공받은 집단은 성취도가 더는 하락하지 않았다.

캐시 윌리엄스와 내가 스탠퍼드대학교 산하 학습 기관 유큐브드를 설립한 것은 뇌 성장과 마인드셋에 관한 자료를 학생에게 제공하려는 이유도 있었다. 이 책을 쓰기 위해 마인드셋이 변했다고 느끼는 성인 62명을 인터뷰했는데, 이 인터뷰를 분석한 결과 마인드셋의 변화는 나이와 상관없다는 사실이 여실히 드러났다. 또 고정관념이 사람을 어떻게 옴짝달싹 못 하게 하는지, 성장 마인드셋이 사람을 어떻게 성장시키는지도 다양한 사례를 통해 확인할 수 있었다.

현재 캐나다에서 원어민 프랑스어 교사로 일하고 있는 마리이브 갠지Mariève Gagne도 다른 학생들과 마찬가지로 STEM 과목은 자기 적성에 맞지 않는다고 생각하며 성장했다. 그녀는 학창 시절 최상위 집단에 속한 우등생이었음에도 자신이 충분히 똑똑하지 않다는 잘못된 믿음을 가지고 있었다. 그녀가 속한 집단에서 가장 우수하지 않았기 때문이다. 이 사실을 통해 우리는 잘못된 믿음이 얼마나 강력한 힘을 발휘하는지 짐작할 수 있다. 상위 집단에 속한 학생이라 해도 1등이 아니면 자기 능력을 온전히 믿지 못한다.

유큐브드에서 '타고난 재능'을 지녔다는 평가가 학생에게 얼마나 해로운지를 영화로 제작한 적이 있다. 이 영화에 출연한 스탠퍼드대학교 학부생 조디Jodie는 수학과 화학 과목에서 최상위 성적을 거두지 못해서 자신은 공학을 계속 공부할 수 없다고 믿었다. 배움에 대한 기대와 설렘을 안고 대학교에 첫발을 디딘 학생이 금세 '나는 충분히 잘하지 못해'라고 판단하게 하는 것이 바로 사회적 비교다. 이때부터 학생들은 내리막길을 걷기 시작한다. 뇌가 고정되어 있다는 생각은 잘못된 믿음을 더욱 견고하게 하며, 비생산적인 비교를 하게끔 한다.

타인과 비교할 때 자기만의 중심을 잡는 것은 분투의 가치를 깨닫는 것만큼이나 중요하다. 나는 남들이 자기보다 해법을 더 빠르게 생각해 내고 특정 주제나 과목에 타고난 재능이 있는 것처럼 보인다며 '뇌는 고정된 게 틀림없다'라고 주장하는 학생들과 많은 대화를 나누었다. 이들은 뇌가 날마다 성장하며 변화한다는 사실을 깨닫지 못했다. 그러나 모든 순간이 뇌가 성장하고 발달하는 기회가 될 수 있다. 실제로 어떤 사람은 매우 강력한 신경 경로를 개발하기도 한다. 그러므로 당신도 언제든 올바른 접근법으로 학습한다면 훌륭한 신경 경로를 개발할 수 있다.

베스트셀러 『그릿』[17]의 저자 앤절라 더크워스Angela Duckworth는 샌프란시스코의 로웰고등학교 재직 당시 자기가 가르쳤던 열등반 학생 데이비드David를 회상하며 이 점을 강조했다. 물론 열등반 학생이 우등반 강의를 듣게 되는 경우는 흔하지 않다. 그러나 데이비드는 정말 열심히 노력해서 모든 평가에서 높은 점수를 받았고, 우등반으로 옮겨 수업을 받을 수 있었다. 물론 우등반에서 수업을 듣는 과정은 순조롭지 않았다. 우등반에서 치른 첫 시험에서 데이비드는 D라는 낮은 점수를 받았다. 그러나 그는 실패를 기회로 삼았고 부족한 점을 개선했다.

데이비드는 우등반에서 고등학교 3학년일 때 미분 과목을 수강했으며, AP 시험(대학교 1학년 수준의 내용을 고등학생 때 미리 공부하여 보는 시험으로, 고득점을 받으면 대학 진학에 유리하다-옮긴이)에서는 5점 만점에 5점을 얻었다. 데이비드는 스워스모어칼리지에서 공학을 전공한 후 현재 우주공학자로 일하고 있다. 만약 그가 고등학교 1학년 때 수학을 포기했다면, 우등반 수업을 듣게 하려고 힘든 노력을 마다치 않은 교사를 만나지 못했다면 데이비드의 인생은 지금과 많이 달랐을 것이다. 그런데 더 높은 수준의 수업을 듣지 못해서, 또 자기가 잘할 수 있다는 것을 믿지 못해서 결국 낮은 성적으로 학창 시절을 마감하고 마는 학생이 얼마나 많은가.

다른 학생이 자기보다 앞서간다든가 자기가 어떤 것을 이해하지 못해서 환멸을 느낄 때 캐럴 드웩이 즐겨 사용하는 표현이 있다. 바로 '아직'이다. 내가 성인에게 생각을 시각적으로 표현해보라고 할 때 가장 많이 듣는 대답이 이거다.

"전 그림을 진짜 못 그리는데요."

이럴 때 나는 이렇게 말한다.

"그러니까 지금 그 말은, 아직까지 그림을 잘 그리는 법을 배우지 못했다는 뜻이죠?"

어쩌면 사소한 말장난으로 보이겠지만 실은 매우 중요한 질문이다. 이 질문이 우리의 관점을 부족함을 인지하는 데서 성장 가능성을 발견하는 것으로 바꿔놓기 때문이다.

교사가 첫 수업 때 뇌 성장에 관한 새로운 과학 이론을 소개하고, 각자 현재 상황은 다르지만 누구나 수업 내용을 배울 수 있으며, 학습 성취도는 자기의 능력을 얼마나 믿는가에 달려 있다고 말해주는 것은 매우 중요하다. "이 반을 무사히 통과할 사람은 어차피 몇 명 안 될 거야"라는 어느 교사의 말과는 정반대 의미가 있다. 나는 법칙1에서 성공에는 타고난 재능이 필요하다고 믿는 경향이 강한 몇몇 학과목에서 여성과 백인이 아닌 박사 학위 비율이 상대적으로 낮다는 연구 논문을 언급한 바 있다. 이런 연구 결과가 나오는 이유는, 타고난 재능이 있다고 믿는 몇몇 교사와 교수가 '너희 가운데 소수만 성공할 거야'라는 말을 하기 때문이다. 그리고 실제로 소수의 학생만이 성공한다.

부모는 사회적 비교가 아이에게 어떤 영향을 주는지 알아보고, 나쁜 영향을 누그러뜨리는 방향으로 자녀와 소통할 기회를 언제든 마련할 수 있다. 형제자매 사이에는 서로 비교할 만한 일이 무수히 널려 있으며, 많은 아이가 형제자매가 자기보다 뛰어나다는 이유로 자신의 잠재력을 부정적으로 평가한다. 사회적 비교는 유전적인 조건을 전제로 할 때 특히 해롭다. 형제자매나 친구가 좋은 머리를 가지고 태어났고 자기는 그의 뇌를 도저히 따라잡을 수 없다고 생각할 때, 아이의 사기는 급격하게 떨어진다. 이럴 때는 같은 반 친구나 형제자매가 지닌 능력을 하나의 도전 과제나 기회로 바라보게 하는 것이 좋다. '쟤들도 하니까 나도 할 수 있어'라고 생각하게 해주어야 한다는 말이다.

학생들은 뇌 성장과 마인드셋에 대해 배우며 중요한 사실을 깨닫는다. 무엇을 배우든 노력하면 지금보다 더 잘할 수 있고 결국에는 탁월하게 두각을 드러낼 수 있다는 점이다. 고등학교 입학생을 대상으로 한 어떤 연구에서 입학생의 68퍼센트가 첫 학기에 성적이 떨어져서 스트레스를 받았다고 응답했는데(이들은 우리에게 점수 매기기의 폐해를 토로했다)[18] 이때 성장 마인드셋을 지닌 학생은 그 좌절을 일시적인 것으로 바라보고 상대적으로 스트레스를 덜 받았다. 반면 고정 마인드셋을 지닌 학생은 성적이 떨어졌다는 사실을 더 부정적으로 인식해서 스트레스를 더 받았다.[19] 충분히 일리가 있다. 고정 마인드셋을 지닌 학생은 하락한 성적을 자기 머리가 나쁘다는 증거로 여겼다.

마리이브는 청소년 시절 자신이 속한 집단에서 최상위 성적을 받지 못한다는 이유로 STEM 과목에 자질이 없다고 느꼈다. 그러나 성인이 되어 신경가소성을 알고 난 뒤에는 한계 제로의 마인드셋을 개발했다. 그때 그녀는 자신과 생각이 비슷한 교사 커뮤니티에 가입해 긍정적인 믿음과 뇌 성장에 관련된 지식을 공유하면서 소셜 미디어를 처음 알게 되었다. 트위터에 가입한 그녀는 큰 충격을 받았다. 거기엔 그야말로 엄청나게 많은 정보가 널려 있었다. 그녀는 나에게 말했다.

"우와! 지금까지 저는 어디에서 무얼 하면서 허송세월한 걸까요?"

그녀는 모두에게 무한한 잠재력이 있다는 사실에 무척 흥분해서 몸에 수학 문신을 했다. 지금은 졸업장을 못 받은 성인을 대상으로 고등학교 수학을 가르치고 있는데, 그들에게 새 과학 이론을 열심히 알리며 아낌없이 격려하고 있다. 만약 그녀가 뇌 과학에 관한 글을 접하지 못하고 자신은 '수학 머리'가 없다는 믿음이 잘못된 것임을 깨닫지 못했다면, 아마 그녀는 수학의 세계로 영영 다시 돌아가지 못했을 것이다.

한계 제로의 마인드셋을 가지려면, 실패가 자기 탓이라는 생각을 떨쳐내야 한다. 굳이 '전문가'가 될 필요는 없으며 온갖 상황에서 어떤 불확실성을 만나도 얼마든지 당당하게 맞설 수 있다고 깨닫는 것도 중요하다. 제시 멜가레스Jesse Melgares는 자기 한계를 깨부수면서 겪은 두 가지 변화를 이야기했다. 현재 로스앤젤레스 동부의 한 학교 교감인 제시는 과거에 수학 교사였다. 그녀는 극단적으로 자의식이 강했고, 스스로 충분히 많이 알고 있지 않으며 앞으로도 그 사실은 변하지 않을 것이라 여기며 살았다. 그러던 그가 교감이 되어 수학 교사들을 감독하는 자리에 섰을 때 자기에게 그럴 자격이 없다고 생각했다. 본인이 무능력하다는 사실이 알려질까 봐 두렵기도 했다.

솔직히 그때 누가 수학과 관련된 질문을 하기라도 하면 온몸이 마비될 정도로 스트레스를 받았습니다. (……) 정말 끔찍했어요. 가슴에 무거운 돌덩이를 달고 다니는 것 같았죠. 아침에 일어나서 눈을 뜰 때마다 저는 이렇게 생각했습니다.
'혹시라도 내가 답변할 수 없는 질문을 하면 어떡하지? 내가 사기꾼이라는 게 폭로되는 건 아닐까?'

온몸을 움직일 수 없을 정도로 무력함을 느끼거나, 누군가가 답변할 수 없는 질문을 할지도 모른다는 두려움에 떠는 사람은 제시뿐만이 아니다. 다양한 직종과 상황에 놓여 있는 수백만의 사람이 이러한 감정을 느낀다. 그런데 제시에게 변화가 찾아왔다. 나의 온라인 강의를 듣고 학생 때부터 수학 교사로 지낼 때까지 자기가 배운 모든 게 잘못된 것이었음을 깨닫고 나서부터였다.

제시는 학습 과정에서 겪은 모든 어려움이 자기 안에 결핍된 무언가가 아니라 잘못된 교육 체계에서 비롯된 것이었음을 깨닫고는 내면의 한계가 걷히는 것을 느꼈다. 나는 이런 변화를 제시뿐만 아니라 다른 많은 사람에게서 줄곧 보아왔다. 학습 과정에서 부정적인 경험을 한 사람에게는 이러한 변화가 반드시 필요하다. 유큐브드 여름 캠프에 참가한 학생 중 '성적이 낮다'라는 낙인이 찍혔던 학생들도 수학을 못하는 이유가 자신에게 있다고 생각했다. 그러나 수학 성적이 낮은 이유가 교육 체계 때문이라는 것을 깨달으면서 그들은 수학과 새로운 관계를 맺게 되었다.

제시도 마찬가지였다. 그는 예전과 다르게 수학을 한결 좋은 감정으로 대하기 시작했다. 뿐만 아니라 수학을 향한 열정을 발견하는 새로운 '여행'을 시작했다. 패배주의에 빠져 수학을 바라보던 그가 이제는 수학을 흥미진진한 도전 과제로 대하게 된 것이다. 제시는 지금 25개 학교에서 수학 감독관을 하고 있다. 수학을 생각하기만 해도 옴짝달싹하기 힘들던 그로서는 엄청난 변화였다. 새롭게 알게 된 뇌 지식 덕분에 수학을 보는 관점과 마인드셋, 자기 자신을 향한 믿음이 바뀌었다. 제시는 지금도 여전히 모든 질문에 정확하게 답변하지는 못하지만, 예전처럼 두려움에 떠는 대신 이렇게 생각한다.

'비록 정확한 답은 모르지만, 뭐 어때. 함께 찾아내면 되지. 이건 내가 해결해야 할 흥미진진한 과제야.'

이는 성장 마인드셋을 지닌 사람에게서 전형적으로 나타나는 변화다. 마인드셋을 바꾸고 힘든 분투를 이겨내는 것이 좋은 결과를 가져온다는 사실을 믿을 때 자기에게 닥친 도전 과제와 결과가 불확실한 일에 훨씬 더 긍정적인 자세로 접근할 수 있다. 전문가가 되어야 한다는 부담감을 털어내고 협력을 바라는 마음과 호기심으로 그 빈 자리를 채울 수 있다.

사실 자신을 믿고 긍정적으로 나아가려 하면 여러 장애물이 나타난다. 그중 하나가 '자기 불신'이다. 그러나 스웨덴의 심리학자 안데르스 에릭슨은 자신을 의심하는 심리는 자연스러운 것이라고 밝혔다. 이 사실이 우리에게 위안을 준다. 앞으로 나아갈 수 있는 방법을 모른 채 헤맬 때 특히 그렇다. 애당초 '돌아갈 수도 없고 넘어갈 수도 없고 관통할 수도 없는 진정한 장애물'은 존재하지 않는다.[20] 에릭슨은 오랜 세월에 걸쳐 진행한 연구에서 성취의 한계를 찾는 게 놀라울 정도로 드문 일임을 확인했다. 그저 사람들이 포기하고 노력을 중단하기 때문에 한계에 사로잡히고 만다는 것이다.

최근 나는 미 국무부장관과 그 주변 인물의 활약을 그린 텔레비전 드라마 「마담 세크리터리Madam Secretary」를 즐겨 보았다. 테아 레오니Téa Leoni가 주인공으로 열연하는 이 드라마는 전 세계에서 벌어지는 여러 사건을 실감 나게 묘사했다. 그러나 무엇보다 가장 매력적인 요소는 주인공이 문제를 해결할 때 발휘하는 긍정적인 마인드셋이었다. 기억에 남는 에피소드가 하나 있다. 서아프리카에서 '베코'라 불리는 한 무리가 죽임을 당할 위기에 처한다. 주인공과 부하 직원들은 곧 다가올 대량 학살을 막으려고 이리 뛰고 저리 뛴다. 아무런 소득도 얻지 못한 채 수석 정책 보좌관이 주인공에게 말한다.

"이제 우리가 할 수 있는 건 아무것도 없습니다."

이 절망적인(그러나 충분히 이해 가능한) 발언은 많은 사람의 동의를 얻을 테고, 사람들은 주저앉아 포기할 게 분명했다. 그러나 주인공은 수석 정책 보좌관의 눈을 똑바로 바라보면서 이렇게 말한다.

"저는 그 의견을 받아들이지 않겠습니다."

그녀의 말이 팀에 희망을 불어넣었고, 사람들은 위기를 넘길 창의적인 해법을 찾아 나선다. 나는 주인공이 긍정적인 말과 마인드셋으로 부하 직원을 격려하는 것을 보면서(비록 순전히 가상의 이야기임에도 불구하고) 지도자가 자기와 함께 일하는 사람을 위해 성장 마인드셋을 발휘하는 것이 얼마나 중요한지 새삼 느꼈다.

언젠가 나는 캘리포니아의 센트럴밸리에 위치한 어느 과수원 관리자의 감동적인 말을 전해 들었다. 그 관리자의 말 덕분에 거기서 일하던 한 소년에게 새로운 인생이 열렸고, 그 소년이 다시 많은 사람의 인생을 바꾸었다. 그 소년은 대니얼 로차Daniel Rocha로 현재 센트럴밸리에서 교육 과정을 평가하는 일을 하고 있다. 만약 그가 고등학교 3학년이 되기 직전 여름에 과수원에서 일하면서 관리자에게 그 말을 듣지 않았더라면, 지금 같은 중요하고도 특별한 일을 하고 있지 않을 것이다.

대니얼의 아버지는 농장 노동자였으며, 다른 아이들이 방학을 즐길 때 대니얼은 아버지와 함께 과수원에서 일을 했다. 3학년에 올라가기 전에 조던 운동화를 무척 갖고 싶었던 대니얼은 아버지와 함께 일해서 번 돈으로 운동화를 사야겠다고 생각했다. 그런데 그해는 자기가 예상한 것보다 또 예전에 경험한 것보다 훨씬 더 일이 힘들었다. 그렇게 힘들게 일해서 번 돈으로 운동화를 사기에는 너무 아깝다는 생각이 들었다. 그러나 이보다 더 중요한 일이 있었다. 바로 가장 힘들었던 그때 자신의 인생을 완전히 바꿔버린 어떤 말을 들은 것이다.

아버지와 함께 일하고 있는데 과수원 주인이 다가왔습니다. 그 주인은 반장이었던 아버지에게 뭐라고 말했고, 두 사람의 대화가 이어졌지요.

"헤이 로차, 저 아이는 누구지?"

아버지는 서툰 영어로 대답했습니다.

"내 아들."

"아 그래? 아들이 고등학교는 다녀?"

"그럼요, 물론이죠."

그때 농부는 아버지에게 뭐라고 말을 했는데, 저는 일부러 고개를 다른 데로 돌렸습니다. 그 어떤 것도 신경 쓰지 않으려 했죠. 그다음 날 무게가 대략 20킬로그램이나 되는 과일 자루를 든 채로 사다리 꼭대기 위에 서서 균형을 잡으려 안간힘을 쓰고 있었는데, 갑자기 사다리가 흔들리지 뭡니까? 저는 금방이라도 균형을 잃고 사다리에서 떨어질 것 같았습니다. 그런데 아래를 내려다보니 과수원 주인이 제가 올라탄 사다리를 마구 흔들고 있는 게 아니겠어요? 주인은 성난 목소리로 고함을 질러댔습니다.

"너 인마, 여기서 뭐하고 있는 거야?"

겁에 질린 저는 이렇게 대답했어요.

"일하잖아요!"

그러자 그는 계속해서 고함을 질렀습니다.

"너 인마, 당장 내 과수원에서 나가! 네 낯짝을 두 번 다시 여기에서 보고 싶지 않으니까. 알았어? 이 과수원에서 네 낯짝을 보는 건 오늘이 마지막이야! 내년에 너는 대학교에 가야 해. 네가 이 과수원에 얼쩡거리는 걸 두 번 다시 보고 싶지 않단 말이다!"

그 말에 저는 충격을 받았습니다. 그 말이 제 핵심을 찔렀기 때문이죠. 그리고 그날, 함께 집으로 돌아가던 길에 아버지가 저에게 그러시더군요. 물론 영어가 아니라 멕시코어로요.

"너는 과수원에서 일을 하고 싶니, 학교에서 공부를 하고 싶니?"

"학교에서 공부를 하고 싶어요."

그러자 아버지는 진심을 담아 말씀하셨습니다.

"그렇다면 네가 잘 알아서 판단해라. 나는 너를 더는 도와줄 수 없어. 어떻게 해야 할지도 잘 모르고. 그러니 그 방법을 스스로 알아내려무나."

개학 후 학교에 돌아갔을 때 선생님이 다른 아이들 원서 쓰는 것을 돕고 계셨습니다. 저는 선생님에게 다가가 이렇게 말했어요.

"저도 좀 도와주세요."

그 말 한마디 덕분에 지금의 제가 있게 되었습니다.

과수원 주인이 사다리를 흔들며 고함친 그 사건은 대니얼에게 행운이었다. 그때까지만 해도 대니얼은 대학교에 가야 한다는 이야기를 그 누구에게도 들은 적이 없었다. 최근 대니얼의 아버지가 그를 찾아왔다. 막 퇴근한 대니얼은 양복에 넥타이 차림이었다. 아버지는 아들의 모습을 보고 "대니얼, 참 근사하구나"라고 말하고는 북받치는 감정을 주체하지 못했다. 자기 아들이 매우 훌륭한 어른으로 성장했음을 새삼 깨달은 것이다. 대니얼은 훌륭한 교사로 학생들을 가르치다가 지금은 교육 과정을 지도하고 감독하며 학생들과 부지런히 소통하고 있다. 불가능한 것은 없다는 메시지가 얼마나 중요한지 경험으로 잘 아는 그는, 학생들에게 메시지를 전하는 데서 그치지 않고 진심으로 믿게 하는 데 힘쓴다.

연구 결과에 따르면 자기 능력에 대해 긍정적인 생각을 가지고 있을 때 뇌와 신체는 완전히 다르게 작동하여 긍정적인 결과를 불러온다. 몇 년 전만 해도 아무도 믿지 않았던 이 이론이 지금은 객관적인 사실로 확인되었다. 법칙3에서 우리는 단 몇 마디 말로 인해 믿을 수 없는 변화를 경험한 사례들을 확인했다. 몇 마디 말이 우리의 관점을 완전히 바꾸어놓을 수 있다. 호텔 청소원은 자기가 하는 일이 건강에 좋다는 말을 들었고, 대니얼은 대학교에 반드시 진학해야 한다는 말을 들었다. 이 말이 마인드셋을 바꾸고, 마인드셋이 신체 기능을 향상시키고 생활을 바꾸었다. 우리에게도 이런 변화가 일어날 수 있다. 생각을 다르게 함으로써 인생을 보다 풍요롭게 바꿀 수 있다.

최근 나는 캐럴 드웩과 이런저런 이야기를 나눌 기회가 있었다. 스탠퍼드대학교에 있는 호주인들을 만나는 자리에 우리 둘이 함께 강연 요청을 받았다. 캐럴은 마인드셋의 작동 방식에 대한 견해가 조금 바뀌었다고 말했다. 처음에는 한 사람이 성장 마인드셋 아니면 고정 마인드셋 중 하나만 지니고 있다고 생각했지만 지금은 한 사람이 시간과 장소에 따라 다른 마인드셋을 지닐 수 있다고 생각한다는 것이다. 그러므로 각자가 어떤 순간에 고정 마인드셋이 작동하는지 구체적으로 파악해야 한다고 했다.

캐럴은 일하다가 만난 어떤 회사 관리자 이야기를 했다. 이 관리자는 자신의 고정 마인드셋에 '두에인Duane'이라는 이름을 붙였다. 다음은 캐럴이 말해준 이야기다.

"누군가와 대화 도중에 이야기가 잘 풀리지 않을 때 갑자기 제 안에 두에인이 불쑥 나타납니다. 두에인은 모든 사람을 다 싸잡아 비판하게 해요. 전 그야말로 폭군이 됩니다. 누구를 도와주기는커녕 윽박지르고 명령하죠."

관리자의 말에 옆에 있던 여성 직원이 이렇게 대꾸했다.

"두에인이 나타날 때 제 안에서는 '이안나lanna'가 나타나요. 이안나가 나를 무능하다고 느끼게 하는 그 마초에게 대꾸를 하죠. 부장님의 두에인이 저의 이안나를 불러내는 거예요. 저는 점점 몸을 웅크리면서 불안감에 휩싸이고, 이걸 본 두에인이 저에게 더 화를 내요."[21]

캐럴은 자기 안에 있는 제각기 다른 마인드셋의 페르소나와 접촉하는 것이 중요하다고 말한다. 자신의 고정 마인드셋이 어떤 생각을 하게 만드는지 자세히 파악할수록 더 능숙하게 마인드셋을 조절할 수 있다는 것이다.

캐럴은 마인드셋에 대한 근본적인 오해를 포함하여 '잘못된 성장 마인드셋'[22]이 내포한 위험에 관해 새롭게 정리한 생각도 함께 들려주었다. 학생에게 그저 더 열심히 노력하라고 격려하고, 학생이 틀리거나 실패했을 때 그들이 그동안 기울인 노력을 칭찬해주는 것이 도리어 잘못된 결과를 불러올 수 있다는 것이다. 왜냐하면 학생들은 실패했을 때 받는 칭찬의 의미가 '위로'라는 걸 바로 간파해내기 때문이다. 캐럴은 학습 과정을 칭찬하되 만약 학생이 좋은 결과를 내지 못할 경우 무턱대고 격려하지 말고 다른 전략이나 접근법을 찾도록 도와주어야 한다고 지적했다. 또 반드시 중요한 성취로 이어지는 노력을 칭찬해야 한다고도 강조했다. 학생이 문제를 붙잡고 씨름했는데 끝내 못 푸는 상황에서 교사는 자기 생각을 바로잡기로 마음먹은 점과 노력을 통해 정답에 가까워졌다는 등의 이유를 들며 격려할 수 있다.

교사가 학생에게 미치는 영향력은 상상할 수 없을 정도로 크다. 교사는 학생의 신경 경로를 바꿀 수 있다. 지금까지 만난 수많은 교사와 학생을 통해 확인한 사실이다. 교사는 학생을 믿고, 학생의 실패와 고군분투 과정을 소중하게 여기며, 각 학생의 다양한 접근법을 존중한다는 메시지를 전달함으로써 학생들의 신경 경로를 바꿀 수 있다. 부모도 마찬가지다.

뇌와 신체가 적응력이 높다는 것은 이미 객관적인 사실로 밝혀졌다. 이 사실을 알고 있으면 학생은 말할 것도 없고 교사와 학부모, 감독자, 회사 관리자가 학습할 때 엄청난 힘으로 작용한다.

'타고난 천재성'이 존재한다는 잘못된 신화에 의문을 제기하고 뇌와 신체가 얼마든 변할 수 있다는 걸 보여주는 증거는 많다. 우리가 거의 모든 것을 성취할 수 있다고 믿는다면, 우리 안에 있는 잠재력(그리고 온갖 학습 기관)도 엄청나다는 걸 알게 될 것이다. 그러나 새로운 뇌 과학을 기반으로 한 접근법을 알지 못하면 우리는 잠재력을 폭발시킬 수 없다. 새로운 과학 이론과 올바른 접근법이 결합할 때 나타나는 결과는 실로 강력하다.

법칙4

UNLOCK

다양한 방법의 솔루션을 찾아라

신경 경로를 최적화하는
창조적 발상의 힘

열린 생각은 더 강한 자신감을 갖게 하고
자기 생각이 확실하지 않더라도
다른 사람과 스스럼없이 공유할 수 있는 마음으로 이어진다.

힘들게 노력하는 과정 뒤에 성공이 있고, 애써 노력하기만 하면 무엇이든 이룰 수 있다고 믿는 성장 마인드셋은 우리 삶에 무척 중요하다. 이 책을 여기까지 읽었다면 이제 성장 마인드셋의 중요성을 잘 알 것이다. 그런데 한계 제로의 인생을 살려면 한 가지가 더 필요하다. 이것은 우리가 무언가를 선택할 때 결정적인 요소로 작용한다. 다양한 학습 현장 그리고 인생에서 느끼는 여러 생각과 상호 작용하는 이것은 앞서 살펴본 법칙 1, 2, 3과는 완전히 다르며 한층 더 역동적이다.

> 다차원적인 접근법으로 다양한 발상을 할 때 비로소 신경 경로가 최적화되어 학습 능력이 향상한다.

자신을 믿는 것과 마인드셋의 중요성에 대해서는 지금까지 수많은 사람이 인정해왔다. 그러나 성장 마인드셋을 지니라는 이야기를 듣는 것만으로는 현실에 존재하는 온갖 방해 요소를 온전하게 극복하기에 충분치 않다. 무엇보다 마인드셋을 바꾸는 것의 가치를 올바르게 알아야 한다. 캐럴 드웩은 학생이 예전과는 다른 방식으로 학습할 수 있도록 차별화된 교수법을 활용해야 한다고 했다. 무엇보다 안타까운 상황은 교사가 학생에게 더 효과적으로 학습할 수 있는 도구를 전혀 제공하지 않으면서 말로만 그저 열심히 노력하면 성공할 수 있다고 하는 상황이다. 캐럴은 이렇게 말했다.

"노력을 어떤 성취로 이끄는 게 법칙인 건 분명하다. 그러나 노력만으로는 모두 해결할 수 없다. 어떤 시도를 하다가 실패하거나 난관에 부딪힐 때 활용할 수 있는 새로운 전략이 절실히 필요하다."

위대한 교육학자인 알피 콘Alfie Kohn은 기존의 제도를 바꾸지 않은 채 학생에게 무작정 열심히 노력하라고 말하는 것은 의미 없는 일이라면서 마인드셋 운동을 비판했다.[1] 나도 이 의견에 전적으로 동의한다. 지난 여러 해 동안 나는 중요한 사실 하나를 깨달았다. 학생이 성장 마인드셋을 지니려면, 교사부터 성장 마인드셋의 관점으로 학생을 가르쳐야 한다는 사실이다. 교사는 학습 내용을 다양한 방식으로 제시할 수 있어야 한다. 그래야 학생들이 성장 마인드셋 관점에서 자신의 잠재력을 파악할 수 있다. 단 하나의 고정된 방식으로만 교육할 때, 즉 어떤 문제에 단 하나의 해답만 가지고 있고 해답을 구하는 방법도 하나밖에 없는 환경에서는 학생들이 성장 마인드셋을 지니기 어렵다.

그렇다면 학생들에게 성장과 학습에 관한 긍정적인 메시지를 어떻게 전달해야 할까? 해답은 다차원적인 접근법에 있다. 이 접근법은 유치원부터 대학교까지 학생을 가르치는 교육자의 다양한 경험과 뇌 과학 연구 결과를 통해 발견했다.

나는 스탠퍼드대학교에서 몇몇 신경 과학자들과 협력하여 연구를 진행한다. 그중 의과대학의 비노드 메넌Vinod Menon과 신경 과학자 랑첸Lang Chen과는 뇌에서 전개되는 상호 작용 네트워크를 연구한다. 수학 문제를 풀 때 뇌가 어떻게 작동하는지 연구한 결과 단순한 수학 문제 하나를 풀 때조차도 다섯 개의 서로 다른 뇌 영역이 관여했다. 이들 가운데 두 영역은 시각 경로였다.[2]

뇌 과학자들은 서로 다른 뇌 영역 사이에 이루어지는 커뮤니케이션이 학습 능력을 향상시키고 성취의 질을 높인다는 사실도 밝혀냈다. 예를 들어 2013년 박준구와 엘리자베스 브래넌Elizabeth Brannon이 발표한 논문에 따르면, 숫자와 같은 상징을 가지고 작업할 때보다 점의 배열 등 시각적이고 공간적인 정보를 가지고 작업할 때 뇌 영역끼리 서로 더 많이 소통했다.[3] 또한 수학을 공부할 때는 뇌의 영역 사이에 활발한 커뮤니케이션이 이루어졌을 때 학습 능력이 최적화되었다. 우리는 숫자뿐 아니라 단어, 시각적 형상, 모델, 알고리즘, 도표, 그래프, 움직임과 촉감 등을 통해서도 수학 문제를 해결하는 실마리를 얻을 수 있다. 이런 사실은 최근에야 알려졌는데 실제 교육 현장에는 아직까지 거의 활용되지 않고 있다.

수학 문제를 풀 때 서로 다른 뇌 영역끼리 이루어지는 상호 작용은 다른 과목에도 적용될 수 있다. 새로운 지식을 학습하는 데는 뇌의 여러 가지 경로가 필요하다. 예를 들어 주의력에 집중하는 경로, 기억에 집중하는 경로, 추론에 집중하는 경로, 커뮤니케이션에 집중하는 경로, 시각화에 집중하는 경로가 있다. 지식에 다차원적인 방법으로 접근하여 다양한 경로를 자극할 때 우리 뇌는 더욱 강해지며 학습 효과는 더욱 극대화된다.

▬ 손가락과 관련된 놀라운 발견들

뇌가 수학 문제를 푸는 방식과 관련해 새롭게 발견된 사실은 놀라움을 안겨준다. 예를 들면 어느 연구를 통해 수학적 사실을 이해하는 데 손가락이 매우 중요한 역할을 한다는 사실이 밝혀졌다. 일라리아 베르텔레티Ilaria Berteletti와 제임스 부스James R. Booth는 손가락의 지각과 표현을 담당하는 '감각 손가락 영역somatosensory finger area'이라는 특수한 뇌 영역을 연구했다. 이들은 8세에서 13세까지의 아이들에게 복잡한 뺄셈 문제를 냈을 때 이 아이들이 실제로 손가락을 사용하지 않는데도 감각 손가락 영역이 활성화된다는 사실을 확인했다.[4] 계산을 할 때 직접 손가락을 사용하지 않아도 머릿속에서 손가락으로 표현되는 어떤 것을 '본다'. 두 연구자에 따르면 손가락 표현 영역은 복잡한 수식이 포함된 어려운 문제를 풀 때 훨씬 높은 수준으로 활성화된다.

손가락과 수학적 사고 사이의 관계를 입증하는 연구 논문 때문에 신경 과학자들은 자기 손가락 하나하나를 잘 아는 것이 중요하다고 말한다. 손가락 인지 테스트 중에는 손 하나를 탁자 아래에 숨겨 다른 사람이 어느 손가락으로 자기 손가락을 접촉했는지 알아맞히는 것이 있다. 손가락 인지 능력이 높은 사람은 어떤 손가락이 닿았는지 쉽게 알아맞힌다. 테스트의 난도를 높이려면 서로 다른 부위 두 군데(손가락 끝과 중간)를 건드린다. 손가락 인지와 관련된 몇 가지 흥미로운 사실을 정리하면 다음과 같다.

- 대학생의 손가락 인지 수준을 보면 그의 계산 시험 점수를 예측할 수 있다.[5]
- 1학년 학생의 손가락 인지 능력은 2학년 때의 수학 성취도를 정확하게 예측한다.[6]
- 악기 연주와 수학 성취도 사이의 상관성은 오랫동안 입증되었다. 악기 연주자의 수학 점수가 높은 것은 손가락 인지 능력을 개발할 기회가 많기 때문이다.[7]

어린아이에게 감각 손가락 영역은 매우 중요하다. 그리고 이 영역은 아이가 손가락을 이용해 숫자를 표현할 때 효과적으로 개발된다. 그러나 여전히 대부분의 교사가 손가락 사용을 나쁜 버릇으로 여기며 학생도 이를 유치하게 여긴다. 이러한 인식을 바꾸려고 나는 뉴스 및 각종 미디어, 잡지를 통해 감각 손가락 영역의 중요성을 널리 알려왔다. 최근에는 어린아이의 손가락 인지 능력을 높여주는 소형 로봇 장치를 만들려고 신경 과학자와 공학자, 교육자와 협업 중이다. 오늘날 교육계에는 과거에 사용했던 것보다 더 신체적이고 다차원적이며 창의적인 접근법이 절실히 필요하다.

＿ 모차르트, 아인슈타인, 마리 퀴리의 뇌

모차르트Wolfgang A. Mozart, 퀴리Marie Curie, 아인슈타인Albert Einstein처럼 예술이나 과학 분야에서 탁월한 성취를 이룬 이들을 우리는 '천재'라 일컫는다. 그러나 안데르스 에릭슨, 대니얼 코일은 그들이 이룬 위대한 업적이 타고난 천재성이 아니라 오랜 세월에 걸친 극단적인 몰두와 힘겨운 노력의 결과물임을 밝혀냈다.

에릭슨에 따르면 모차르트는 특별한 재능을 타고난 것이 아니다. 아주 어릴 때부터 한 일련의 활동들이 위대한 음악적 성취를 이끌어냈다. 모차르트는 '절대 음감'을 타고났다고 알려져 있다. 얼핏 들으면 완벽한 음감은 유전적으로 타고난 재능의 표본처럼 느껴진다. 실제로 평범한 환경의 1만 명 가운데 단 한 명만이 완벽한 음감을 지니고 있다. 그러나 모차르트의 성장 과정을 주의 깊게 살펴보면, 그가 세 살 때부터 완벽한 음감을 개발하는 활동을 꾸준히 해왔음을 알 수 있다.[8]

일본의 심리학자 사카키바라 아야코가 실행한 연구에서 스물네 명의 학생이 학습을 통해 '절대 음감'을 개발했다. 이 학생들은 색깔 깃발을 사용해 화음을 알아맞혔는데, 모든 화음을 완벽하게 알아맞힐 때까지 줄기차게 연습했다. 이 훈련을 통해 모든 학생이 완벽한 음감을 개발했다.⁹ 사람들이 '타고난 재능'이라고 믿는 절대 음감은 실제로 여러 가지 학습을 통해 습득되는 기술인 것이다. 이 실험에서는 시각적인 표현물을 소리와 연결하는 방식으로 학습이 이루어졌다.

앨버트 아인슈타인도 '천재'라고 하면 가장 먼저 떠오르는 인물 중 하나이다. 그는 자기가 저지른 모든 실수와 실패를 포용하고 생산적인 방식으로 학습했다. 아인슈타인이 한 말 중 내가 특별히 좋아하는 몇 가지가 있다.

- 한 번도 실수를 해보지 않은 사람은 한 번도 새로운 것을 시도한 적이 없는 사람이다.
- 나는 똑똑한 사람이 아니다. 다만 다른 사람들보다 더 오래 문제를 붙들고 씨름했을 뿐이다.
- 나에게 특별한 재능은 없다. 난 그저 열정적으로 궁금해하는 사람이다.
- 어려움 속에 기회가 있다.

아인슈타인이 한 말들은 그가 성장 마인드셋을 지닌 사람이었음을 알려준다. 비록 그가 살던 시기에는 '성장 마인드셋'이라는 개념이 정립되어 있지는 않았지만 말이다. 그는 애써 노력하고, 어려운 문제를 오래 붙들고 씨름하라고 말했다. 또 호기심을 유지하고 실패를 많이 하라고 했다. 타고난 재능은 없다고 생각했다.

아인슈타인은 생각을 시각화했다. 그는 시각화된 생각을 단어나 상징으로 변환하느라 애를 먹는다고 말하곤 했다.¹⁰ 그가 과학계에 미친

영향은 실로 엄청나며, 사람들이 그를 '천재'로 여기는 것도 놀라운 일이 아니다. 오늘날 같은 최첨단 기술이 없었던 시대에, 그는 오로지 생각만으로 궤도를 따라 도는 블랙홀들이 시공간의 면에 주름을 만든다는 것을 예측했다. 그의 이론을 증명하는 데는 어마어마한 계산 능력과 무려 100년이라는 시간이 필요했다. 믿을 수 없을 정도로 위대한 업적을 남긴 아인슈타인은 그 공을 타고난 재능 또는 특별한 능력에 돌리는 대신 끊임없는 몰두와 노력, 독특한 접근법 덕이라고 말했다. 그는 학습과 인생에서 한계 제로의 접근법을 구사한 인물이었다. 이 접근법은 그의 연구에 긍정적인 영향을 불러일으켰다.

최근 《내셔널 지오그래픽》에 실린 기사 '무엇이 천재를 만드는가?What Makes a Genius?'를 살펴보자. 필라델피아의 한 박물관에 46개의 현미경용 슬라이드에 들어가 있는 아인슈타인의 대뇌 조각을 어느 연구진이 여러 차례 정밀 검사했다[11](아인슈타인은 자기 유골을 신성시할까 봐 시신을 화장하라고 유언을 남겼다. 그에 따라 아인슈타인의 유골은 델라웨어 강에 뿌려지고, 대뇌와 안구만 남았다-옮긴이). 외관상으로는 어떤 특별한 점이 보이지 않았지만, 스콧 배리 카우프만Scott Barry Kaufman이 이끄는 상상력연구소 소속 팀이 색다른 접근을 시도했다. 믿을 수 없을 정도로 놀라운 업적을 달성한 살아 있는 사람들의 뇌를 정밀하게 관찰해본 것이다. '자기 분야에서 개척자 역할을 했던' 사람들의 뇌는 보통 사람의 뇌보다 더 많은 연결이 이루어지고 있었다. 즉, 뇌의 두 반구가 더 많이 커뮤니케이션했고, 생각도 더 유연했다.[12] 한마디로 선구자의 뇌는 타고나는 것이 아니라 학습을 통해 개발되었던 것이다.

▃ 잠든 뇌를 깨우는 다차원적 접근법

학생들에게 일련의 문제를 적은 시험지를 내밀 때(대부분 수학 시간에) 학생은 자기 뇌를 강화할 기회, 뇌 영역 사이에 커뮤니케이션을 할 기회를 박탈당한다. 이보다 훨씬 더 나은 연습 방법은 세 자리 또는 네 자리 숫자를 제시하며 전혀 다른 방식으로 접근하도록 돕는 것이다. 예를 들어 수학 시간에 교사는 학생들에게 다음과 같은 질문을 던지며 수업을 진행할 수 있다.

- 숫자로 이 문제를 풀어보겠니?
- 숫자와 연결되는 색깔을 이용해서 문제를 풀어보겠니?
- 이 문제의 내용을 이야기로 풀어 써보겠니?
- 이 문제의 내용을 또 다른 방식으로 표현해보겠니? 스케치도 좋고, 낙서도 좋고, 어떤 물건을 이용해도 좋고, 움직임을 활용해도 좋아.

다차원적인 접근법 하나를 소개해보겠다. 나의 동료이자 유큐브드 감독자인 캐시 윌리엄스가 '다이아몬드 종이'라고 이름 붙인 것이다.

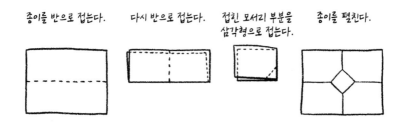

법칙4 다양한 방법의 솔루션을 찾아라

우리는 교사들에게 다이아몬드 한가운데에 수학 문제 하나를 적은 다음, 주변의 네 공간에 다양한 문제 풀이법, 즉 접근 방식(예를 들면 앞서 언급한 목록에서 강조했던 것들)을 적어 넣으라고 했다. 이렇게 하면 나눗셈 문제는 다음과 같이 다양한 방식으로 접근 가능하다.

| 전통적인 접근법 |

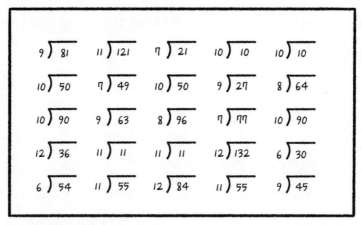

| 다차원적인 접근법 |

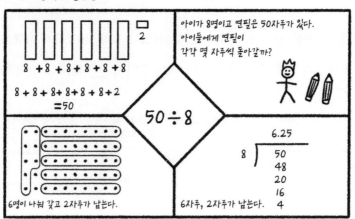

다차원적인 접근 방식은 수학뿐만 아니라 모든 과목에서 중요하다. 예를 들어 영문학 시간에 학생들이 희곡 「로미오와 줄리엣」을 읽고 주제를 분석한다 하자. '사랑'을 주제로 잡아서 같은 주제를 다룬 뮤직비디오를 찾거나 직접 동영상을 만들거나 그래픽 소설을 쓰거나 파워포인트 자료를 만들거나 조각상을 만들 수 있다. 다양한 사고 덕에 뇌 커뮤니케이션이 활발해지고 뇌 발달이 강화된다. 신경 과학자들은 유동적이고 유연한 뇌는 여러 개의 뇌 영역이 협력할 때 나타나는 동시성synchrony에서 비롯된다고 결론 내렸다.[13] 뇌 영역 간의 커뮤니케이션은 우리가 형태나 표현 방식이 서로 다른 다양한 지식을 접할 때 나타난다.

다차원적인 접근법은 모든 과목에서 보다 높은 수준의 참여도와 성취도를 이끌어내는 데 활용할 수 있다. 특히 인문학 과목은 이미 다차원적인 접근 방식을 높이 평가해 학생들에게 각자 읽은 내용을 스스로 해석해보라고 요구하고, 집단 토의, 토론, 연극 등의 형식을 수업에 응용한다. 이런 과목들은 수학, 과학, 언어학에 비하면 활짝 열려 있는 셈이다. 가장 많은 변화가 필요한 수학, 과학, 언어학에서는 다양한 각도에서 접근하는 학습법이 매우 드물다.

예를 들어 내가 만난 어느 외국어 교사는 학생들에게 둥글게 원을 그려 마주 보고 서라고 한 다음, 각 학생에게 자신이 그 언어를 쓰는 사람 중에 가장 유명한 인사라고 가정해보라고 말한다. 각 학생은 교사가 어깨를 치면 유명 인사처럼 발표를 한다. 이것은 외국어로 된 글을 번역하여 읽는 수업 방식보다 훨씬 단순하면서도 창의적인 수업 방식이다. 학생들은 '말하기'와 '다른 사람 생각 해석하기'를 통해 외국어를 효과적으로 습득한다.

여러 사실과 법칙을 잔뜩 나열해놓은 목록만 보고 과학을 배우면 이해하기 어렵다. 이것은 발견과 실험, 다양한 인과관계의 가능성을 다루는 과학을 외면하게 만드는 완벽한 방법이다. 학생들을 과학의 경이로움에 빠지게 하는 것은 열역학 법칙을 달달 외우는 것보다 훨씬 더 중요하다.

내가 가장 좋아하는 접근법은 자연을 사랑하는 교육자 존 무어 로즈John Muir Laws에게서 나온 것이다. 나는 그의 책 『자연 사생 및 저널링 가이드The Laws Guide to Nature Drawing and Journaling』를 무척 좋아하는데, 다양한 각도에서 탐구 주제에 접근하는 점이 인상 깊다. 그는 이 책에서 데이터를 수집하고, 패턴과 예외적인 요소, 시간에 따른 변화를 발견하고, 사건을 기록하고, 지도와 단면도와 도표를 만듦으로써 특정 주제를 연구하라고 제안한다. 또 데이터를 깊게 탐구하는 방법으로 글쓰기, 도표 그리기, 소리 녹음하기, 목록 만들기, 횟수 세기 및 측정하기, 데이터 도구 사용하기, 나침판, 쌍안경 등으로 가득 채워진 '호기심 키트curiosity kit'를 장만하라고 자세히 소개한다.

로즈는 얼마나 다양한 방식으로 과학에 접근할 수 있는지 묘사하고 있다. 학생들은 데이터, 패턴, 지도, 단어, 도표 등 여러 가지 방식으로 구체화되는 생각을 이용해 과학 과목을 탐구한다. 학생들이 제각기 다른 표현물을 통해 과학적 사실에 접근할 때, 서로 다른 뇌 영역이 소통하도록 신경 경로가 만들어진다. 그러면서 아인슈타인의 뇌에서 두드러지게 나타난 것처럼 뇌 커뮤니케이션이 활발하게 이루어진다.

내가 교사들에게 보다 다차원적인 방법으로 가르쳐야 한다고 말하면 거의 다 호의적으로 응답한다. 그러고는 곧바로 "교과서를 처음부터 끝까지 다 가르쳐야 하는데, 이런 상황에서 우리가 어떻게 다차원적인 교육을 실시할 수 있죠?"라며 질문을 해온다. 교육 현장에서 많은 교사는 다차원적인 학습의 가치를 전혀 알지 못하는 저자가 쓴 교과서를 가지고 학생들을 만나기 때문이다.

나는 교사들에게 중복된 질문을 추려내어 서너 개로 압축한 다음 내가 제시한 방식으로 학생들이 문제를 풀 수 있도록 권하라고 말한다. 교재가 별도로 필요하지 않으므로 누구든 할 수 있다. 교사가 이런 방식을 시도하면 자신이 가르치는 과목의 내용과 교수법을 보다 창의적으로 생각하기 시작한다. 그러면 더 큰 기쁨과 충족감이 따라온다. 학생 참여도가 높아지는 걸 교사가 직접 경험하고 나면 특히 더 그렇다.

나의 두 딸은 팰로앨토 지역의 공립 초등학교에 다녔다. 교사들은 숙제를 많이 내주지 않았는데, 나는 이 점을 무척 고맙게 여긴다. 숙제의 효과는 제한적일 수밖에 없으며 오히려 학생에게 나쁜 영향을 끼칠 때가 많다.[14] 딸들이 받아온 수학 숙제는 주로 켄켄(일본 수학 퍼즐) 같은 간단한 퍼즐이었다. 가끔은 거의 똑같은 문제가 가득 채워진 문제지를 가지고 왔는데, 이 문제를 다 풀고 나면 아이들은 울거나 좌절감에 사로잡히곤 했다. 도대체 왜 아이들이 피곤에 지친 저녁 시간에 반복적이고 지루한 문제 풀이에 매달려야 하는지 나로서는 도무지 이해할 수 없었다. 나는 피곤할 때 일을 하지 않지만, 아이들은 숙제가 있을 때 아무리 피곤해도 억지로 문제를 풀어야 했다.

　나는 내 자녀들을 가르치는 교사를 지지하려고 늘 애썼다. 학생을 가르치는 일이 얼마나 힘든지도 알고, 교사가 따뜻한 마음으로 아이들을 보살펴 준다는 것도 잘 알기 때문이다. 그러나 어느 날 저녁, 아무래도 숙제와 관련해서는 내가 개입해야겠다는 생각이 들었다. 당시 작은딸은 아홉 살이었는데, 무려 40문항이 적힌 문제지를 가지고 집으로 왔다. 아이는 잔뜩 풀이 죽은 얼굴로 문제지를 앞에 두고 앉았다. 그 모습을 보고 있자니 잘못하다간 아이가 수학에 진저리를 치며 멀리하게 될지도 모른다는 생각이 퍼뜩 들었다. 나는 아이에게 앞의 다섯 문제만 풀라고 했다. 아이가 다섯 문제를 다 풀었을 때, 그 문제지에다 교사에게 보내는 짧은 편지를 썼다.

　　제가 딸아이에게 앞의 다섯 문제만 풀라고 했습니다. 아이가 문제들을 잘 이해하고 있는 것 같아서 나머지는 풀지 않아도 된다고 했습니다. 혹시라도 아이가 수학이 원래 이렇게 지루한 것이라고 생각하게 될까 봐요.

　내가 보낸 이 편지를 다른 교사들에게 보여주자 모두가 웃었다. 그들은 자기가 내 아이의 교사가 아니라 다행이라고 생각하는 것 같았다. 그런데 무척 다행스럽게도 내가 보낸 그 짧은 편지가 좋은 결과를 가져다주었다. 딸아이의 교사와 내가 뇌 과학 그리고 다양한 접근법에 대해 이야기를 나누게 된 것이다. 지금 그 교사는 비슷한 문제들을 왕창

내미는 대신 네 개의 문제만 제시하고 이 문제를 순수하게 숫자로만 해결하는 방식, 문제를 이야기로 풀어 쓰는 방식, 시각화하는 방식 등으로 풀어보게 한다. 내 딸 입장에서는 지루하고 반복적인 과정을 요구하는 문제를 푸는 것보다 훨씬 나았는지 더는 숙제하고 나서 울지 않았다. 아이는 문제를 이야기로 풀어내고 그림을 그리면서 무척 행복해했다. 이 아이가 그렇게 과제를 할 때 뇌 안에서 어떤 일이 일어나겠는가? 뇌 영역 간 커뮤니케이션이 활발히 일어남으로써 문제를 더 깊이 이해할 수 있게 될 것이다.

이렇게 다양한 방법으로 학습하면 뇌 커뮤니케이션이 촉진되고 학습 내용에 좀 더 집중하게 된다. 많은 학생이 수학을 숫자와 해법의 집합체로만 바라보며, 문학을 책이나 단어로 바라본다. 우리가 수학, 문학, 과학 등 과목을 학습할 때 창의성을 개발하고 사물을 다양한 방식으로 바라볼 기회라고 생각하면 뇌와 신경이 자극을 받아 모든 것이 바뀐다. 뇌가 성장하고 신경 경로가 연결된다. 교사는 정해진 문제 풀이 방식에서 벗어나 모델, 단어, 동영상, 음악, 데이터, 그림 등 시각적인 것으로 교육 과정을 다양하게 구성하고, 이에 따라 교실은 늘 똑같은 것이 반복되던 공간에서 다양성이 넘쳐나고 창의성이 환영받는 공간으로 바뀐다.

문제에 여러 가지 방식으로 접근하는 것이 얼마나 효과적인지 보여주기 위해 즐겨 제시하는 문제가 있다. 바로 일곱 개의 점이 있는 그림이다. 나는 그림을 아주 짧은 시간만 보여주고 이 그림에 점이 몇 개나 있는지 알아맞혀 보라고 한다. 그러면서 그 점을 하나씩 세지 말고 몇 캐의 집단으로 묶는 방법으로 접근해보라고 덧붙인다. 그 그림은 다음과 같다.

　최근 나는 중학생들에게 이 문제를 냈는데, 방법이 무려 스물네 가지나 되었다! 아이들은 계속하길 원했지만 곧 점심시간이어서 나는 서둘러 수업을 끝내야만 했다.

　내가 점들을 몇 개의 집단으로 묶어서 바라보라고 한 이유는 수학을 바라보는 여러 가지 방식을 직접 보여주어 아이들의 창의성을 자극하고 싶어서였다. 겨우 일곱 개의 점을 세는 데도 이렇게나 다양한 방식이 존재한다는 걸 깨닫게 해주고 싶었다. 다른 이유도 있었다. 이 훈련이 '대략수 시스템ANS'으로 일컬어지는 뇌의 중요한 부분을 개발하기 때문이다. ANS는 어떤 것이 모여 있는 집단에서 그 개체 수가 모두 몇 개인지 직관적으로 추정하는 것을 맡아 처리하는 뇌 영역이다. 어떤 학생의 ANS 숙련 수준을 알면 이 학생의 미래 수학 성취도를 정확하게 예측할 수 있다는 것이 이미 과학적으로 입증되었다.[15]

창의적이고 다차원적인 접근법, 즉 대상을 다양한 관점에서 바라보는 방법은 어디든 활용 가능하다. 우리는 학생에게 영화의 한 장면이나 생물학에서의 세포 도해 혹은 뉴스에 보도되었거나 역사적으로 존재한 어떤 사건을 보여준 다음, "뭐가 보이나요?", "이것을 어떻게 이해해야 할까요?"라고 물을 수 있다. 시각적 사고와 다양한 생각은 언제나 권장하고 지향해야 마땅하다.

___ 다양한 관점이 비약적인 성장을 이끈다

캘리포니아의 센트럴밸리는 샌프란시스코 같은 북쪽 지역이나 로스앤젤레스 같은 남쪽 지역에 비해 덜 알려진 편이다. 스탠퍼드대학교에서 툴레어 카운티에 가려면 자동차로 약 300킬로미터를 달려간 다음 거기서 내륙으로 다시 160킬로미터쯤 더 달려야 한다. 내가 처음 툴레어에 갔을 때 집과 가게가 늘어선 풍경이 갑자기 옥수수밭으로 바뀌는 걸 보고는 '아, 내가 지금 센트럴밸리에 와 있구나!' 하고 생각했다.

농업 지역인 센트럴밸리는 교육 관련 수요는 높지만 학생의 성취도는 대체로 낮은 편이다. 툴레어 카운티의 교육 분야 지도자들은, 교사가 전문성을 개발하고 관련 예산을 지원받을 기회가 적다며 자기 지역이 무시당하고 있다고 느꼈다. 한 해 전쯤 이 지역의 수학 교사인 셸라 펠드스타인Shelah Feldstein이 스탠퍼드대학교로 나를 만나러 왔다. 셸라는 5학년 담당 교사가 내가 하는 온라인 강의 '수학을 공부하는 법'을 듣도록 하고 싶은데 좋은 방법이 없냐고 물었다. 그녀는 교사들을 그룹으로 묶어 강의를 듣고 서로 교육과 관련한 이야기를 여유롭게 나눈다는 멋진 계획도 구상했다.

그 후 한 해 동안 정말 놀라운 일이 많이 일어났다.[16] 특히 반가운 사실은 교사들 스스로 수학을 대하는 관점과 태도를 바꾸었다는 점이다. 5학년은 성취도가 가장 낮은 학년으로, '능숙함proficiency' 등급에 속하는 학생 비율이 8퍼센트도 채 되지 않았다. 그해 말 내가 교사들을 인터뷰할 때 그들은 수학 시간이 다가오는 게 두렵고 수업을 진행할 때도 최대한 빨리 끝내려 한다고 솔직하게 털어놓았다. 그러나 마인드셋과 뇌 성장, 다차원적인 접근법에 관한 사실을 배운 뒤에 교사들은 완전히 달라졌다. 수학이라는 과목을 즐겼고, 오후 일곱 시까지 남아 수학 문제에 시각적으로 접근하는 법을 놓고 열띤 논쟁을 벌였다.

5학년 담당 교사인 짐Jim은 그해 말 인터뷰에서, 우리가 개발한 종이 접기 방식을 교실에서 해보았더니 아이들이 재미있어할 뿐만 아니라 지수법칙에 대해 더 깊이 생각하는 것을 보고 깜짝 놀랐다고 회상했다.

학생들이 정사각형의 종이를 삼각형으로 접기 시작했습니다. 한 번 접으니 면이 두 개 생기고, 한 번 더 접으니 면이 두 배로 늘어나 네 개가 되는 것을 보고 아이들은 지수법칙을 스스로 발견했습니다. 종이를 한 번 접을 때마다 제곱의 효과가 나타난다는 것을 눈으로 직접 확인한 거죠. 중요한 건 아이들 스스로가 이 법칙을 터득했다는 겁니다. 우리는 그때 밑이 10인 상용로그와 10의 n제곱을 공부하고 있었습니다.

저는 종이접기 수업을 통해 로그와 제곱의 관계가 시각적으로 표현되는 것을 보았습니다. 저로서도 정말 대단한 일이었죠.

5학년 담당 교사들이 이 믿을 수 없는 변화를 경험했고, 이 경험을 통해 그들은 수학 문제를 여러 가지 창의적인 방법을 사용하는 기회로 바라보기 시작했다. 이런 일이 가능했던 것은 교사들이 새로운 뇌 과학을 배웠기 때문이다. 그들은 나의 온라인 강의를 듣기 전엔 고정된 마인드셋을 지니고 있었다. 또 자신에게 다른 발상을 할 수 있는 능력이 있으리라고 생각하지 못 했다. 그러나 해로운 영향만 미치는 거짓된 고정관념에서 해방되자, 수학뿐만 아니라 모든 과목을 예전과 다른 방식으로 접근하게 되었다. 어떤 교사는 온라인 강의로 변화된 자기 모습을 보고 깜짝 놀랐다고 말했다.

나는 그것이 아이들에게만 효과적일 거라고 생각했습니다. 그것으로 인해 나 자신이 바뀌리라고는 전혀 생각지 못 했죠. 그런데 제 생각은 틀렸습니다. 저는 그 어떤 때보다도 많이 바뀌었어요.

교사 개인의 인생이 바뀌었을 뿐만 아니라, 교사의 달라진 생각을 접한 학생들의 인생도 바뀌기 시작했다. 변화는 여러 측면에서 일어났는데, 예를 들어 학생들은 자기 잠재력과 학습에 대해 지녔던 편협한 믿음을 바꾸고 수학 공부를 또 다른 종류의 활동으로 바라보기 시작했다. 이와 관련해 한 교사는 다음과 같이 말했다.

아이들이 짜릿해 하며 이렇게 말했습니다. "우와! 쟤가 저렇게 한다고? 좋아, 나도 한번 해볼까? 같이 해보자. 생각을 다르게 하면 된다는 거지?"

어렵고 힘들어서 쩔쩔맨다든가 생각을 다르게 하는 것이 바람직하지 않다는 발상은 비극이다. 그러나 수백만 명의 학생이 유독 수학에 대해서는 이런 거짓된 생각에 사로잡혀 있다. 노력의 가치를 제대로 이해하고 그릇된 생각을 바로잡을 때, 아이의 자신감은 눈에 띄게 커진다. 교사 미구엘Miguel도 인터뷰에서 이렇게 말했다.

그 온라인 강의가 정말 많은 의미를 담고 있다는 것을 박사님은 아셔야 해요. 지금 아이들이 학습을 얼마나 긍정적으로 대하는지 모릅니다. 그리고 이것이 다른 세상을 만들어냈습니다. 지금 아이들이 지닌 자신감은 지금까지 제가 본 것과는 완전히 달라요.

학습에 대한 접근법과 마인드셋을 바꾸어, 수학을 이전과는 다른 방식으로 바라보고 힘들어도 노력하겠다고 결심한 학생은 큰 성과를 얻었다. 온라인 강의를 들은 교사가 가르친 학생이 그렇지 않은 학생에 비해 학년 말 치른 수학 시험에서(비록 학생 표본이 적긴 하지만) 훨씬 더 높은 성적을 받았다. 교육법의 변화로 특히 많은 혜택을 받은 학생은 여학생, 영어가 서툰 외국 출신 학생, 사회 경제적으로 취약한 가정의 학생이었다.[17] 이들은 대개 수학을 비롯한 다른 교과목의 성적도 낮았던 학생들이었다.

내 온라인 강의를 수강하고 얻은 새로운 지식에 감명받은 교사는 많다. 진 매덕스Jean Maddox도 그중 한 명이다. 진은 한 해 내내 자기가 가르치는 학생들에게 언제든 성장할 수 있고 무엇이든 학습할 수 있으므로 자기 잠재력이 고정되어 있다는 생각을 버리라고 독려했다. 특히 그녀는 시각적인 방법을 사용하게 된 것이 매우 의미 있는 변화라고 말했다. 이로써 수학을 가르치는 법뿐만 아니라 수학에 접근하는 법까지 바뀌었다고 했다.

처음에 수학을 가르칠 때만 해도 저는 관행을 따랐습니다. 그게 저에게는 안전망이나 마찬가지였으니까요. 그런데 지금은 다릅니다. 이제는 '자, 이걸 어떻게 그림으로 그릴까? 어떻게 하면 내가 이걸 시각적으로 바라볼 수 있을까?' 하고 생각합니다. 지금 저는 알고리즘이 어떻게 작동하는지 분명하게 이해합니다. 그 모습을 머릿속에서 선명하게 시각화했거든요. 이 접근법은 분수를 아이들에게 설명할 때 정말 멋지게 활용됩니다. 아이들은 '아! 그게 그래서 그렇게 되는군요' 하고 곧바로 이해해요. 모든 것을 시각적으로 인지할 수 있음을 깨달을 때 아이들은 "오오!"라는 감탄사를 내뱉습니다. 지금까지는 수학이 공식을 암기해야만 하는 재미없는 과목이었다면 이제는 "아!"라는 감탄사가 절로 나오는 과목이 된 것이죠.

또 나는 5학년 담당 교사들에게 기계적으로 바로 대답이 나오는 질문 말고 학생마다 제각기 다르게 접근해 해답을 찾을 수 있는 질문을 하라고 제안했다. 이에 관해 어떤 교사는 이런 이야기를 들려주었다.

언젠가 한번은 칠판에 이렇게 썼습니다.
'답이 17이라고 하자. 답이 17인 문제를 얼마나 만들 수 있을까?'
저는 아이들이 '1 더하기 16' 정도만 생각해낼 것이라고 짐작했습니다. 그러나 아이들은 온갖 계산식을 다 제시했습니다. 아이들이 신이 나서 그 과제를 수행하는 걸 보면서 느낀 게 참 많았어요.

어떤 교사는 자기도 고등학교 기하학 수업 시간에 이 접근법을 활용했다고 트위터에 올렸다. 칠판에 해답을 먼저 적어놓은 다음 학생들에게 각자 배운 기하학적 접근법을 사용해 그 해답이 나오게끔 문제를 만들어보라고 한 것이다. 학생들이 각자 노력해서 얻어낸 접근법은 상상할 수 없을 정도로 다양하고 창의적이었다.

또 다른 5학년 담당 교사는 수학적 발상을 시각적으로 표현한 후 학생들에게 이렇게 물었다.

"자, 너희들 눈에 보이는 이건 무엇일까? 그럼 눈에 보이지 않는 건? 이제 무엇을 보게 될까? 다음에는 무엇이 나올까?"

이 간단한 질문들은 심도 있는 학습으로 이어진다. 학생들은 '통상적인 것'과는 전혀 다른 방향으로 상상력을 발휘하고, 교사들은 수업 내용을 자유롭게 구성하면서 만족감을 느낀다. 그들은 교과서를 그대로 따라가지 않고 다양한 생각을 이용한 실험에 학생들을 동참시킨다. 이 새로운 접근법으로 뇌 연결성이 강화된 덕분에 학생들은 훌륭한 인물로 성장할 수 있다.

홀리 콤튼Holly Compton도 센트럴밸리의 5학년 담당 교사들과 비슷한 경험을 했다. 홀리는 어린 시절 수학을 처음 접했을 때의 두려움을 지금도 생생하게 기억하고 있었다. 초등학교 1학년 때 교과서에 나와 있는 두 자릿수 이상의 계산 문제를 풀라는 말을 들었을 때 그녀는 자기에게 '수학 머리'가 없다는 결론을 내렸다. 그 뒤 홀리는 그때 겪은 좌절을 바로잡느라 오랜 세월을 보내야 했다. 그녀가 수학을 부정적으로 생각하게 된 건 교과서 때문이다. 이것 때문에 홀리는 자신이 수학에 소질이 없다는 잘못된 결론에 다다랐다.

한 가지 방식만을 고집하는 교육법은 특히 수학 과목에 있어 학생의 자신감을 떨어뜨리는 데 막강한 힘을 발휘한다. 여러 가지 이유가 있지만 그중 하나를 꼽자면, 그것이 홀리와 같은 1학년 학생들을 부정적인 생각에 사로잡히게 하기 때문이다. 또 이 사회가 수학을 잘하는 사람에게는 '정말 똑똑하다', 수학 문제를 앞에 두고 쩔쩔매는 사람에게는 '똑똑하지 않다'라고 평가하는 탓도 있다. 이런 것이 많은 사람을 절망에 빠뜨리는데, 홀리도 피해자였다. 안타깝게도 홀리가 경험한 심리적 절망감은 결코 특이한 일이 아니다. 홀리는 수학에 대한 부정적인 경험이 자기 인생 전체에 커다란 충격을 안겨주었다고 했다.

모든 것에 영향을 받았습니다. 나 자신에 대한 부족한 믿음이 인생 전체에 엄청난 충격을 가져다주었어요.

다행히도 홀리는 자신과 자신의 학습 능력을 새롭게 바라보게 되었고, 덕분에 자유로워졌다. 결정적으로 그녀는 수학 문제가 한 가지가 아닌 여러 가지 방식으로 풀릴 수 있음을 깨닫고 지금껏 스스로를 옭아맨 족쇄에서 풀려날 수 있었다. 한계 제로 상태가 되어가는 과정에서 다차원적인 접근법이 얼마나 중요한지 다시 한번 입증된 사례다. 이와 관련해 홀리는 다음과 같이 말했다.

> 지금 저는 수학을 가장 창의적인 과목이라고 생각해요. 수학 문제를 구성하는 각각의 요소를 분해할 수도 있고 원래대로 조합할 수도 있으니까요. 13 더하기 12를 놓고도 한 시간이나 이야기할 수 있답니다.

홀리는 수학을 처음부터 다시 배웠다. 그녀는 자신이 가르치는 학생들의 변화를 보며 힘을 얻었다. 학생들이 다양한 방법으로 수학에 접근하는 것을 보며 그녀는 수학이 예전에 자기가 생각하던 과목과 전혀 다르다는 걸 깨달았다. 홀리는 온갖 실험을 하며 수학을 가지고 놀았고, 아이들의 수학 성적이 오르는 것을 지켜보았다. 몇 년 후 그녀는 수학 감독관이 되었는데, 어린 시절 수학이라면 진저리를 치던 사람으로서는 엄청난 성취였다. 지금 홀리는 아이들에게 성장 마인드셋을 심어주려고 다차원적으로 접근해야 하는 까다로운 과제를 내준다. 그리고 어려워도 포기하지 말고 그 과제와 씨름하면 좋겠다는 당부를 잊지 않는다.

홀리는 학생을 대하는 방식뿐만 아니라 다른 사람과 교류하는 방법도 바꾸었다. 이것은 한계 제로 접근법을 인생에 응용하면 얻는 또 다른 이득이다. 과거에 그녀는 회의 시간에 자기가 모르는 이야기가 나올까 봐 늘 걱정했다. 전문가라 하기엔 자신이 많이 부족하다고 여겼다. 그러나 한계 제로의 성장 마인드셋을 지닌 후로는 두려움에 떠는 대신 기꺼이 모험을 감수하겠다는 자세로 회의에 임하게 되었다.

어떤 발언을 해야 하든 저는 두렵지 않아요. 저는 다른 교사에게 이렇게 말해요. "어떡하죠? 이 문제에 꽉 막혀서 꼼짝도 못 하겠어요. 이 문제를 함께 풀어주실 수 있나요?"

개방적인 마음가짐은 고정관념에서 해방된 사람들, 즉 애써 노력하는 것이 자기 능력 부족을 드러내는 증거가 아니라 뇌가 성장하는 신호임을 깨달은 사람에게서 공통적으로 나타나는 특성이다. 그들은 도전과 불확실성을 두려워하지 않는다. 열린 생각은 더 강한 자신감을 갖게 하고 자기 생각이 확실하지 않더라도 다른 사람과 스스럼없이 공유할 수 있는 마음으로 이어진다. 뇌가 고정되어 있다는 잘못된 믿음은 '내가 틀렸으면 어떡하지?' 하는 두려움을 불러온다. 그 두려움은 우리를 얼어붙게 만든다. 그에 반해 성장과 노력, 다차원적인 접근법은 우리를 해방시킨다. 홀리는 이렇게 말했다.

"지금 제 안에서 얼마나 많은 생각이 넘쳐나는지 모릅니다. 생각이 마구 생겨나도록 저를 내려놓았거든요."

다차원적인 접근법으로 일하고 살아가면 어떤 장애물이 앞을 가로

막아도 대안이 될 경로가 분명히 존재한다는 것도 알게 된다. 이 책을 쓰기 위해 만난 많은 사람은 장애물에 맞닥뜨리거나 시련을 겪어도 예전처럼 포기하지 않으며 다른 전략을 찾으려고 부지런히 움직였다. 이처럼 다차원적인 접근법은 우리 앞에 언제나 여러 가지 길이 있음을 일러준다.

홀리는 예전보다 훨씬 더 자유롭게 사고한다. 이것은 여섯 가지 법칙을 이해할 때 개개인이 겪는 심오한 변화다. 일하거나 연구할 때 뇌가 고정되었다는 전통적인 생각이 지닌 한계를 이해하고, 얼마든 학습하고 성장할 수 있다는 사실을 믿고 힘을 낼 때 우리의 인생은 달라질 수 있다. 마음가짐이 변하면 일과 관계에서도 더 큰 자신감, 끈기, 만족감을 얻게 된다.

홀리는 인간관계가 예전보다 더 좋아졌으며, 더 이상 자기를 의심하거나 우울감에 휩싸이지 않는다고 했다. 놀랍게도 이 모든 것이 수학 과목 자체 그리고 자신과 수학의 관계를 재정립하면서 나타난 변화다.

홀리는 수학을 다양한 방식으로 접근할 수 있는 교과목으로 바라보고 모든 생각에 저마다 가치가 있다는 사실을 깨달아 한계 제로 상태를 완성할 수 있었다. 마음을 활짝 열어 자신을 포함해 모든 사람을 무한한 잠재력을 지닌 존재로 바라보고, 어떤 일이든 다양한 방법으로 바라보려고 노력할 때 변화의 폭은 한층 커진다. 다른 사람에게 적절한 도움을 받는다면 누구나 더 나은 성과를 거둘 수 있다.

우리가 진행한 수학 캠프는 커다란 성공을 거두었다. 캠프 기간 동안 참가 학생들이 보여준 성적 향상 수준은 학교에서 2년 8개월 동안 달성하는 것과 거의 맞먹는다. 이처럼 성공할 수 있었던 것은 바로 다차원적 접근법 덕분이다. 1년 후 캠프 참가자들을 인터뷰해보니 일부 학생은 학교로 돌아가 이전처럼 비슷비슷한 문제로 가득 찬 시험지를 숙제로 받았지만 이후 하는 행동은 전과 달랐다. 학생들은 자기 부모와 함께 문제에 시각적으로 접근했다. 어떤 여학생은 교사의 문제 풀이 방식만을 따라야 하고 자기 방식은 감히 들이밀 수 없어서 수학이 다시 재미없어졌다고 했다. 이 말을 듣자니 마음이 아팠다. 그러나 이 여학생이 교사의 방식 말고도 다른 방식이 있으며 그것들이 중요하다는 사실은 잘 알고 있다는 걸 듣고는 안심했다. 좌절하고 있는 중에도 그 아이의 한계 제로 관점은 여전히 작동하고 있었다.

아직도 수많은 학생이 교실에서 접근법이 아리송한 문제와 맞닥뜨린다. 이러한 상황에서 학생은 자기 자신과 자신이 배우는 것을 부정적으로 바라보기 쉽다. 그러므로 학생들에게 제시하는 문제는 모든 학생이 쉽게 접근할 수 있으면서도 전혀 다른 차원으로 심화하고 확장할 수 있는 문제여야 한다.

우리가 캠프에서 사용한 과제도 그런 유형에 속했다. 우리는 서로 다른 문제 풀이 방식과 문제 파악 방식, 그리고 다양한 전략과 방법론을 높게 평가했다. 그리고 학생들에게 풍성한 토의를 통해 제각기 다른 문제 해결 방법을 공유하고 서로 접근법을 비교해보게 했다. 이 모든 노력 덕에 학생들은 생산적으로 공부할 수 있었으며, 자기가 학습하고 있다는 사실을 분명하게 자각하고 공부하고 싶은 동기가 강화되었다. 우리는 학생들에게 문제에 대한 올바른 접근법을 제시하고, 해답을 찾아

나가는 여러 가지 방법을 제시했다. 사실 교실이나 가정, 사무실에서 실천하기 힘든 것이 바로 성장 마인드셋과 다차원성을 결합한 접근법이다.

툭하면 시험을 쳐서 성적을 평가하는 학교에서는 학생들이 고정관념의 족쇄에서 해방되어 한계 제로의 마인드셋을 개발하기가 어렵다. 시험과 성적이 '뇌가 고정되어 있다'라는 메시지를 학생에게 끊임없이 주입시키기 때문이다.[18] 이 책을 쓰는 중에 내가 만난 교사들은 다른 평범한 이들과는 달랐다. 이들은 한계 제로의 마인드셋을 개발하는 것이 중요하다는 걸 잘 알고 있었고, 이를 위해 교육 및 평가방법에 뇌와 마인드셋의 메시지를 결합했다.

나는 학부생에게 수학을 가르칠 때 다차원적인 접근법을 사용한다. 우리는 수학적인 생각을 숫자나 알고리즘뿐만 아니라 시각적으로, 때로는 물리적 관점에서 바라보면서 한 학기를 보낸다. 이런 시도는 모두 뇌 연결성을 강화한다. 다음은 내가 가르친 학생이 익명으로 수업을 평가한 내용 중 일부다.

수학은 나에게 종이 위에 활자로 존재하는 것이었습니다. 그런데 이 강의를 듣고 나서부터는 수학 문제들이 3차원 공간 속에서 움직였습니다. 강의실 벽, 교수님의 지시에 따라 만든 이름표의 뒷면, STEM이 아닌 다른 과목에서 사용하는 공책, 사각형, 도해, 그리고 흥미로움이 뇌 공간으로 모여듭니다. 과거에 이 공간은 일차원적이고 하나의 해법만 존재하는 곳이었지만, 지금은 달라졌습니다. 이 수업을 통해 뇌 공간이 폭발적으로 확장되었습니다.

이 밖에 다른 학생들도 수업을 통해 수학을 시각적이고 창의적으로 바라보게 되었다며, 자기 인생을 변화시키고 스탠퍼드대학교 안의 다른 강의를 듣는 데도 도움이 된 '끈기'를 배울 수 있었다고 평가했다.

수학 교사 마크 피트리Marc Petrie는 색다른 접근법으로 학습하여 인생을 극적으로 바꾸었다. 여름 워크숍에 참가하기 전까지 마크는 지루한 교과서로 학생을 가르쳤다. 그런데 워크숍에 참여하고 산타아나에 있는 교실로 돌아가서는 교육법을 바꾸었다.

마크는 매주 월요일 아침에 성장 마인드셋을 지닌 사람에 관한 영상을 보여주며 수업을 시작한다. 그는 마인드셋이 실제로 어떤 효과를 불러오는지 입증하는 영상을 인터넷에서 찾아 수업에 활용한다. 나와 인터뷰한 날에도 췌장암 진단법을 개발한 15세 학생의 영상을 학생들에게 보여주고 있었다. 수요일에는 마크가 잘못된 수학 문제를 하나 보여주면 학생들이 무엇이 잘못되었는지 찾아낸다. 금요일에는 수학과 미술 수업을 한다. 정규 수업과 별도로 모든 수업에 다차원적인 접근법을 도입해 학생들에게 수학적인 생각을 만화로 그리게 하거나, 특정한 패턴이나 사물 그림을 보여준 다음 무엇이 보이는지 묻는다. 마크는 학생들에게 특정 패턴으로 구성된 퀼트를 만들게 하거나, 어떤 그림의 대칭성을 정밀하게 살펴보게 함으로써 유명 미술가의 작품을 한층 깊이 있게 탐구하도록 유도한다.

이런 변화가 있기 전에는 마크가 가르치는 학생들 중 겨우 6퍼센트만이 수학 과목에서 '능숙함' 수준에 속했다. 그러나 그가 다차원적인 접근법을 도입한 뒤 이 비율은 무려 70퍼센트까지 올라갔다. 그림과 영화 등 온갖 창의적인 결과물을 동원해 다양한 방법으로 수학을 가르친 결과였다. 마크는 25~30분은 교과서로 공부하고 나머지 55분은 교과서 외의 교재나 교구를 활용하는데 이렇게 하면 교과서만 들여다볼 때보다 훨씬 많은 것을 배울 수 있다고 덧붙였다. 내가 보기에도 충분히 일리가 있었다.

마크는 학생들에게 수학을 가르칠 때뿐만 아니라 자기 인생을 대할 때도 성장 마인드셋을 발휘한다. 여러 해 전, 아들이 아직 어릴 때 그의 아내가 암에 걸려 수술을 다섯 번이나 받았다. 변호사인 아내는 몇 차례 수술을 받고 18개월 동안 항암 치료를 받는 중에도 일을 계속했다. 이 시기에 마크는 초인적인 힘으로 아내와 아들을 돌보고 학생도 가르쳐야 했다. 그는 가능한 긍정적인 인간이 되어야만 했다. 지금 그의 아들은 대학생이고 아내는 회복 중인데, 부부는 매주 토요일마다 노숙자를 위해 빵을 굽는 봉사 활동을 하고 있다. 또 그의 아내는 털실로 모자를 짜서 항암 치료를 받는 환자들에게 나눠주기도 한다. 이 부부는 이 모든 활동을 통해 한계 제로의 마인드셋을 전파하고 있었다. 이것은 부정적인 것을 긍정적인 것으로 바꾸어놓는 작업이다. 그는 유대교에서 '세상을 바꾼다'라는 뜻의 '티쿤 올람tikkun olam' 개념을 이야기하면서, 이것이 성장 마인드셋과 연관되어 있는 것 같다고 말했다.

극단적인 시련 속에서 마크의 긍정적인 태도는 빛을 발했다. 그가 만들어낸 변화는 학생들의 성적 향상에도 크게 기여했다. 뿐만 아니라 같은 학교에 근무하는 다른 교사들에게도 영향을 미쳤다. 마크가 가르친 8학년 학생이 거둔 놀라운 성취를 본 교사들이 그의 생각을 따르기 시작했다. 그리고 이들도 자기가 가르친 학생들의 성취도가 부쩍 향상되는 것을 확인했다.

다차원적 접근법이 있으면 어느 과목이든 다 학습할 수 있다. 하지만 아직 다차원적 접근법을 잘 모른다고 미리 겁먹을 필요는 없다. 앞서 나는 스탠퍼드대학교에서 중학생 83명과 함께한 여름 캠프를 언급했는데, 캠프가 끝나고 1년 후 그 학생들이 어떻게 변했는지 직접 확인해보았다. 예전보다 훨씬 심층적으로 학습 내용을 이해하게 된 어떤 학생은 여름 캠프에서 정육면체 각설탕을 놓고 이것이 어떻게 보이고 느낌이 어떤지 탐구했던 경험이 큰 도움을 주었다고 말했다. 나는 여름 캠프에 참가했던 학생들이 현실 교육 현장의 환경 때문에 시각적으로나 물리적으로 또는 기타 여러 가지 방법으로 생각할 기회를 계속 이어나갈 수 없었다는 사실이 슬프고 안타깝다. 그러나 한편으로 18일의 캠프 경험으로 이 세상에는 학습에 접근하는 다양한 방법이 있음을 깨달았으니, 각자 지닌 힘으로 자기 인생을 슬기롭게 돌파해낼 거라 굳게 믿고 있다.

내가 인터뷰했던 교사 레아 하워스는 자기 학생들에게 판에 박힌 문제집이 아니라 큼직한 백지 공책을 나누어주고 풀어야 할 문제와 관련해 떠오르는 생각이 있으면 거기다 메모를 하거나 그림을 그리라고 했다. 그랬더니 학생들에게 커다란 변화가 일어났다. 학생에게 깊이 생각하고 탐구할 수 있도록 창의적인 공간을 마련해주는 방법은 다차원적 접근법과 완벽하게 일치한다.

여러 해 전 나는 어느 학교에서 한 주 동안 '영감을 주는 수학 과제들'을 주제로 학습 프로그램을 진행했다. 이 프로그램은 초등학교부터 고등학교까지 활용 가능한 시각적이고 창의적인 수학 수업을 묶은 것으로, 유큐브드 사이트에서 무료로 다운받을 수 있으니 참고하면 좋다. 당시 나는 수업을 마치고 복도를 걸어가고 있다가 한 여학생의 어머니를 만났다. 그녀는 나에게 헐레벌떡 뛰어와 지난 며칠 동안 자기 딸아이의 수학 수업 시간에 대체 무슨 일이 일어났는지 물었다. 수학이라면 지긋지긋하다며 쳐다보지도 않던 아이가 집에 와서 스스로 수학 문제를 찾아 풀고, 나중에 수학을 전공하고 싶다고 말했다는 것이다. 보람이 느껴지는 순간이었다. 자기가 무엇이든 할 수 있다고 생각이 바뀔 때 어떤 변화가 일어나는지 여실히 보여주는 사례다.

법칙1, 2, 3(이 법칙들은 하나같이 성장과 도전의 가치를 강조한다)은 개인이 지닌 학습 잠재력을 해방시키는 데 결정적인 역할을 하지만 어떤 사람에게는 아무 도움이 안 될 수도 있다. 이때 필요한게 바로 우리가 이 장에서 다룬 네 번째 법칙이다. 어떤 문제나 주제, 세상 전체를 다양한 관점에서 바라볼 때 우리의 학습 능력은 해방되어 비약적으로 성장한다. 다차원적 접근법에 동반된 성장 마인드셋은 모든 사람이 두려움을 떨쳐내고 장애물을 극복하며 참신한 시각으로 문제를 바라보고, 자신감 있게 자기 인생을 개척하게 해줄 것이다. 다른 사람들이 엄격하고 고정된 체계 안에서(시험 성적만을 기준으로 하여 운영되는 학교든 협소한 관점만 높이 평가하는 회사든 간에) 다양한 방식을 전혀 중요하게 여기지 않더라도 홀로 꿋꿋이 다양한 관점에서 문제를 바라보려 한다면, 당신의 학습 능력은 비약적으로 성장하게 될 것이다.

법칙5

UNLOCK

문제 해결을 서두르지 마라

빠른 생각을 이기는
유연한 생각

세상을 바꾸고자 하는 사람은 창의적이고 유연하게 생각하는 사람,
상자 안이 아닌 상자 바깥에서 생각하는 사람이다.

정확하지 않은 생각, 오류투성이 방법, 잘못된 가정은 여러 방식으로 우리의 잠재력을 가둔다. 그러나 다행스럽게도 우리는 뇌 과학 이론과 잠재력을 해방시키는 접근법으로 이를 개선할 수 있다. 지금까지 두 가지 잘못된 신화를 상세히 다루었다. 하나는 뇌가 고정되어 있다는 생각, 다른 하나는 어렵고 힘들게 노력하는 것은 약하고 모자란 증거라는 생각이다. 이런 생각을 떨쳐내야만 비로소 우리는 변화할 수 있다.

법칙5에서 나는 우리가 지닌 또 다른 고정관념 하나를 알려주고 이를 떨쳐낼 수 있는 대안을 제시하려 한다. 그것은 바로 수학이나 그 밖의 어떤 과목을 잘하고 싶다면 '빠르게' 생각해야 한다는 고정관념이다. 그러나 뭐든 제대로 배우려면 속도가 중요하다는 생각을 버리고 깊고 유연한 사고를 추구해야 한다. 법칙4에서도 언급했듯 특정 분야에

서 뛰어난 사람들은 각자 자기 분야에서 창의적이며 유연한 사고를 발휘한다.[1]

> 생각의 속도가 능력의 척도는 아니다. 창의적이고 유연한 사고로 어떤 문제나 인생을 대할 때 학습 능력은 빠르게 성장한다.

학습 속도가 중요하다는 생각 때문에 오해받는 대표적인 과목이 바로 수학이다. 정해진 시간 안에 문제를 풀게 하는 학교 시험 관행 때문이다. 심지어 다섯 살짜리 아이에게까지 이런 방식으로 시험을 치르게 하는 경우가 흔하다. 부모도 아이에게 수학을 가르칠 때 속도를 강조한다. 예를 들면 플래시카드 학습이 그렇다. 대부분의 사람이 수학을 속도와 연관 지으며, 문제를 빠르게 풀지 못하면 수학을 못한다고 여긴다. 나는 오른쪽과 같은 문제지를 청중에게 보여주며 풀어보라고 한다.

사람들은 대개 한숨부터 쉰다. 물론 제법 많은 사람이 이런 문제를 푸는 게 재미있다고도 말한다. 그러나 어린아이 때부터 시간에 쫓기며 문제를 풀었던 기억이 훗날 수학에 거부감을 갖게 만든다는 사실을 우리는 안다. 뇌와 관련된 새로운 연구 결과를 보면 이런 일이 왜 일어나는가를 보다 정확히 이해할 수 있다.

2 ×12	12 ×12	6 ×12	7 ×12	6 ×12	12 ×12	4 ×12	8 ×12	2 ×12	5 ×12	12 ×12	4 ×12
9 ×12	4 ×12	12 ×12	2 ×12	3 ×12	3 ×12	6 ×12	4 ×12	11 ×12	6 ×12	7 ×12	2 ×12
1 ×12	8 ×12	5 ×12	12 ×12	9 ×12	7 ×12	11 ×12	6 ×12	2 ×12	2 ×12	7 ×12	12 ×12
7 ×12	5 ×12	1 ×12	12 ×12	8 ×12	6 ×12	8 ×12	3 ×12	0 ×12	6 ×12	4 ×12	2 ×12
5 ×12	12 ×12	4 ×12	2 ×12	6 ×12	11 ×12	4 ×12	9 ×12	3 ×12	8 ×12	3 ×12	2 ×12
6 ×12	4 ×12	12 ×12	12 ×12	12 ×12	0 ×12	9 ×12	4 ×12	8 ×12	5 ×12	2 ×12	7 ×12
5 ×12	1 ×12	8 ×12	12 ×12	7 ×12	4 ×12	12 ×12	5 ×12	9 ×12	1 ×12	3 ×12	7 ×12
8 ×12	9 ×12	5 ×12	5 ×12	6 ×12	11 ×12	7 ×12	3 ×12	6 ×12	5 ×12	8 ×12	5 ×12

목표 _____   정답 개수 _____

가능성의 문을 닫는 스트레스와 불안감

신경 과학자 시안 베일록Sian Beilock은 사람들이 압박감을 느끼며 일할 때 뇌 안에서 어떤 일이 벌어지는지 연구했다. 우리는 무언가를 계산할 때 '작업 기억working memory' 과정을 거친다. 이때 뇌의 특정 영역이 작동한다. 작업 기억은 다른 뇌 영역과 마찬가지로 연습을 통해 개발되는데, 베일록은 우리가 스트레스를 받거나 압박감에 짓눌릴 때 작업 기억이 방해받는다는 사실을 입증했다.[2] 어떤 학생이 시간제한이 있는 시험을 보는 중이라 하자. 이 학생이 불안을 느끼면(이 상황에서는 대부분 불안할 수밖에 없다) 작업 기억이 방해받아 제대로 계산하지 못한다. 불안감을 느끼기 시작하면 일정한 패턴의 해로운 믿음이 슬그머니 뒤따라온다.

누구나 스트레스 때문에 머리가 잘 돌아가지 않은 경험이 있을 것이다. 무거운 압박감을 느끼며 수학 문제를 풀다가 갑자기 아무것도 생각이 안 나는 멍한 상태를 겪어본 적이 있지 않은가? 스트레스가 작업 기억을 차단하기 때문이다. 어린아이에게 시간을 정해두고 시험을 치르게 하면 아이의 작업 기억은 훼손된다. 아이는 그 문제가 요구하는 것이 무엇인지조차 제대로 파악하지 못하며, 끝내 자기는 도저히 정해진 시간 안에 문제를 풀지 못할 거라고 생각하며 불안해한다.

여러 해 동안 스탠퍼드대학교 강단에 있으면서 이런 불안감과 두려움에 사로잡혀 있는 학생을 상당수 만났다. 나는 수학에 트라우마가 있는 학생을 만나면 늘 언제 무슨 일이 있었는지 묻는다. 그런데 신기하게도 거의 모든 학생이 2학년 혹은 3학년 때 시간제한이 있는 시험을 치고 나서부터라고 대답한다. 어떤 학생은 불안해서 시험을 잘 못 쳤다고 하는 반면 어떤 학생은 잘 쳤다고 말한다. 그러나 그 시험으로 인해 수학이 얄팍한 기억력으로 문제를 푸는 것이라고 생각하게 되고 그로 인해 수학에 등을 돌렸다는 점은 똑같았다.

교사 조디 캠피넬리Jodi Campinelli는 어린 시절에 시간이 정해진 시험을 치르며 겪은 참담한 사건을 들려주었다. 초등학교 2학년 말에 조디는 시험 성적이 매우 나빠서 한 학년을 유급해야 할지도 모른다는 말을 들었다. 이 이야기만으로도 끔찍했는데 그게 다가 아니었다. 교장에게 개인 교습도 받아야 했다. 그 개인 교습을 그녀는 '고문'이라고 표현했다. 게다가 그녀의 부모는 저녁마다 부엌 식탁에 앉아 시간을 정해놓고 시험을 보게 했다. 키친 타이머가 째깍거리며 돌아가는 와중에 그녀는 수학 계산에 온 정신을 쏟아야 했다.

초등학교 2학년짜리 아이가 이런 종류의 스트레스를 받아야 한다니 끔찍하기 짝이 없다. 조디는 수학 시험 성적이 지능지수를 나타내고 인간으로서의 가치를 결정한다고 여기게 되었다. 또 조디는 실패자라는 말을 들어야 했다. 부모가 강요하는 시험에서 제시간 안에 문제를 다풀지 못할 때가 많았고, 설령 다 풀었어도 많이 틀렸다. 그때마다 조디의 어머니는 어차피 수학은 잘 못하는 줄 알고 있으니 괜찮다고 말했다. 그녀는 지금도 키친 타이머가 째깍거리는 소리를 들으면 갑자기 미칠 것 같은 기분에 휩싸인다고 고백했다.[3]

조디는 초등학교 2학년 때 부정적인 평가를 많이 받았다. 조디의 어머니는 딸을 위로하려고 괜찮다고 말했지만, 이 말도 부정적인 영향을 주었다. 시안 베일록이 수행한 연구에 따르면 부모가 아이에게 수학에 대한 불안감을 얼마나 표현했는지가 아이의 수학 과목 성취도를 좌우한다.[4] 부모가 지닌 수학 지식의 양보다 부모가 지닌 불안감의 정도가 더 중요하다. 아이가 최선을 다해 풀기도 전에 부모가 수학 숙제를 도와주면 부모가 지닌 수학에 대한 두려움은 아이에게 부정적인 영향을 미친다. 부모가 수학을 두려워하고 걱정하지만 실제로 수학 문제를 같이 풀거나 하는 식으로 아이와 상호 작용을 하지 않으면 부모의 불안감이 아이에게 전염되지 않는다. 그러나 만약 부모가 아이의 숙제를 돕는 행동을 하면 아이는 수학이 어렵다는 편견을 갖게 될 수도 있다. 부모는 아이에게 수학을 잘 못해도 괜찮다고 위로를 가장한 부정적인 메시지를 던질 수 있고, 더 나쁘게는 타이머를 작동하여 강한 트라우마를 남길 수 있다.

또한 베일록 연구 팀은 여성 초등학교 교사가 지닌 수학에 대한 불안감 수준을 토대로 이 교사가 가르치는 여학생(남학생은 해당하지 않는다)의 수학 성취도를 예측할 수 있다는 사실을 밝혀냈다.[5] 여성 교사가 수학에 대해 느끼는 감정은 "나도 학교에 다닐 때는 수학을 못했어", "자, 빨리 이 머리 아픈 수학 시간을 끝내버리고 읽기 시간으로 넘어가자"라는 말을 통해 학생들에게 전달된다. 남학생보다 여학생이 여성 교사의 말에 더 크게 영향을 받는데, 여학생이 여성 교사를 자신과 동일시하는 경향이 있기 때문이다. 이 두 가지 연구는 부모와 교사가 아이에게 전하는 부정적인 메시지가 아이의 수학 성취도에 미치는 악영향을 보여준다. 이로써 믿음과 성취도 사이에 분명한 상관관계가 있다는 것을 알 수 있다.

다행히 조디는 학년이 올라가면서 속도를 강조하는 것이 해롭다는 것을 깨닫고 수학에 대한 부정적인 인상을 지워나갔다. 지금은 중고등학생에게 수학을 가르치며 느리고 깊게 생각하는 것의 중요성을 설파하고 있다. 시간이 흐른 뒤 그녀는 부엌에 있던 타이머는 자신의 가치와 아무 상관이 없음을 알게 되었다. 속도가 중요하지 않다고 깨달은 것은 그녀의 인생에 큰 전환점이 되었다.

_ 빠른 속도에 대한 잘못된 믿음

아이들은 압박감 속에서 빠르게 수학 문제를 풀지 못한다는 이유로 수학적이고 과학적인 사고를 못한다고 낙인찍힌다. 학교에서의 수학 활동은 속도를 기반으로 하기 때문이다. 그러나 아이러니하게도 수학은 속도를 요구하는 과목이 아니다. 권위 있는 몇몇 수학 사상자는 빠른 속도로 생각하지 않으며, 오히려 느리고 깊게 생각한다.

필즈상을 받은 로랑 슈워츠Laurent Schwartz[6]와 마리암 미르자카니[7]를 포함해 최근 몇 해 동안 세계에서 가장 위대한 업적을 이룬 수학자 몇 명은 본인이 수학을 얼마나 느리게 다루는지 공개적으로 밝히기도 했다. 슈워츠는 필즈상을 받은 후에 학창 시절을 회고하는 자서전을 썼는데, 여기서 그는 학생일 때 수학 문제를 놓고 너무 느리게 생각하는 바람에 자기는 아무래도 멍청이인 것 같다는 생각을 했다고 썼다.

> 나는 늘 나의 지적 능력을 불신했다. 내가 똑똑하지 않다고 생각했다. 뭐든지 느렸던 나는 대상을 온전하게 파악하는 데 시간이 많이 걸렸다. 대상을 철저하게 이해해야만 비로소 만족했다. 고등학교 2학년 후반에는 내가 멍청하다고 생각했고, 이를 두고 제법 긴 시간 동안 걱정하고 고민했다.
> 나는 지금도 여전히 느리다. (……) 고등학교 2학년이 끝나가던 무렵 마침내 나는 속도와 지능 사이에 분명한 상관관계가 존재하지 않는다는 결론을 내렸다. 중요한 것은 사물과 사물들 사이의 관계를 깊이 이

해하는 것이었다. 바로 이 지점에서 지능의 수준이 갈렸다. 빠르거나 느린 것은 지능 수준과 전혀 상관이 없었다.[8]

학창 시절 나는 무척 빠른 편이었다. 고등학교 1학년 수학 선생님에게는 그런 내가 성가신 존재였다. 이 선생님은 수업이 시작되면 칠판에 수학 문제 여덟 개를 써 내려갔는데, 문제를 다 쓰기도 전에 나는 이미 다 풀어버렸다. 선생님이 분필을 내려놓고 우리를 향해 돌아서면 나는 곧바로 정답을 적은 종이를 내밀었다. 선생님은 나의 그런 행동을 단 한 번도 좋아하지 않았다는 것이다. 한번은 내게 "일부러 나를 짜증 나게 만들려고 그러는 거니?"라고 묻기까지 했다(이 말에는 생각할 거리가 무척 많다). 선생님은 내가 내민 답지에 틀린 부분이라도 있나 찾으려고 눈알을 빠르게 굴렸는데, 내 기억으로는 단 한 번도 틀린 적이 없었다. 만약 지금 내가 아는 것을 그때도 알았더라면 나는 선생님에게 이렇게 말했을 것이다.

"제가 이렇게 빨리 풀 수 있었던 건 깊고 복잡한 생각이 필요한 문제들이 아니기 때문이에요."

물론 그렇게 지적한다고 해서 나아지지는 않았겠지만 말이다.

당시 내가 수학 문제를 빠르게 풀려고 기를 썼던 이유는 속도가 중요하다는 잘못된 신화에 사로잡혀 있었기 때문이다. 당시 케케묵은 교육 체계 아래서는 수많은 학생이 속도가 중요하다고 믿었다. 그 후 많은 세월이 흘렀고, 나는 예전과 다르게 수학 문제에 접근하는 방법을 익혔다. 지금은 최대한 빠른 속도로 풀어야 하는 게 아닌, 깊게 그리고 창의적으로 생각해야 하는 어떤 것으로 바라본다. 이는 나에게 엄청난 변화를 가져왔다. 지금 나는 수학적 사고뿐만 아니라 과학 기술 분야의 책을 읽거나 작업을 하면서도 많은 것을 배운다. 접근법을 바꾸자 나에게 좋은 영향이 미쳤다. 사람들이 사회에 만연한 잘못된 신화를 벗어던지도록 돕는 계기도 되었다.

의사 노먼 도이지는 우리가 어떤 것을 빠른 속도로 배울 때 기존의 신경 연결이 강화된다고 말했다. 그는 이 연결을 '쉽게 왔다가 쉽게 가는', 신경 연결이라고 표현했다.[9] 우리가 벼락치기로 시험공부 할 때 자주 나타나는 현상이다. 시험을 앞두고 정보를 뇌에 마구 쑤셔 넣었다가 하루 이틀 만에 끄집어내는데 이렇게 공부한 내용은 오래 지속되지 않고 금방 잊힌다. 지속적으로 유지되는 뇌 변화는 신경 연결과 시냅스가 형성되며 생기는데 이 과정은 언제나 매우 느리게 진행된다.

도이지는 점자를 배우는 사람을 대상으로 한 연구에서, 빠른 속도로 학습하면 즉각적으로 뇌가 발달되지만 느리게 배우면 뇌가 발달하는 데 시간이 걸리는 대신 더 깊고 오래 지속된다는 걸 확인했다. 도이지는 아무리 익히려 노력해도 남는 게 없는 것처럼 느껴져도 계속 정진하라고 조언하면서, 어떤 기술을 느리게 익히는 '거북이'가 '빨리 이해하는 토끼'보다 기술을 더 잘 배운다고 강조했다.[10]

어떤 학생은 빨리 배우고 어떤 학생은 느리게 배울 때 교사는 두 사람의 잠재력이 다르다고 여기기 쉽다. 그러나 이 두 사람의 뇌 활동은 전혀 다른 영역에서 일어나고 있으며, 느리고 깊게 일어나는 뇌 활동이 훨씬 더 중요할 수 있다. 학교에서는 시험에서 더 좋은 성적을 낼 수 있는 얕지만 빠른 학습을 높게 평가한다. 이러한 조건에서는 당연히 빠르게 암기하는 학생이 우수한 학생으로 인정받는다. 그러나 연구 결과를 보면 힘들게 노력하고 느리게 학습하는 학생이 장기적으로는 성취도가 더 높았다.

빠른 학습을 지향할 때 생기는 부작용은 느린 학습자가 빠른 학습자와 자신을 비교할 때 나타난다. 느린 학습자는 대개 자신에게 적합하지 않은 일을 하기 때문에 속도가 나지 않는다고 평가한다. 학생들은 다른 사람이 자기보다 빠르게 과제를 수행할 때 자기를 못난 학습자라고 여긴다. 어느 국제 바칼로레아IB, International Baccalaureate 학교의 수학과 책임자 낸시 퀘세어Nancy Qushair는 학생에게 흔히 일어나는 일을 나에게 이야기해주었다. 바로 다른 학생들이 수학을 '빠르게' 잘하는 것을 보고 자기는 글렀다고 포기하는 것이다. 밀리Millie는 자기는 수학을 지긋지긋하게 싫어하며 수학에 관해서는 아무것도 모른다고 말했다. 밀리는 낸시에게 이런 내용의 쪽지를 보냈다.

제 옆에 앉은 꼬마들까지도 저보다 훨씬 빨리 수학 문제를 풀었습니다. 제가 막 문제를 풀기 시작할 때 그 아이들은 문제를 이미 다 풀어버렸으니까요. 저는 늘 그 아이들과 저를 비교하면서 "나는 앞으로 영원히 더 나아질 수 없을 거야"라고 생각했습니다.

비단 밀리만이 이런 감정에 휩싸이는 것은 아니다. 이 감정이 바로 뇌가 잘 돌아가지 못하게 하는 스트레스다. 낸시는 밀리의 성취도를 높이기로 결심했다. 그녀는 표를 명확하게 설정하고 세심하게 교육을 진행했다. 그녀는 밀리에게 다른 사람은 신경 쓰지 말고 오로지 자기 자신에만 집중하라고 했다. 또 다음 몇 주 동안 달성하고 싶은 목표를 정하라고 이야기했다.

밀리는 '최종적으로는' 수학의 정수精髓를 이해하고 싶다고 말했다.

"좋아, 우리는 올해 안에 수학의 모든 것을 다 알려고 하는 게 아니야. 오로지 정수를 이해하려 하면 돼. 우리 둘이 힘을 합쳐서 한번 해보자."

낸시는 밀리에게 수직선과 온도계, 프라다 지갑의 그림 등 수학적으로 생각할 수 있는 온갖 시각적인 요소를 모두 제공했다. 그리고 밀리와 다른 아이들이 창의적으로 공부할 수 있는 온갖 방법을 생각해냈다. 학년이 끝날 무렵 밀리는 완전히 다른 사람이 되어 있었다. 다음 학년으로 올라갈 때 밀리는 낸시에게 편지를 써 보냈다.

안녕하세요, 퀘세어 선생님. 정말 훌륭하신 선생님께 뭐라고 감사 인사를 드려야 할지 모르겠어요. 선생님이 위대하다고 말하는 게 아닙니다. 선생님은 정말 좋은 분이세요. 처음에 선생님이 제게 수학을 잘 못하는 사람들에 관한 영상을 보여주셨을 때, 저는 그 영상에 담긴 메시지가 틀렸다고 생각했습니다. 저는 원래부터 수학을 잘하지 못하는 사람이라고 진심으로 생각했거든요. 바로 그 생각 때문에 한 걸음도 앞으로 나가지 못했다는 사실을 몰랐던 거예요. 선생님은 제게 수학뿐만 아니라 사물을 제대로 바라보는 방법도 가르쳐주셨어요. 저는 논리적이기보다는 창의적인 사람입니다. 그래서 수학은 저와 절대로 맞지 않다고 여겼죠. 선생님이 시각 자료를 보여주시고, 저희에게 그 자료로 무엇을 어떻게 해야 하는지가 아니라 그렇게 해야만 하는 이유를 말씀해주실 때 비로소 저는 깨달았습니다. 일단 시작하고 나면 계속 해나가야 한다는 것을요. 선생님은 물심양면으로 저를 도와주셨어요. 근 1년 동안 저는 훌쩍 성장한 기분입니다. 제가 이렇게 수학을 잘하게 되리라고는 정말 생각지 못 했어요. "그냥 일단 한번 해봐, 밀리." 선생님은 늘 이렇게 말씀하셨죠. 처음에는 '한번 해보기는 하겠지만 나는 할 수 없을 거야. 성공할 수 없어'라고 생각했습니다. 정말 잘못 생각했던 겁니다. 선생님은 제가 할 수 있다고 믿어주시고 제가 힘을 내서 이 자리까지 올 수 있도록 옆에서 도와주셨어요. 그런 선생님께 감사하다는 말을 꼭 전하고 싶습니다.

낸시가 밀리를 믿고 계속해서 긍정적인 메시지를 전달한 사실은 매우 중요하다. 밀리가 이렇게 말한 대목을 다시 보자.

선생님이 시각 자료를 보여주시고, 저희에게 그 자료로 무엇을 어떻게 해야 하는지가 아니라 그렇게 해야만 하는 이유를 말씀해주실 때 비로소 저는 깨달았습니다. 일단 시작하고 나면 계속 해나가야 한다는 것을요.

나는 법칙4에서 학습의 핵심 요소를 이야기한 바 있다. 학생에게 긍정적인 메시지를 주는 것만으로는 충분하지 않으며, 학생이 학습 내용을 이해하고 성공을 경험할 수 있도록 해주어야 한다고 말이다.

이것은 창의적이고 시각적인 과제를 제시해 학생들이 다양한 방식으로 수학적 사고를 발전시킬 수 있도록 돕는 다차원적 접근법의 중요성을 강조한다. 이 접근법은 무턱대고 암기하는 얄팍한 학습법보다 훨씬 더 효과적이다. 그러나 암기를 잘하는 학생이 수학적 잠재력을 더 많이 지니고 있지는 않다는 걸 알면서도[11] 우리는 여전히 암기 실력을 높이는 데 힘을 쏟는다. 암기를 잘하는 학생은 내용을 깊이 이해하지 않고서도 교사가 제시하는 방법론을 따르는 것만으로 높은 점수를 받을 수 있다고 생각한다. 최고의 명문 대학에서 수학을 전공하면서도 자신이 수학을 온전히 이해하지 못하고 있다는 걸 깨닫고 뒤늦게 후회하는 학생을 나는 적잖이 만났다. 깊이 있는 이해보다 암기를 더 중요하게 여기는 태도와 분위기는 오히려 수학을 깊이 탐구해보려는 학생이 수학에 등 돌리게 만든다. 암기로 수학을 공부한 학생도 피해 보는 것은 매한가지다. 수학을 더 깊게 이해할 수 있는 기회를 박탈당했기 때문이다.

낸시가 수학을 시각적으로 접근하고 학생들에게 '그렇게 해야만 하는 이유'를 알려줬을 때, 밀리는 최초의 성공을 경험했다. 그리고 그 경험을 발판으로 삼아 계속해서 앞으로 나아갔다. 그러면서 수학을 절대로 잘할 수 없다는 잘못된 믿음을 떨쳐내기 시작했다.

낸시는 자기 반뿐만 아니라 다른 반 학생에게도 수학 경험을 만들어주려고 노력했다. 또 수학을 포기한 학생들을 찾아내 이들의 경험을 바꾸어주려고 애쓰기도 했다. 낸시는 밀리가 수학을 예전과 다른 눈으로 바라보게끔 도와줄 과제를 따로 내주고 학교 시험 때는 밀리를 도우려고 특별한 조치까지 취했다. 일부러 밀리와 나란히 앉아 시각적인 사고로 수학 문제에 접근하도록 도와준 것이다. 낸시를 만나기 전에 밀리의 수학 점수는 D 아니면 F였다. 그러나 학년이 끝나갈 때쯤에는 B를 받았다. 하지만 성적 향상보다 더 중요한 것은 밀리가 수학을 제대로 이해하고 더는 자기가 수학을 못한다고 믿지 않게 되었다는 사실이다.

낸시는 내가 쓴 책 『스탠퍼드 수학공부법』과 온라인 강의에 소개된 생각을 동료들과 함께 배우며 실천하고 있다. 그녀는 자기와 학교에서 일어난 모든 변화를 돌아보면서 다음과 같이 말했다.

교사들이 그룹을 만들어 아이들을 열정적으로 가르치는 모습을 보게 될 날이 오리라고는 한 번도 생각하지 않았습니다. 교사들이 수학을 가르치는 일에 그렇게 열정을 드러낼 줄도 몰랐어요. 저는 가만히 앉아서 아이들이 변하기만을 기다릴 수 없습니다. 우리 반 학생들, 혹은 특정한 아이에게만 해당하는 이야기가 아닙니다. 벌써 많은 아이와 교사의 일상이 바뀌었고, 그 변화 덕분에 그들은 정말 많은 이득을 얻었습니다.

밀리의 인생을 바꾸어놓은 관점과 접근법, 그리고 밀리와 낸시가 이루어낸 멋진 변화를 통해 우리는 학습자가 어떻게 한계 제로의 마인드셋을 개발할 수 있는지 알 수 있다. 이 개념을 더 잘 이해하려면 학부모, 교사 및 교육 관련 지도자, 학생에게 영향을 미치는 연구 결과를 살펴봐야 한다. 학계에서 진행된 연구는 유연한 사고에 관한 흥미로운 통찰을 제시한다.

▃ 창의성을 죽이는 반복 연습

영국 워릭대학교의 교수 에디 그레이Eddie Gray와 데이비드 톨David Tall은 7세에서 13세까지의 학생을 대상으로 한 가지 실험을 했다. 피험자는 교사에게서 각각 고성취자, 평균성취자, 저성취자라는 평가를 받았고, 연구진은 이 기준에 따라 피험자를 세 집단으로 나누었다.[12] 그리고 각각의 학생에게 숫자로 된 질문과 함께 시각적인 자료를 보여준 다음 학생들이 문제 풀이에 사용한 전략을 수집했다. 예를 들어 '7+19'라는 문제를 주면서 이것을 시각적으로 표현한 그림을 보여주었다.

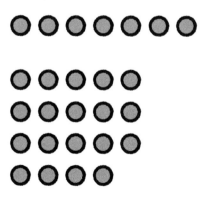

이 실험을 통해 연구진은 고성취자와 저성취자의 차이는 지식의 양이 아니라 숫자를 얼마나 더 유연하게 다루느냐에 있다는 것을 발견했다. 연구진은 학생들이 동원한 제각기 다른 전략을 네 가지로 범주화했다. 첫 번째는 숫자를 다 세는 '모두 세기counting all' 전략, 두 번째는 특정 숫자에서 시작해 하나씩 세어나가는 '일부만 세기counting on' 전략, 세 번째는 어떤 수학적 사실을 이미 아는 학생들이 구사하는 '알려진 사실known facts' 전략, 네 번째는 숫자를 유연하게 다루는 '숫자 감각number sense' 전략이다. 네 번째 전략은 '7+19'를 '6+20'으로 변환해서 푸는 것이다. 고성취 학생과 저성취 학생이 사용하는 전략의 비율은 다음과 같았다.

고성취 학생

알려진 사실: 39%

일부만 세기: 9%

숫자 감각: 61%

저성취 학생

알려진 사실: 6%

일부만 세기: 72%

모두 세기: 22%

숫자 감각: 0%

결과는 놀라웠다. 고성취 학생은 무려 61퍼센트가 숫자 감각을 사용했다. 하지만 저성취 학생은 단 한 번도 이 전략을 구사하지 않았다.

대신 저성취 학생은 일일이 세는 전략을 선택했다. 모든 문제를 풀 때 오로지 이 전략으로만 일관했다. 심지어 이 전략이 터무니없이 맞지 않을 때조차도 말이다. 연구진은 유연하게 생각하지 않는 저성취 학생이 고성취 학생보다 더 어렵게 수학을 배우고 있었다는 걸 발견했고, 이 사실을 '16-13' 문제를 통해 생생하게 입증했다.

저성취 학생은 '16-13' 문제를 풀 때 아래로 세어 내려가는 전략을 썼다. 사실 이 전략으로 문제를 풀면 매우 어렵다. 16에서 시작해 열세 번이나 아래로 세어 내려가기가 얼마나 어려운가? 그러니 틀릴 가능성도 그만큼 더 높다. 이에 비해 고성취 학생은 숫자 감각 전략을 사용해서 6에서 3을 빼고 10에서 10을 빼 3이라는 답을 쉽게 얻었다. 이렇게 숫자를 유연하게 바라보는 것은 매우 중요하다. 수학 개념을 이해하지 못한 채 무조건 외우도록 훈련받으며 숫자에 기계적으로 접근하면, 당연히 암기에만 의존하느라 숫자를 유연하게 생각하는 능력을 개발하지 못한다.

초등학교 저학년 때 수학 성취도가 낮으면 따로 훈련받는 일이 흔하다. 이때 '반복 연습drill and practice'을 하게 되는데 많은 학생이 이것을 '반복해서 죽이기drill and kill'라고 부른다. 이는 바람직하지 않은 방법으로 어떤 방법으로도 성취도가 개선되지 않을 때 사용해야 하는 방법이다. 이들은 암기하거나 일일이 세는 등 비효율적인 방식으로 수학에 접근한다. 심지어 숫자 감각을 이용하면 훨씬 더 간편하고 쉬울 때조차도 하나씩 세어나가는 전략을 사용한다. 그러나 제대로 수학을 학습하려면 반복 연습이 아닌 숫자를 유연하고 창의적으로 다루는 습관을 개발해야 한다.

▬ 깊고 유연한 사고를 갖기 위한 훈련

숫자의 개념을 이해한다는 것이 무슨 뜻일까? 방법론으로, 수학적 사실로, 규칙으로 숫자에 접근하는 것이 옳다고 배운 학생에게는 개념을 학습한다는 말이 매우 낯설게 느껴질 것이다. 그레이와 톨은 유아 수학에서 개념과 방법론을 다음과 같이 구분한다.

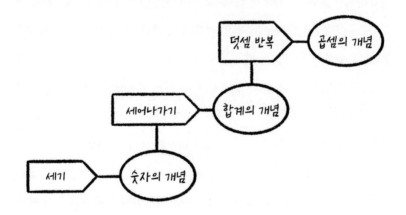

우리는 숫자의 개념을 이해하려고 '세기'와 같은 방법론을 배운다. 또 합계의 개념을 이해하려고 '세어나가는' 방법을 배우며, 곱셈의 개

념을 이해하려고 덧셈을 반복하는 것을 배운다. 수학은 개념으로 가득한 교과목인데도 대부분의 학생이 수학의 개념을 제대로 이해하지 않는다. 그저 암기해야 하는 규칙이나 방법론의 집합체로 수학을 이해한다. 앞에서도 설명했듯 이것이 나중에 심각한 문제를 일으키는데, 뇌를 다룬 어떤 연구 논문은 그 이유를 분명하게 밝혀냈다.

　뇌가 새로운 지식을 수용하려면 많은 공간이 필요하다. 새로 습득한 지식이 무엇을 뜻하는지, 이것이 기존의 생각과 어디서 어떻게 연결되는지 파악해야 하기 때문이다. 그러나 시간이 지남에 따라 우리가 학습한 개념은 압축되어 이전보다 작은 공간에 저장된다. 이렇게 뇌에 자리 잡은 생각은 우리가 그 생각을 필요로 할 때 언제든 빠르고 쉽게 꺼내서 사용할 수 있다. 중요한 것은 이 생각이 처음에 비해 훨씬 작은 공간만 차지한다는 사실이다. 만일 내가 유치원생에게 대수를 가르치려 한다면 대수의 개념은 아이들의 뇌에서 엄청나게 큰 공간을 차지할 것이다. 반면 어른에게 '3+2'가 무엇인지 물으면 이 어른은 압축된 지식에서 해답을 금방 꺼내온다. 필즈상을 받은 수학자 윌리엄 서스턴William Thurston은 이런 현상을 다음과 같이 설명했다.

　　수학을 배울 때는 하나의 과정을 완전히 마치기까지, 혹은 여러 접근법을 통해 최종적으로 하나의 생각을 얻기까지 오랜 시간 동안 한 단계 한 단계 힘겹게 나아가야 한다. 그러다 그 과정이나 생각을 제대로 이해하고 전체를 바라볼 수 있는 관점을 갖추고 나면, 이때 엄청난 압축이 일어난다. 그러면 이것을 별도의 파일로 만들어서 저장해뒀다가 필요할 때 언제든 꺼내서 볼 수 있으며, 이것을 또 다른 과정이나 생각으로 나아가는 계단으로 사용할 수도 있다. 이는 수학이 가져다주는 진정한 기쁨 가운데 하나다.[13]

여러분은 수학을 '진정한 기쁨'이라고 말할 사람은 거의 없다고 생각할지 모른다. 개념을 단순히 압축할 수 있을 뿐이라고 생각하면 충분히 그럴 수 있다. 그래서 학생들이 수학의 개념을 이해할 때(다양한 관점에서 수학적 사고를 하고 여러 숫자들을 유연하게 사용할 때) 그들이 개념을 압축해 뇌에 저장한 거라고 말할 수도 있다. 하지만 수학은 무조건 암기해야 한다고 생각하면 수학의 개념을 이해할 수도, 수학 개념을 압축할 수도 없다.[14] 암기하는 방법으로 수학을 공부하는 학생의 머릿속에는 압축된 개념이 아닌 암기된 내용으로 구성된 사다리가 있다. 그들은 막연히 사다리 위에 또 다른 사다리를 놓는 방식으로 계속 수학적 지식을 쌓아가다 보면 언젠가 하늘에 닿을 것이라고 생각한다.

교사와 학부모들은 나에게 종종 이렇게 묻는다.

"어떻게 하면 아이들이 수학 개념을 제대로 배울 수 있을까요?"

수학 개념을 제대로 이해하는 방법에는 여러 가지가 있다. 첫 번째 방법은 특정한 해법이 통하는 이유를 알아내는 것이다. 앞서 법칙4에서 나는 학생에게 어떤 생각을 시각적으로 제시한 뒤 이것이 무엇으로 어떻게 보이는지 물어보는 것이 중요하다고 말한 바 있다. 이렇게 하면 수학 개념을 이해하는 데 큰 도움이 된다.

또 다른 방법은 이른바 '숫자 토크number talk'를 하는 것이다. 이것은 교육학자 러스 파커Ruth Parker와 캐시 리처드슨Kathy Richardson이 고안하고 캐시 험프리스Cathy Humphreys와 셰리 패리시Sherry Parrish가 개발한 것으로 숫자 토크 방법은 다음과 같다. 학생들은 각자 종이와 연필을 사용하지 않고 머릿속으로 어떤 수식을 계산하고, 교사는 학생들이 적용한 제각기 다른 방법을 모두 모은다. 나는 이때 시각적 표현물도 수집하라고 추천한다. 그러면 신경 경로 활성화가 촉진되기 때문이다. 이것을 좀 더 깊이 이해하기 위해 '18×5' 계산식을 머릿속으로 풀어보자.

다음 그림은 '18×5'를 계산하는 여섯 가지 방법을 시각적으로 표현한 것이다(계산법은 여섯 가지 이상이 될 수도 있다).

모든 종류의 수식을 제각기 다른 방법으로 풀 수 있다. 숫자를 쪼갠 다음 5, 10, 20, 100 등과 같이 '풀기 좋은 간편한' 숫자로 재구성할 때

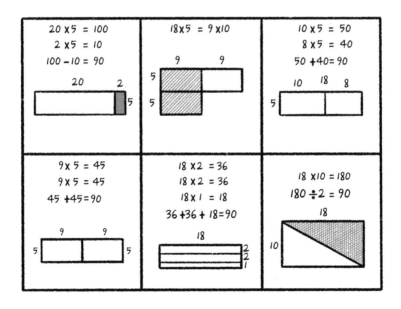

계산은 한결 쉬워지고 숫자를 유연하게 다룰 수 있다. 이것이 바로 숫자 감각의 핵심이다. 학생에게 수학을 '암기해야 풀 수 있는 방법'으로 가르치지 않도록 늘 주의해야 한다. 그리고 수학을 시각적으로 풀어내는 등 다양한 풀이법을 제시하는 학생을 아낌없이 격려해주어야 한다.

내가 여러 사람에게 아주 간단한 수식도 다양한 방식으로 풀 수 있다는 걸 보여주면, 그때마다 사람들은 깜짝 놀란다. 어느 날 나는 유다시티Udacity(온라인 공개 수업 업체-옮긴이)에 초대받아 전기공학과 교수이자 발명가인 서배스천 스런Sebastian Thrun과 그의 팀을 만났다. '자율주행차의 아버지'로 불리는 그는 유다시티 창업자이자 구글 부사장이기도 하며, 현재는 하늘을 나는 자동차를 설계하고 있다. 나는 그의 생각을 많은 사람에게 전달하고 싶어서 교사를 대상으로 한 첫 번째 온라인 강의에서 그를 인터뷰 하기도 했다.

스런은 자기 팀과 이야기를 나누어보라며 나를 유다시티에 초대했고 나는 엔지니어들로 꽉 들어찬 방에 앉게 되었다. 나를 포함한 여러 명이 원탁에 빽빽하게 둘러앉았고, 나머지는 벽에 기대 서 있었다. 그는 나에게 수학을 대하는 올바른 접근법이 무엇인지 물었다. 나는 그 방에 있는 사람들에게 수학 문제 하나를 함께 풀어보자고 제안했고 그들은 기꺼이 응했다. 나는 그들에게 '18×5'를 각자 풀어보라고 한 다음 그들이 동원한 온갖 풀이 방법을 모두 모았다. 그러고는 그 방법을 하나씩 그림으로 그려 보여주었다. 거기 모인 사람 모두가 탄성을 질렀다. 얼마나 감탄했던지, 그 뒤 몇몇 사람은 곧바로 거리로 뛰쳐나가 지나가는 사람을 붙잡고 '18×5'를 풀어보라고 했을 정도다. 그들은 '18×5'

에 관한 짤막한 온라인 강의를 만들고 '18×5' 티셔츠를 만들어 유다 시티에서 입고 다니기 시작했다.

나는 이 접근법을 기술 분야의 위인 뤽 바틀레Luc Barthelet에게도 가르쳐주었다. PC 게임 심시티SimCity의 개발자인 뤽은 당시 온라인 연산 데이터 사이트 울프람 알파Wolfram Alpha의 고위 경영진이었다. 이 접근법을 무척 경이롭게 느낀 뤽은 만나는 사람마다 '18×5'를 풀어보라고 했다. 물론 다양한 방식으로 풀 수 있는 문제가 이것만 있는 건 아니다. 소위 수학 전문가들도 수학 문제를 창의적인 방식으로 풀 수 있다는 사실에 커다란 기쁨을 느꼈다.

그런데 이 창의적인 접근법에 사람들은 왜 그리 놀라는 것일까? 어떤 사람은 '18×5'를 여러 가지 방법으로 풀어보고는 이렇게 말했다.

"저는 다양한 방법으로 문제를 풀 수 있다는 데 놀란 게 아닙니다. 지금껏 그렇게 하는 건 허용되지 않는다고 생각해왔는데, 그렇게 해도 아무 문제가 없다는 사실에 충격을 받은 거죠."

영국 출신의 어느 교사는 숫자 토크와 관련해 자기가 겪은 일을 털어놓았다. 그는 우등반 수업 시간에 '18×5' 문제를 냈다. 학생들은 기꺼이 호응하며 다양한 풀이법을 내놓고 열띤 토의를 했다. 이후 이 교사는 열등반에 가서도 같은 문제를 냈다. 그러나 그곳에서는 침묵만이 이어졌다. 학생들은 기계적인 방식으로 문제의 정답을 알아맞힐 수 있었지만, 그것 외에 다른 접근법은 단 하나도 생각해내지 못했다. 그 교사는 학생들에게 '20×5'를 풀어보라고 했다. 그러자 아이들은 멍한 표정을 하고 이렇게 대꾸했다.

"선생님. 지금까지는 그렇게 하면 안 된다고 배웠는데요?"

고성취 학생은 숫자를 유연하게 활용하는 법을 배워서 알고 있었고 저성취 학생은 그렇지 않았던 것이다. 저성취 학생은 숫자를 유연하게 활용하는 걸 '허용되지 않는 것'으로 생각하고 있었다.

그야말로 수학 교육의 폐해가 아닐 수 없다. 우리는 지금껏 숫자는 고정되어 있으며 수학은 철저하게 규칙과 법칙을 따른다고 배워왔다. 그러니 그토록 많은 사람이 수학에 등을 돌린 것도 결코 놀라운 일이 아니다. 이 문제는 내가 여러 번 발견할 정도로 영국 전체를 옭아매고 있다. 특히 학교 현장의 여러 사례 그리고 그레이와 톨의 연구 논문이 보여주듯 이 문제는 저성취 학생에게 더 두드러지게 나타난다.

수학 문제를 풀 때 특히 유용한 접근법은 이른바 '상대적으로 작은 수 대입하기'다. 복잡한 문제를 풀 때 상대적으로 작은 수부터 관찰하면 그 문제에 내재된 패턴이 보다 선명하게 눈에 들어온다. 예를 들어 가우스 증명을 살펴보자. 이것은 모든 유형의 문제에서 나타나는 수학 패턴으로, 아이를 가르치거나 양육하는 데 수학이 정말 필요한지 확인하고 싶은 이들에게 시사점을 안긴다.

카를 프리드리히 가우스Carl Friedrich Gauss는 19세기 독일의 수학자다. 그의 어린 시절 이야기가 자주 회자되곤 하는데, 정확한 사실인지 모르겠지만 좋은 이야기임에는 분명하므로 여기에도 소개하겠다. 가우스가 초등학교에 다닐 때였다. 가우스에게 어렵고 까다로운 문제를 내야겠다고 생각한 교사는 초등학생이 풀기에는 시간이 오래 걸릴 듯한 문제를 하나 냈다. 그것은 1부터 100까지의 수를 모두 더하면 얼마인

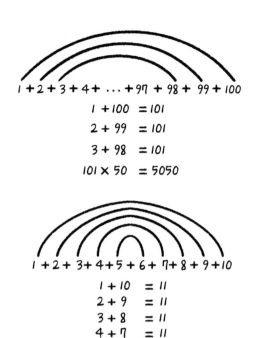

$$1 + 2 + 3 + 4 + \cdots + 97 + 98 + 99 + 100$$

$$1 + 100 = 101$$
$$2 + 99 = 101$$
$$3 + 98 = 101$$
$$101 \times 50 = 5050$$

$$1 + 2 + 3 + 4 + 5 + 6 + 7 + 8 + 9 + 10$$

$$1 + 10 = 11$$
$$2 + 9 = 11$$
$$3 + 8 = 11$$
$$4 + 7 = 11$$
$$5 + 6 = 11$$
$$11 \times 5 = 55$$

가 하는 문제였다. 그러나 흥미로운 패턴을 발견해낸 어린 가우스는 굳이 모든 수를 다 더해보지 않아도 답이 나온다는 걸 알았다. 1과 100을 더하면 101, 2와 99를 더하면 101, 3과 98을 더하면 101이 된다는 것을 발견한 것이다. 합계가 101인 두 개의 숫자쌍이 50개이므로, 이 문제의 답은 50과 101을 곱하면 도출할 수 있었다.

상대적으로 작은 수를 대입해보면 패턴을 이해하기가 더 쉽다. 예를 들어 1부터 100까지의 합을 구하기 전에 1부터 10까지의 합을 생각해보는 것이다.

1부터 100까지의 합을 생각할 때보다 1부터 10까지의 합을 생각할 때 우리는 어떤 일이 일어나는지, 두 수의 합이 왜 동일한 값(11)인지 쉽게 확인할 수 있다. 또 다른 문제에 도전해서 뇌를 성장시키고 싶다면, 가우스의 이 풀이법을 홀수 개의 연속적인 수의 합을 구하는 문제에서는 어떻게 적용할지 생각해보라.

상대적으로 작은 수를 대입하는 것은 굉장히 수학적인 행위다. 내가 이 같은 사실을 가르쳐주면 수학을 규칙의 집합으로 배워온 저성취 학생들은 이에 저항한다. 주어진 질문에 대답하지 않고 그 질문을 응용해 다른 질문을 하는 행위는 그들에게 완전히 낯선 것이다. 저성취 학생들은 이것이 지금껏 배워온 수학의 규칙을 깬다고 여긴다.

숫자를 가지고 놀 줄 알아야 하며, 개방적이고 다차원적인 방식으로 수학을 다루어야 한다는 가르침은 인생을 살아갈 때도 매우 중요한 지침이 된다. 적어도 내 생각에는 그렇다. 제각기 다른 방식으로 수학을 바라볼 때 사람들은 자기만의 잠재력을 발견하게 되고, 이것이 인생을 바꾼다. 게다가 수학뿐만 아니라 STEM 과목 모두를 잘 해내고 회계학, 통계학, 그 밖에 인생을 살며 만날 수학 관련 분야를 풍성하게 이해하는 경지에 다다르게 된다.

수학이 개념을 이해하고, 시간에 얽매이지 않으며 열린 과목이라는 걸 경험하면 누구나 믿을 수 없을 만큼 해방감을 느끼게 된다. 실제로 수학 개념을 이해한 후 해방감을 느낀 학생에 관한 이야기를 해보겠다. 오하이오주의 4학년 담당 교사 니나 수드닉Nina Sudnick은 교사 부임 첫

해에 아이들의 수학 실력을 확인하고는 충격을 받았다. 4년째 수학을 공부하는 아이들이라 하기에는 수학에 대한 이해도가 터무니없이 낮았기 때문이다. 그녀는 이 현실을 제대로 이해하고 싶었다. 그러다 내가 쓴 책 『수학다운 수학 가르치고 배우기What's Math Got to Do with It?』를 읽었다. 그녀는 당시를 다음과 같이 회상했다.

> 저는 그 책을 읽으면서 거의 모든 문장에 밑줄을 쳤어요. 실제로 보여드릴 수도 있어요. 당시 저의 뇌는 말 그대로 폭발하고 있었습니다. 늘 저를 성가시게 했던 온갖 생각이 머릿속에서 들끓었어요. 그렇지만 저는 그 생각들을 분명하게 정리하지는 못했습니다. 학생들이 왜 그렇게 수학을 어려워하는지 그 이유도 도무지 이해하지 못했죠.

여름방학이 끝난 후 학교에 돌아간 니나는 수학 교육법을 바꾸기로 했다. 그리고 그 첫해에 그녀가 가르친 학생 중 64퍼센트가 설정한 '능숙함' 수준으로 성적이 올랐다. 그다음 해에는 99퍼센트까지 올라갔다.

니나는 하루에 한 번, 그리고 한 주에 한 번씩 시행하는 평가 방식을 바꿨다. 점수 평가 대신에, 각 학생이 수학 문제를 얼마나 이해하고 있는지 상세하게 코멘트를 남기기 시작했다. 처음에 학생들은 문제지를 돌려받을 때 습관적으로 점수부터 확인했다. 그러나 그 후로도 점수는 찾아볼 수 없었다. 니나는 각 학생이 정형화된 점수 대신 학생 스스로 문제를 얼마나 이해하고 있는지 알기를 원했다.

또 니나는 학생들에게 개념을 이해하는 데 도움이 되는 수학 문제를 냈다. 그녀가 낸 문제 중에는 '콜라츠 추측Collatz conjecture'도 있었다. 콜라츠 추측은 아직도 풀리지 못했다. 문제는 다음과 같다.

1. 아무 정수에서나 시작한다.
2. 만약 그 수가 짝수이면 그 수를 2로 나눈다.
3. 만약 그 수가 홀수이면 그 수에 3을 곱하고 1을 더한다.
4. 이렇게 해서 나온 숫자로 다시 2 혹은 3의 과정을 거친 다음, 더는 다른 수가 나오지 않을 때까지 그 과정을 계속 반복한다.
5. 그다음 다른 숫자를 선택해서 위 과정을 반복한다. 어떤 결과가 나올 거라 예상하는가?

이 수열의 결과가 1로 끝나지 않는 경우를 발견한 사람은 지금까지 아무도 없다. 또 왜 이렇게 되는지 증명한 사람도 아무도 없다. 이 문제를 '우박 수열'이라고도 부르는데, 수열이 마치 구름 속에 있는 우박처럼 위로 솟구쳤다가 다시 아래로 떨어지는 패턴을 반복하기 때문이다.

빗방울이 떨어지다 바람에 의해 빙점 위로 올라가면, 그곳에서 오르내리기를 반복하며 얼어붙는다. 이 얼음 알갱이가 커져서 위로 밀어 올리는 바람의 힘을 이길 정도로 무거워지면 우박이 되어 아래로 떨어진다.

비록 지금까지 아무도 이 문제를 풀지 못했지만, 우리는 3학년 이상의 학생에게 제시할 만한 문제라고 판단했다. 많은 교사가 이 문제를 학생들에게 제시하면서 최종적인 숫자가 1로 끝나지 않는 어떤 패턴을 찾아내는 첫 번째 주인공에 도전하게끔 격려했다.

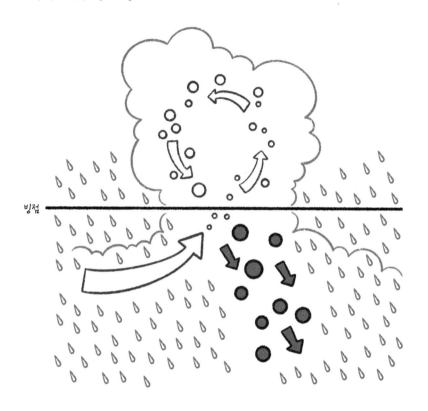

빙점

니나가 가르친 학생 중에 조디Jodi라는 아이가 있었다. 이 아이는 앓고 있던 병 때문에 결석을 많이 했고 숙제를 끝내지 못하는 경우도 많았다. 그랬으니 이 아이가 수학을 좋아했을 리는 만무하다. 그랬던 조디가 우박 수열에 매료되었다. 어느 날 니나는 조디가 작은 종이들을 주머니가 불룩하게 넣고 다니는 것을 보았다. 그 뒤 몇 주에 걸쳐 조디의 주머니는 점점 더 불룩해졌다. 나중에는 주머니 바깥으로 삐져나오기까지 했다. 보다 못한 니나는 조디에게 주머니에 든 종이가 무엇이냐고 물었다. 그러자 조디는 주머니에서 종이를 꺼내 지금까지 자기가 살펴보았던 제각기 다른 패턴을 니나에게 보여주었다. 조디는 그때까지 몇 주 동안 콜라츠 추측에 매달려서 수많은 패턴을 확인하고 있었던 것이다. 그때를 니나는 다음과 같이 회상했다.

> 조디는 그 패턴을 알고 있습니다. 그리고 이 사실을 무척 자랑스럽게 여깁니다. 제가 말했죠. "네가 앞으로 1년 동안 숙제를 하든 말든 신경 쓰지 않을게. 그 우박 수열을 계속 붙잡고 씨름을 한다면 말이야." 조디는 성취감을 느꼈습니다. 아마 수학을 접하고 나서 그 아이가 처음 느낀 승리감이었을 겁니다. 이 일은 교수님에게 가장 먼저 고마워해야겠죠.

교육계는 수학 학습을 할 때 개념을 이해하기 전에 암기부터 가르치고 있다. 이것이 얼마나 부정적인 영향을 미치는지 최근 국제학업성취도평가PISA 팀이 실시한 분석을 통해 분명히 드러났다. 경제개발협력기구OECD가 주도하는 시험인 PISA는 3년에 한 번 전 세계의 15세 청소년을 대상으로 치러진다. 2012년 나는 파리에 있는 PISA 팀을 방문해 달라는 부탁을 받았다. 자기들이 진행하는 평가 분석에 도움을 달라는 것이었다.

파리에서의 첫날 아침 나는 의자를 탁자 앞으로 바싹 끌어당겨 앉았다. 그 팀이 나에게 처음으로 한 말은 "미국 학생들과 파이π 사이에 대체 무슨 일이 있었던 겁니까?"였다. 파이, 즉 3.14로 시작하는 원주율이 포함된 모든 문제에서 꼴찌나 꼴찌에 가까운 점수를 받은 사실을 지적하는 것이었다. 나는 그에 대해 할 말이 있었다.

나는 미국에서 학생에게 파이를 가르치는 방식에서 흥미로운 사실을 발견했다. 미국에서는 학생들에게 이 무리수의 자릿수를 최대한 많이 외우라고 가르친다. 파이를 대개 3.14로 줄여 말하지만 사실은 무한하게 더 이어진다. 그래서 미국 학생은 파이를 '무한하게 이어지는 어떤 수'라고 생각한다. 그러나 이런 이해가 원주의 길이와 그 지름의 비율을 뜻하는 원래의 의미를 모호하게 만드는 것 같다. 그것이 표현하는 관계는 사실 매우 역동적이며 매력적이다. 우리가 측정하는 원의 크기가 어떻든 비율이 언제나 동일하다는 사실은 얼마나 매력적인가!

나는 최근 교사들에게 파이가 의미하는 것이 무엇인지 학생들에게 물어봐 달라고 부탁한 적이 있다. 학생들이 무슨 대답을 하는지 알고 싶어서였다. 아닌 게 아니라 교사들이 전해준 대답은 '파이는 무한하게 긴 숫자'라는 것이었다. 원이나 원과 관련된 어떤 것 사이의 관계를 언급한 학생은 아무도 없었다. 그랬으니 원과 관련된 문제에서 나쁜 점수를 받은 것은 당연한 결과였다. 학생들이 파이에 흥미를 느끼도록 소수점 아래 자릿수를 많이 외우라고 하는 것 자체가 잘못은 아니다. 그러나 원 그리고 원과 관련된 요소 사이의 관계를 보다 깊게 탐구하는 활동이 반드시 동반되어야 했다.

한편 2012년에 PISA 팀은 점수뿐만 아니라 학습법도 함께 분석했다. 시험 당시 수학 문제뿐만 아니라 학습 방식과 관련한 설문 문항을 함께 제시한 것이다. 학생들의 학습 방식은 암기 위주 접근법, 관계 위주 접근법, 자기 점검self-monitoring 접근법 이렇게 크게 세 가지로 나뉘었다. 암기 위주 접근법을 따르는 학생은 자기에게 주어진 모든 것을 달달 외우려고 노력했다. 관계 위주 접근법을 택한 학생은 새로 접하는 생각(개념)을 기존에 알고 있던 것과 관계 지어 이해하려고 애썼고, 자기점검 접근법을 따르는 학생은 스스로를 평가해서 학습이 필요한 부분을 파악해냈다.

모든 나라에서 암기 위주 접근법을 구사하는 학생은 최하 점수를 받았고, 암기 위주 접근법을 따르는 학생이 많은 나라는(미국도 포함된다) 세계에서 가장 낮은 성적을 기록한 집단으로 분류되었다.[15] 프랑스와 일본에서는 자기 점검 접근법과 관계 위주 접근법을 함께 사용한 학생과 암기 위주 접근법을 사용한 학생 사이에 1년 이상의 학력 차이가 있었다. 암기 위주 접근법으로는 높은 성취를 달성하지 못한다는 사실이 이 연구로 입증되었다.

이 연구에서도 분명히 확인되듯 미국의 수학 교육은 심각한 문제가 있다. 수학은 온갖 개념과 관계로 구성된 아름다운 과목이 될 수 있음에도 학교에서는 수학을 암기해야 하는 일련의 규칙들로 가득한 집합체로만 다루며, 더 나아가 자기가 암기한 것을 빠른 속도로 반복할 수 있는 학생에게 높은 점수를 준다. 이런 학교에서 수학을 배우면 수학에 흥미를 잃고, 깊이 생각하려 할수록 과목에서 빠르게 멀어질 수밖에 없다. 이런 분위기에서는 수학을 잘하는 학생조차 수학에 대한 잘못된 생각을 가지고 깊이 있게 학습하지 못한다. 우리가 어떤 지식을 기존과 다른 방식으로 대할 때 색다른 세상으로 들어가는 문이 열린다. 바로 그때 뇌에 압축해 저장시킬 개념을 배우고, 전체를 이해하는 토대를 튼튼하게 다질 수 있다. 수학적 사고는 수학 시간뿐만 아니라 다른 과목 시간에도 사용할 수 있다. 그러나 현재 교육 체계에서는 극소수의 고성취 학생만이 유연하게 생각하는 법을 배우고 각 분야의 선구자가 된다.

앞서 법칙4에서 언급한 마크 피트나 니나 수드닉 같은 교사들은 내가 전파하는 새로운 과학 이론을 우연히 접한 후 좋은 교사로 변신했다. 그리고 이들에게서 수학을 배운 많은 학생이 성취감을 맛보았다. 교사가 수학을 깊이 있고 창의적으로 대하고 이것의 중요성을 학생에게 가르치므로, 이들에게서 수학을 배우는 학생이 수학을 잘할 확률이 월등하게 높을 수밖에 없다.

1960년대 시민권 운동을 주도한 지도자 밥 모지스Bob Moses가 말했듯, 수학과 좋은 관계를 형성하는 것은 시민의 권리다. 수학과 좋은 관계를 맺으면 학교에서 그리고 인생에서 새로운 문이 열린다. 무조건 많은 지식을 쌓아 보다 깊은 이해를 하고 능숙한 수준에 다다르는 것만이 학습이라고 생각하는 사람이 여전히 많다. 그러나 많은 연구 결과가 입증하듯 많은 지식을 쌓는 사람이 아니라 유연하게 생각할 줄 아는 사람이 더 높은 성취를 거둔다. 오늘날은 창의적이고 유연하게 생각하는 것이 훨씬 더 중요하며 더 높은 평가를 받는다. 너무 많은 지식은 오히려 방해가 될 수도 있다.[16] 패턴 또는 우연한 연결을 포착해야 풀 수 있는 창의적인 문제를 전문가는 풀지 못하는 반면 해당 분야에 문외한 사람이 뜻밖에 쉽게 푸는 것도 바로 이런 연유에서다.

애덤 그랜트Adam Grant는 『오리지널스』라는 책에서 우리는 오랜 세월 동안 규칙을 잘 따르고 암기하는 학생을 높이 평가해왔다고 말했다. 그랜트는 두 살 때 읽기를 배우고 네 살 때 바흐를 연주하며 여섯 살 때 미적분 문제를 척척 풀어서 '영재' 대우를 받던 미국 학생들 가운데 세상을 바꾸는 데 기여한 인물은 거의 없다는 사실을 지적했다. 역사상 가장 큰 영향력을 발휘했던 사람들을 살펴보면 어린 시절부터 타고난 재능을 지녔던 천재는 드물다. 학교에서 두각을 드러내는 아이들은 대개 자기의 비범한 능력을 통상적인 방식으로만 적용한다. 다시 말하면 기존의 방식을 완전히 바꾼다거나 기존의 풀이법을 조금이라도 의심한다거나 하지 않고 주어진 과제를 수행한다. 그랜트는 다음과 같이 결론을 내렸다.

"이런 사람들 덕에 세상이 매끄럽게 굴러가고 있지만, 한편으로는 그들 때문에 우리는 다람쥐 쳇바퀴 돌듯 계속 같은 자리를 달리고 있다."[17]

요컨대 세상을 바꾸고자 하는 사람은 창의적이고 유연하게 생각하는 사람, 상자 안이 아닌 상자 바깥에서 생각하는 사람이다.

많은 사람이 창의적이고 유연한 사고가 중요하다는 것을 알면서도 이것을 수학과 연결하지 않는다. 여전히 많은 이가 수학을 고분고분하게 규칙을 따라야 하는 학문으로 바라본다. 그러나 창의성과 개방성, 상자 바깥에서 생각하기 등의 방식으로 수학에 접근하면 누구든 놀라운 해방감을 맛보게 될 것이다. 이 같은 경험을 한 번이라도 하고 나면 다시는 수학을 고리타분하게 바라보았던 예전으로 돌아가고 싶지 않을 것이다.

미래에 우리가 어떤 과제를 떠안게 될지 지금은 알 수 없다. 어쨌거나 그것은 우리가 상상조차 못 한 문제일 것이다. 그러나 빠른 속도로 재생산할 수 있는 얄팍한 지식은 미래의 문제를 푸는 데 큰 도움이 안 될 것은 분명하다. 그러므로 깊은 시선에서 창의적으로, 유연하게 생각할 수 있도록 우리 마음을 훈련하는 것이 중요하다. 우리보다 앞선 시대에 살았던 '선구자들'의 뇌를 연구한 결과 이들은 보통 사람보다 한층 더 유연하게 생각했다는 사실이 과학적으로 증명되었다. 그들은 기억에 의존하지 않고 기존과는 다른 방식으로 문제에 접근했다. 빠르지만 고정된 접근법은 제한된 범위와 수준으로밖에 우리를 이끌지 못한다. 교육의 세계 그리고 그 외 여러 영역에서도, 속도와 암기가 가져다주는 이득을 무조건 신뢰해야 한다는 가설을 버리고 유연하고 창의적인 학습에 초점을 맞추자. 이것만이 우리의 잠재력을 해방시킬 수 있다.

법칙6

UNLOCK

내 생각과 타인의 생각을
연결하라

모든 한계를 없애는 협력의 힘

불확실성을 기꺼이 안고
자기가 지닌 생각을 다른 사람과 공유할 때
우리는 문제 해결의 길에 더 가까이 다가설 수 있다.

앞서 소개한 잠재력을 개발하는 데 도움이 되는 다섯 가지 법칙은
다음 생각을 토대로 한다.

- 뇌의 유연성과 성장
- 분투의 과정과 실패가 우리 뇌에 미치는 긍정적인 영향
- 믿음과 마인드셋
- 뇌의 연결성을 강화하는 다차원적인 문제 접근법
- 유연한 사고

이 모든 생각이 우리의 잠재력을 해방시킬 수 있다. 때로는 단 하나
의 법칙만으로도 믿을 수 없을 정도로 자유로워진다. 만약 지금까지 자

신은 특정 분야를 학습할 능력이 없고, 빠르게 생각하는 것이 능력이라고 믿어왔어도 상관없다. 이것이 잘못된 믿음이라는 걸 깨닫기만 하면 갇혀 있던 잠재력의 빗장이 풀리고 자신이 선택한 길을 당당하게 걸어갈 수 있다. 법칙6에서는 잠재력을 해방시키는 여섯 번째 법칙을 소개하려 한다. 이 법칙은 사람 그리고 다른 생각과 연결되는 걸 강조한다. 연결과 협력은 학습과 인생 전반에 엄청나게 많은 것을 가져다준다.

> 여러 사람 혹은 여러 생각과 연결될 때 신경 연결 경로는 강화되고 학습 능력은 향상된다.

사회적 뇌를 자극하는 협력

나는 연구를 하거나 일상생활을 하며 문제를 해결해야 할 상황을 여럿 겪었다. 그때마다 다른 사람과 협력하고, 어떤 생각과 생각을 연결하니 놀라운 결과로 이어졌다. 이 결과 가운데 어떤 것은 학습, 어떤 것은 공정함 추구, 또 어떤 것은 생각을 진전시키는 데 도움을 줬다. 문제를 해결하지 못하게 하는 여러 장애물이 있어도 협력하고 연결하는 과정은 여지없이 좋은 결과를 이끌어냈다.

텍사스대학교 오스틴캠퍼스의 수학자 유리 트리즈먼Uri Treisman이 이전에 UC버클리에서 강의했을 때 일이다. 유리는 미적분 강의를 수강하는 아프리카계 미국인 학생의 60퍼센트가 낙제하며, 그 때문에 학교를 중퇴하는 경우도 많다는 사실을 알게 되었다. 그는 다른 대학교의 데이터를 찾아보다가 중국계 미국인 학생은 미적분 강의에서 단 한 명도 낙제하지 않았다는 것을 확인했다. 유리는 다음과 같은 의문이 들었다.

'이 두 문화 집단 사이에 도대체 어떤 차이가 있을까?'

처음에 다른 교수들의 의견을 물어보았다. 그들이 내놓은 답변은 "아프리카계 미국인이 대학에 진학할 때 이미 수학 점수가 좋지 않았거나 수학적인 배경지식이 부족했기 때문이 아닐까?", "대학에 진학할 때까지 상대적으로 가난한 가정에서 성장했기 때문이 아닐까?" 등 매우 다양했지만 어떤 대답도 충분치 않았다. 학생들을 직접 관찰한 유리는 단 하나의 차이점을 발견할 수 있었다. 바로 아프리카계 미국인 학생은 수학 문제를 자기 혼자서 푸는 반면 중국계 미국인 학생은 다른 친구들과 협력해서 푼다는 것이었다. 중국계 미국인 학생은 기숙사 혹은 식당에서 다른 친구들과 머리를 맞대고 함께 문제를 풀었다. 이에 비해 아프리카계 미국인 학생은 기숙사 방에서 자기 혼자 끙끙대며 매달렸고, 그러다가 정 해법을 발견하지 못하면 자신에게 수학 머리가 없다고 판단하고는 아예 포기해버렸다.

유리와 그의 팀은 상대적으로 더 쉽게 상처받는 학생을 모아 '빡빡하긴 해도 정서적인 지지를 제공하는 공부 환경'을 갖춘 워크숍을 진행했다.[1] 워크숍에서 학생들은 수학 문제를 함께 풀면서, 제각기 최고 수준에 도달하는 데 필요한 것이 무엇인지 머리를 맞대고 고민했다. 이 워크숍이 끝나고 많은 학생의 성취도는 상당히 높아졌다. 아프리카계 미국인 학생의 낙제 비율이 2년 만에 0퍼센트로 줄어들었을 뿐 아니라, 이 워크숍에 참여한 아프리카계 미국인 학생과 라틴계 미국인 학생의 수학 점수가 백인과 아시아계 학생들을 추월했다. 매우 인상적인 결과였다. 유리는 이 실험을 오스틴캠퍼스에서도 계속 이어갔으며 현재 200개가 넘는 고등 교육 기관이 그의 교육법을 사용하고 있다. 그는 이 연구에 대해 다음과 같이 말했다.

> 우리는 오리엔테이션에서 그들에게 대학에서 좋은 성적을 받으려면 같이 공부하고 목표를 공유하는 공동체가 필요하다는 사실을 일러주며 설득했다. 함께 공부하는 방법을 가르치려면 몇 가지 작업이 필요했지만 이 작업이 끝난 뒤의 과정은 초등학교 교과 과정과 다름없었다.[2]

유치원에서 고등학교까지 혼자 문제를 풀면서 공부해온 학생들에게 서로 협력하는 법을 가르치기 위해서는 별도의 작업이 필요했다. 이 사실은 교육 체계에 여러 가지 문제가 있다는 점을 알려준다. 유리 팀은 대학에서 성공하려면 동료와 협력하고 생각과 생각을 연결하는 작업이 필요하다는 가설을 전제로 워크숍을 진행했는데, 그의 전제는 옳았다. 학생들은 워크숍을 통해 다른 이와 함께 공부하자 마침내 성공을 거두었다. 워크숍은 미적분 과목만을 대상으로 했지만 다른 과목에서도 비슷한 결과가 나타날 거라고 얼마든 예측할 수 있다.

학생들이 중도에 학습을 포기하는 이유는 힘든 학습 과정을 오로지 자기 혼자 감당해야 한다고 생각하기 때문이다. 그런데 다른 학생들과 함께 공부하면서 여러 명이 그 무게를 나눠 감당하니 큰 변화가 생긴다. 무언가를 배우면서 장애물을 만나는 것은 아주 자연스러운 일이라는 걸 깨닫기 때문이다.

또한 다양한 생각을 연결할 기회가 주어질 때 학생들의 학습 방법이 바뀐다. 다른 사람의 생각과 자기 생각을 연결 지으려면 높은 차원의 이해가 필요하다. 학생들이 수학, 과학, 언어학, 문학 등을 함께 공부할 때 여러 생각들을 연결 지어 생각할 수 있는 능력을 얻을 수 있다. 이것을 경험하는 것이 매우 중요하다.

어느 대규모 시험에서도 비슷한 결과를 발견했다. 2012년에 실시한 PISA 시험 결과를 살펴보면 38개국에서 남학생의 성취도가 여학생의 성취도보다 높았다.[3] 이 결과는 실망스럽기도 하고 놀랍기도 했다. 대부분의 나라에서 여학생과 남학생의 성취도는 동일하다. PISA 결과를 보며 나는 시험이 학생들이 실제로 알고 있고 할 수 있는 것을 왜곡할 가능성을 생각했다.

PISA 팀은 남학생과 여학생의 성취도 격차는 여학생이 남학생보다 자신감이 낮아서 생겨난 것이라는 보고서를 냈다. 이로써 자신감이 성취에 미치는 영향이 분명하게 드러났다.[4] 성별이 아니라 수학에 대한 자신감의 차이 때문에 성취도가 다르게 나타나는 것이다. 여학생은 수학 시험을 볼 때 남학생보다 불안감을 더 많이 느낀다.[5] 따라서 교육자는 시험 결과를 판정할 때 이 변수를 반드시 염두에 둬야 한다.

PISA 팀은 한 명씩 치르는 수학 시험 외에 학생들이 서로 협력해 문제를 푸는 시험도 실시했다. 단, 다른 학생 말고 컴퓨터 에이전트(소프트웨어 프로그램)와 협력하도록 했다. 학생들은 컴퓨터 에이전트가 제공하는 다양한 생각을 활용해서 복잡한 문제를 풀었다.[6] 나는 한 학생이 혼자 수학 시험을 치를 때보다 다른 학생이든 컴퓨터든 함께할 때 훨씬 중요한 것을 알아낼 수 있다고 생각한다. 이 시험에서 학생들은 다른 사람의 생각까지 고려해 복잡한 문제를 풀어야 했다. 이 방식은 학생들이 앞으로 실제 직장에서 하게 될 일과도 유사하다.

51개국 학생이 참가한 이 시험에서는 여학생이 남학생보다 성취도가 높았다. 이 결과에서 두 가지 특이한 점을 발견할 수 있다. 하나는 강점이 있는 학생과 그렇지 않은 학생 사이에 의미 있는 차이가 없었다는 것이다. 또 하나는 몇몇 국가에서 다양한 구성원으로 팀을 짰을 때 성취도가 급격하게 상승했다는 점이다. PISA 분석 팀은 몇몇 비이민자 학생이 다수의 이민자 학생과 같은 반일 때 수준 높은 성취도를 달성한다는 사실을 발견했다. 이에 따르면 다양한 구성원이 있는 공동체일수록 이 공동체에 속한 학생은 협력하여 문제를 해결하는 데 능했다.

협력해서 문제를 푸는 방식을 분석한 PISA 팀의 보고서는 혼자 보는 시험이 내포하고 있는 차별(중요한 시험을 앞두고 불안을 느끼는 사람이라면 누구나 공감할 어떤 것)을 드러내면서 이 문제를 해결할 실마리를 보여주었다. 여학생의 경우 컴퓨터 에이전트와 협력해도 자신감 수준이 올라가 한층 높은 성취도를 기록했다. 이 같은 사실이 무엇을 시사하는가? 혼자서 공부하면 미적분 강의에서 낙제하기 일쑤였던 아프리카계 미국인 학생이 협력해서 공부하면 오히려 다른 학생들보다 훨씬 더 나은 결과를 낸다는 사실은 무엇을 말해주는가? 이 연구 결과는 모든 사람이 협력을 통해 잠재력을 개발할 수 있다는 사실을 증명한다. 당신의 생각이 다른 누군가의 생각과 연결될 때 뇌의 성능과 이해력이 향상되고 올바른 관점을 갖게 된다.

신경 과학자들도 협력의 중요성을 알고 있다. 우리가 다른 이와 협력할 때 내측안와전두피질medial orbitofrontal cortex과 전두두정망frontoparietal network이 활성화되는데, 특히 후자는 적절한 문제 해결을 돕는다는 사실이 과학적으로 입증되었다.[7] 신경 과학자들은 이 뇌 영역을 '사회적 뇌social brain'라고 부른다. 협력할 때 뇌는 다른 사람이 하는 생각을 파악하고 상호 작용 방법을 배우는 복잡한 과제를 수행한다. 사회인지social cognition는 최근 뇌 과학 연구의 핵심 주제다.

대학교에서 높은 성적을 받거나 다른 성과를 내기 위해 뇌를 발달시키려면 협력이 필수다. 하지만 이 모든 것을 차치하고서도 갈등을 해결하거나 부족한 부분을 채우는 데도 다른 사람과의 협력이 큰 역할을 한다.

빅터 고어츨Victor Goertzel과 밀드러드 고어츨Mildred Goertzel은 마리 퀴리와 헨리 포드Henry Ford와 같은 유명 인사 가운데 700명을 선정해 그들의 어린 시절을 연구했다. 그 결과 놀랍게도 가정에서 충분한 지원을 받으며 성장한 이의 비율은 15퍼센트가 채 되지 않았다. 그들 중 75퍼센트가 '가난, 학대, 결손 부모, 알코올 중독, 심각한 질병' 같은 중대한 문제가 있는 가정에서 성장했다.[8] 이 연구는 1960년대에 이루어졌는데, 임상심리학자 메그 제이Meg Jay는《월스트리트저널》에 기고한 회복

탄력성에 관한 글에서 비단 그때뿐만 아니라 오늘날에도 오프라 윈프리Oprah Winfrey, 하워드 슐츠Howard Schultz, 르브론 제임스Lebron James 등 많은 유명 인사가 시련을 겪으며 성장했다고 적었다.[9]

여러 해 동안 회복탄력성을 연구한 제이는 시련을 극복해내는 사람이 그렇지 않은 사람보다 더 나은 결과를 만들어낸다고 말했다. 하지만 이것이 '단순한 반동으로 인한' 것은 아니다. 회복 과정은 더디므로, 탄성 이상의 힘을 얻으려 분투하는 과정이 필요하다. 시련을 통해 한층 강하고 단단해지면서 성장하는 사람들은 자기 자신을 믿고, 다른 사람들과 협력한다. 시련에 무너지지 않고 극복해낸 사람들은 어려울 때 친구나 가족 구성원, 동료에게 손을 내밀었다. 사람들이 그 손을 잡아주어 결국 이들은 함께 살아남았다.

▬ 잠재력을 해방하는 경험의 공유와 연결성

나도 모르는 사이 따돌림을 당했던 적이 있다. 따돌림은 킹스칼리지런던에서 스탠퍼드대학교로 자리를 옮겼을 때부터 시작되었다. 당시 나는 박사 과정을 밟으며 학생 구성이 비슷하지만 전혀 다른 방식으로 수학을 가르치는 두 학교를 대상으로 연구를 하고 있었다. 이 연구 논문으로 영국교육연구협회로부터 최고 박사에게 수여하는 상을 받았고, 이 논문을 토대로 집필한 책은 교육 분야 베스트셀러가 되었다.

나는 3년에 걸쳐 13세부터 16세를 대상으로 한 수업을 300시간이 넘게 참관하면서 학생들이 수학을 공부하는 모습을 지켜보았다. 그리고 3년간 해마다 교사와 학생들을 인터뷰했다. 학생들에게는 응용 수학 문제를 풀게 해 평가 자료로 삼고 각 학생의 점수와 영국 국가시험 문제를 푸는 방법을 분석했다. 연구는 학생의 성취도를 효과적으로 높일 수 있는 방법을 찾았고 연구 내용은 영국 전역에 보도되었다. 영국 (그리고 미국을 비롯한 많은 나라)에 있는 거의 모든 학교는 전통적인 방법론을 사용하고 있었고(이런 학교에서는 교사가 문제 풀이법을 설명하고 학생은 교과서 문제를 푼다) 그런 학교에서는 학생 대부분이 수학을 싫어했다. 또 여러 생각과 풀이법을 활용하여 문제를 해결해야 하는 프로그램이나 프로젝트를 통해 수학을 배우는 학생에 비해 수학 점수도 매우 낮았다.[10]

앞서 언급한 프로그램은 한 문제를 끝내기까지 꽤 긴 시간이 소요된다. 기존과 다른 풀이법을 적용해야 하니 시간이 더 걸리는 것이다. 이 프로그램을 통해 학생들은 수학을 즐기게 되었고 자연스럽게 국가시험 성적도 올랐다.[11] 이 학생들은 전통적인 방식으로 수학을 공부한 학생들보다 더 뛰어난 성취를 이루었다. 전통적인 방식으로 학습한 이들은 자기 기억 속에서 정보를 끄집어내 문제를 풀려고 노력한 반면 새로운 방식으로 수학을 배운 학생들은 각각의 문제를 다양한 방법을 생각하고 적용할 하나의 '기회'로 보았다는 데 차이가 있었다. 한편 놀라운 점이 또 있었는데, 전통적인 교육법을 고수한 학교에 만연했던 성별과 사회 계층에 따른 불평등이 새 방법을 기반으로 수업을 진행하면서 3년 만에 완전히 사라졌다는 것이다.

내가 한 다른 추적 연구에서도 이와 비슷한 결과가 나왔다. 출신 학교는 다르지만 국가시험에서 거의 비슷한 성적을 기록했던 학생들을 추적 연구해보니, 새로운 방식으로 수학을 배운 학생들이 전문적이고 보수도 높은 직업을 가지고 있었다.[12] 이들은 학교에서 배운 이 방식을 업무에도 적용하고 있다고 말했다. 온갖 질문을 하고, 여러 방법을 응용하고 적용하며, 하는 일이 싫어졌거나 이직을 원하거나 승진을 바랄 때 더 적극적으로 나선다는 것이다. 반면 전통적인 방법으로 수학을 배운 사람들은 학교에서 배운 수학을 그 뒤로 단 한 번도 사용한 적이 없다고 말했다. 그게 아니라면 학교에서 어쩔 수 없이 배운 수동적인 방법을 자기 인생에도 그대로 적용하고 있는 것 같다고 했다.

박사 과정을 마친 후 나는 그리스 아테네에서 열린 어느 콘퍼런스에서 이 연구 결과를 발표했다. 그때 스탠퍼드대학교 교육대학원 학장과 수학인재영입위원회 위원장이 나에게 다가왔다. 두 사람 모두 내가 한 발표를 인상 깊게 들었다며 현재 수학 교육을 맡을 교수를 찾고 있는데 일할 생각이 있는지 물었다. 당시 킹스칼리지 런던에서 연구 교수 겸 강의 교수로 일하며 어느 정도 만족하고 있었던 나는 두 사람의 제안을 정중하게 거절했다. 그러나 그 후 몇 달 동안 두 사람은 나에게 캘리포니아의 풍광을 담은 사진집 여러 권을 보내면서 꼭 한번 미국으로 날아와 면접도 보고 스탠퍼드대학교와 캘리포니아를 직접 경험해보라고 끈질기게 권유했다. 두 사람은 진심을 다해 나를 설득했고, 나는 마침내 캘리포니아 해변에서 며칠을 보내보기로 마음먹었다. 나는 이내 그곳에 매료되었고, 그해에 스탠퍼드대학교로 직장을 옮겼다. 그때가 1998년이었다.

새로운 직장에 들어온 지 몇 달 지났을 때였다. 수학과의 제임스 밀그램James Milgram이라는 사람이 나를 만나보고 싶다는 이메일을 보내 왔다. 나는 그 사람을 잘 알지 못했지만 일단 그의 연구실로 찾아갔다. 첫 만남은 무척이나 당혹스러웠다. 그 사람은 다짜고짜 미국 교사들은 수학을 잘 이해하지 못하므로, 나의 연구 결과를 미국에 알리는 것은 매우 위험하다고 말했다. 물론 나는 그 견해에 반박했지만, 그는 내가 하는 말을 귓등으로도 듣지 않았다. 나는 충격을 받고는 그의 연구실을 나왔다. 그러나 그것은 나중에 그가 한 행동 때문에 받은 충격에 비하면 아무것도 아니었다.

그 후 몇 년간 일어난 일을 설명하면 다음과 같다. 2000년에 나는 미국 국립과학재단에서 대통령상을 받았다. STEM 분야에서 가장 전도유망한 연구자에게 주는 상이었는데, 이 상 덕에 연구 예산을 지원받을 수 있었다. 그 연구는 영국에서 이전에 했던 연구와 비슷한 것이었다. 나는 대학원생으로 연구 팀을 꾸리고, 수학 교육법이 제각기 다른 고등학교 세 군데에서 약 700명의 학생을 선정해 4년에 걸쳐 추적 연구했다.

연구 결과는 영국에서와 비슷하게 나왔다. 복잡한 수학 문제를 풀 때 다양한 방법을 사용하고 응용하며 능동적으로 수학을 공부한 학생이 교사가 제시하는 풀이법을 그대로 따르기만 한 학생보다 월등히 높은 성취도를 기록한 것이다. 능동적으로 수학을 공부한 학생 중에 고등학교 졸업 후에도 수학을 계속 공부하겠다는 학생의 비율은 그렇지 않은 학생보다 열 배나 더 많았다.[13] 교사가 수학 문제를 푸는 걸 멍하게 바라보며 수동적으로 수업을 들은 학생은, 고성취 학생도 수학에 진저리를 치면서 앞으로 수학 수업을 절대로 듣지 않겠다고 말했다.

　그런데 이 연구 결과가 나올 때쯤 밀그램이 문제를 제기하고 나섰다. 그는 내게 연구 과정에서 부정행위를 저질렀다는 혐의를 덮어씌웠다. 나는 대학의 조사를 받아야 했고, 잘못되면 연구자로서의 경력이 끝날 수도 있었다. 대학은 지난 4~5년간 수집한 모든 데이터를 스탠퍼드대학교 교수진 회의에 제출하라고 지시했다. 스탠퍼드대학교는 밀그램이 한 주장의 진위를 따지려고 나와 우리 팀을 조사했지만, 우리 팀이 도출한 결과에 문제를 제기할 만한 근거나 증거는 단 하나도 찾지 못했다. 그렇게 조사는 끝이 났다. 그러나 밀그램은 끝을 내지 않았다. 그의 다음 행보는 온갖 거짓말을 모아 인터넷 공간에 퍼뜨리는 것이었다. 처음에는 대학의 조언에 따라 그의 행동을 무시하기로 했다. 그러나 그 모든 일이 나에게는 몹시 불편했고, 결국 영국으로 돌아가야겠다고 마음먹었다.

　그러던 중 2007년에 영광스럽게도 '마리 퀴리 펠로우십'에 선정되어 영국 서섹스대학교에서 3년간 진행할 연구 예산을 받게 되었다. 나는 해변이 아름다운 그곳에서 지난 몇 달간 겪은 끔찍한 기억을 모두 지워버리고 당시 각각 네 살, 6개월이었던 두 딸에게 좋은 성장 환경을 줄 수 있을지 모른다는 희망을 품었다. 그러나 3년 뒤에도 사람들이 여전히 밀그램의 거짓말을 읽고 믿는다는 사실을 깨달아야만 했다.

　이런 사람은 밀그램만이 아니었다. 그와 공모한 사람들은 나에 대한 온갖 거짓말을 인터넷에 퍼뜨렸다. 그들은 내가 데이터를 조작하며, 영국에서 연구를 진행한 학교들은 모두 실제로는 존재하지 않고 '오로지 내 머릿속에만 존재하는' 학교라고 거짓말했다. 개혁을 훼방하고 멈추려는 사람 중에 누군가는 자기들만 접속 가능한 커뮤니티에 다음과 같은 글을 올리기도 했다.

"이것은 상상할 수 있는 것 중 가장 최악의 시나리오다. 최고 대학교에 몸담은 연구자가 데이터를 조작하다니!"

나의 박사 논문 지도 교수였던 폴 블랙은 교육계에 헌신한 공로를 인정받아 교황에게 기사 작위를 받기도 한 훌륭한 과학자였다. 이분은 내가 미국 교수들에게 무자비한 공격을 받는 것을 보고는 깜짝 놀라서 그들에게 편지를 써서 만류하기도 했다. 그러나 달라지는 건 아무것도 없었다.

스탠퍼드대학교 교육대학원은 정기적으로 나에게 연락을 해서, 내가 떠난 뒤 공석으로 남은 그 자리로 다시 돌아와 달라고 요청했다. 그곳을 떠난 지 3년이 되던 2월의 어느 추운 날, 나는 스탠퍼드로 복귀할 것을 놓고 처음으로 진지하게 고민했다. 발단은 이랬다. 억수같이 쏟아지는 비를 뚫고 두 딸을 초등학교에 데려다주고 집으로 돌아오는 길이었다. 몸을 대충 말린 뒤에 노트북을 열었더니 이메일이 하나 와 있었다. 스탠퍼드 대학교에서 근무하던 시절에 친했던 동료 교수가 보낸 이메일이었다. 그 교수는 내가 돌아오면 좋겠다고 했다. 추운 날씨 때문이었는지 비 때문이었는지 나는 처음으로 '어쩌면 스탠퍼드로 돌아가는 것이 옳은 선택일지 모른다'라는 생각을 했다. 동시에 스탠퍼드로 돌아가 중상모략으로 나를 곤경에 빠뜨린 무리와 맞서 싸워야겠다고 생각했다.

몇 달 후 나는 스탠퍼드대학교로 돌아갔다. 많은 사람이 우중충한 영국 날씨가 지겨워서 맑고 푸른 캘리포니아의 하늘이 있는 곳으로 돌아왔다고 생각했다. 반은 맞고, 반은 틀렸다. 영국에 있으면서 캘리포니아 그리고 미국인들의 따뜻한 마음씨가 정말 그리웠기 때문이다. 또 내가 하는 연구가 미국 교사들에게 큰 도움이 된다는 걸 실제로 보며 보람도 느꼈다.

다행히도 스탠퍼드의 교육대학원 원장은 고정관념 위협stereotype threat 분야의 개척자인 클로드 스틸Claude Steele로 바뀌어 있었다. 이 학장은 밀그램과 그의 일행이 나에 대해 쓴 글을 자세히 읽었다. 밀그램과 공동 저자이기도 한 웨인 비숍Wayne Bishop은 신문에 기고한 글에서 아프리카계 미국인을 '피커니니pickaninny(흑인 아이를 얕잡아 이르는 모욕적인 표현-옮긴이)'라고 언급한 인종차별주의자였다. 클로드는 우리가 상대해야 할 이들이 어떤 부류인지 곧바로 파악했다. 그리고 우리는 그들과 맞서 싸울 전략을 짰다. 그들의 잘못된 행동을 낱낱이 적어 공개하는 것이었다.

나는 그 주 금요일 저녁을 지금도 선명하게 기억한다. 다른 교수들이 파티를 하려고 연회장에 모여들고 있는 시각, 나는 집에서 마우스를 '딸깍'하고 클릭했다. 그 악랄한 사람들의 고약한 행위를 낱낱이 밝히는 새로운 웹 페이지를 공개하는 순간이었다.[14] 그리고 그 순간 모든 것이 바뀌었다. 그날 밤 나는 트위터에도 가입했는데, 내가 맨 처음 올린 포스트는 대학 내 교수들의 따돌림 행위를 적나라하게 정리한 그 웹페이지 링크였다. 그 내용은 들불처럼 퍼져 나갔고, 주말 동안 교육계에서 가장 많이 리트윗된 메시지는 바로 내 웹 페이지 링크였다. 48시간이 채 지나기 전에 미국 전역에서 수많은 기자가 연락을 해왔고 그 따돌림 사건은 뉴스로 상세히 다루어졌다.

그러자 예상치 못한 일이 일어났다. 다른 여자 교수들에게서 이메일이 쇄도하기 시작한 것이다. 나는 며칠 사이에 백 통이나 되는 이메일을 받았다. 그들은 나에게 전적으로 공감한다며, 남자 동료들에게 어떤 따돌림을 당했는지 상세하게 적어 보냈다. 이 이메일들은 대학교 문화의 폐단이 어느 정도인지 명백하게 보여주는 증거였고, 고등 교육 기관에서조차 성차별이 만연함을 알려주는 지표였다. 대학교에서 성차별이 웬 말이냐고 생각할 수도 있지만, 이메일을 통해 본 현실은 달랐다. 대학교에서 요직을 차지하고 있는 많은 남성은 여성이 STEM 분야에 적합하지 않다고 생각하고 있었다. 설상가상으로 그들은 자신들의 성차별적인 행동과 발언에 대해 제대로 인지도 하지 못해서 내가 '성차별'이라고 표현하는 것에 적잖이 당황했다. 그러나 내가 읽은 이메일에는 분명 여성 연구자의 성과를 깎아내리려 하는 남성들의 차별 행동이 낱낱이 적혀 있었다.

남자 교수들의 따돌림과 차별적인 행동을 상세히 묘사한 이메일 내용을 대중에 알리겠다고 마음먹기 전에는, 내 생각과 감정을 보호할 내면의 벽을 더 튼튼하게 쌓아 올리려고만 했다. 남자들의 행동에 대해 생각하는 것 자체를 피하고 싶었다. 그들의 이름을 듣는 것조차 싫었다. 대학은 나에게 밀그램의 잘못된 행위를 아무에게도 말하지 않는 게 좋겠다고 했고, 나는 이에 따랐다. 그러나 그런 행동은 내게 도움을 줄 수도 있었던 동료나 친구를(그리고 변호사에게서도) 외면하는 행동이었다.

폭로를 하고 시간이 지나면서 나는 따뜻함을 느끼기 시작했다. 그 따뜻함의 원천은 수만 명의 교사와 수학자, 과학자, 그 밖의 모든 사람이 나에게 보내는 지지와 성원이었다. 그러자 내면의 벽이 무너지기 시작하고 마음이 열렸다. 몇 달 뒤 나는 다른 수학 교육자들에게 내가 당했던 공격의 실태를 상세히 알려주었다. 그런 공격을 하는 남자들은 거의 정해져 있었다. 어떤 사람은 수학 교육 분야에서 벌어지는 따돌림에 맞설 누군가가 절실히 필요했다며 나에게 고마움을 표했다.

여러 해가 지나도 나를 향한 지지는 끊이지 않고 이어졌다. 나는 그 사이 남자들의 공격적인 행동 양상을 더 분명히 인식하게 되었다. 그들은 전국의 수학 교육의 변화를 저지하는 운동을 벌이며 교사와 교육감, 학부모를 따돌리고 괴롭히고 있었다. 그러나 시대는 바뀌고 있었다. 오바마Barack Obama 대통령(2009년 1월부터 2017년 1월까지 역임했다-옮긴이)이 결단과 변화가 절실하다고 인식하고, 이런 생각을 확산한 덕에 우리는 이미 새로운 시대로 진입하고 있었다.

나를 향한 온갖 공격이 남긴 트라우마를 뒤로하고 성평등이 더 널리 퍼지도록 온라인 강의와 유큐브드 사이트에 관련 자료를 공유할 생각에 부풀어 올랐다. 지금 이 책을 쓰고 있는 시점은 내가 처음 따돌림을 폭로하던 날에서 6년이 지난 후다. 이 기간 동안 수백만 건의 접속, 다운로드, 팔로우가 이루어졌다. 현재 미국 학교의 절반이 우리가 제작한 수업과 교구를 사용하는데, 그토록 많은 지지를 받을 수 있었던 건 따돌림에 맞서 다시 일어선 나의 모습 때문이었다. 내 친구들은 밀그램에게 감사의 표시로 꽃다발이라도 보내야 하는 것 아니냐는 농담을 자주 한다. 그 사람 덕분에 평등한 수학 교육을 지향하는 내 연구가 더 많은 사람에게 알려질 수 있었다면서 말이다.

내가 받은 공격을 알림으로써 변혁이 시작되었다. 그 일을 세상에 알리기 전에는 무거운 짐을 오롯이 나 혼자서만 짊어지고 있었다. 그러나 내가 겪은 어려움을 널리 알렸더니 사람들이 나에게 도움의 손길을 내밀기 시작했다. 그리고 사람들의 지지는 내 안에서 어떤 변화를 일으켰다. 심한 상처를 받은 나머지 마음의 문을 닫아걸고 웅크린 채 힘겹게 과도기를 통과했지만 '죽을 정도로 강렬한 시련은 사람을 더욱 강하게 만든다'라는 격언은 딱 맞았다. 나는 그 험악한 공격을 극복하는 과정을 통해 더 강해졌다.

내 경험을 공유하면서 다른 사람과 연결되었고 이 연결은 나뿐만 아니라 나와 연결된 사람들에게도 도움이 되었다. 이를 통해 잠재력을 해방시키는 법을 배웠다.

물론 따돌림은 지금도 여전히 나를 따라다닌다. 특히 소셜미디어의 익명성을 등에 업은 공격이 더 그렇다. 이런 행위를 하는 사람들은 교육을 개선하려고 애쓰는 한 사람을 모욕하고 폭언을 퍼붓지만, 그들이 모르는 것이 있다. 바로 내가 훨씬 더 강한 사람이 되어 있다는 사실이다. 나는 나를 향한 공격적인 발언을 접할 때마다 이런 생각을 머리에 떠올리며 마음을 다잡는다.

'누군가가 나에게 반발하는 것은 내가 충분히 폭발적으로 영향력 있

는 사람이라는 증거다.'

교육은 지금까지 너무도 많은 실패를 거듭해왔으므로 현재 체계를 깨뜨릴 필요가 있다. 지금까지 당연하게 해왔던 것에 이의를 제기하고 대안을 제시하는 것이 나의 일이니 반대 세력이 나를 공격해오는 건 어찌 보면 당연하다. 그래서 나는 그들의 공격이 아무리 사나워도 아무렇지 않게 무시할 수 있다. 내가 제시한 대안이 어떤 식으로든 그들에게 영향을 끼쳤기 때문에 그들이 펄쩍 뛰며 난리 치는 것일 테니 말이다. 이처럼 나는 공격적인 반발을 다른 각도에서 바라보는 법을 배웠다. 나는 이제 그 반발에 주눅 들거나 스스로를 의심하는 대신, 그것을 나에게 주어진 하나의 기회라고 생각한다.

이것은 정말 중요한 변화다. 만약 당신이 학교에서든 직장에서든 생산적인 변화를 도모하거나 새로운 것을 제시하려 할 때 다른 사람들이 공격적인 태도를 보이거나 비웃는다면 '내가 지금 잘하고 있구나'라고 생각하면 된다. 반발은 긍정적인 신호다. 그 생각이 매우 영향력 있어서 반발하는 거라고 생각해도 좋다. 바넘 앤 베일리 서커스Barnum & Bailey Circus의 창업자이자 뮤지컬 〈바넘: 위대한 쇼맨〉의 실제 주인공이기도 한 피니어스 바넘Phineas T. Barnum은 이런 말을 했다.

"다른 사람과 똑같아서야 어떻게 다른 사람과 달라질 수 있겠는가?"

나는 이 말을 무척 좋아한다. 새로운 생각을 다른 사람이 받아들이도록 만드는 일은 결코 쉽지 않지만 그것이 매우 중요한 시도라는 것을 기억하면 힘을 낼 수 있다. 나는 신경가소성 이론을 토대로 한 새로운 학습 방법을 청중에게 소개할 때, 이 새로운 이론을 다른 사람에게 알려주면 반발을 살 수도 있다는 말을 꼭 덧붙인다. 사람들은 대체로 지능과 학습 능력은 유전적으로 결정된다는 고정관념에 완전히 사로잡혀 있어서, 이 생각과 어긋나는 생각에는 강하게 저항부터 하고 본다. 그 고정관념 덕에 이득을 본 사람이라면 더욱 그렇다. 내가 겪었고 지금도 여전히 겪고 있는 공격적인 행동들은 나는 더 강하게 할 뿐만 아니라, 중요한 연구 결과가 멀리 확산될 수 있도록 돕는다. 모든 연구자는 이 사실을 꼭 기억해야 한다.

사람들은 종종 내게 인간으로서의 가치를 공격하는 무자비한 폭언을 어떻게 극복했는지 묻는다. 그러면 나는 분명하게 대답한다. 나의 모든 것을 바꾸어준 행동은 딱 하나, 바로 내 경험과 나에게 연락해온 전 세계의 교육자가 보여준 놀라운 반응을 '공유'한 것이었다고 말이다. 나의 상처를 고쳐준 약은 온·오프라인에서 이루어진 '연결'이었다. 사람들이 자기 연구 작업이나 성과가 공격당할 때 무엇을 해야 하느냐고 물을 때 나는 주변을 둘러보고 자신과 함께할 사람을 찾으라고 말한다. 누군가는 온라인에서 소통하는 것이, 누군가는 동료나 가족에게 손을 내미는 것이 더 나을 수 있다. 분명한 것은 다른 사람들과의 연결은 가치를 따질 수 없을 정도로 소중하다는 것이다.

어떻게 하면 부모, 교육자, 회사 관리자로서 연결과 협력을 지향하는 한계 제로의 접근법을 다른 사람에게 권장할 수 있을까를 말하기 전에, 한 고등학교에서 시작되어 지금은 전 세계로 확산된 협력에 관한 이야기부터 해보겠다.

고등학교에 진학한 셰인Shane은 사상 최저 성적을 기록했다. 입학 당시만 해도 셰인은 고등학교에서 겪게 될 멋진 경험에 기대를 잔뜩 걸었다. 그러나 입학 후 몇 주 지나지 않아 고등학교 생활은 본인 말로 '평생 느껴본 것 가운데 가장 외로운 경험'이 되고 말았다. 수십만 건의 뷰를 기록한 어느 동영상[15]에서 그는 자기가 어디에도 소속되지 못한 외계인 같았다고 말했다. 이런 뿌리 깊은 공허감을 안고 그는 생활지도 상담사를 찾았다. 까딱하다가는 다른 학교로 전학을 가야 할지도 모른다는 위기감을 느꼈기 때문이다.

상담사는 셰인에게 다섯 개의 교내 동아리에 들어가라고 권했다. 처음에는 긴가민가했지만, 셰인은 상담사 말대로 동아리에 가입했다. 그리고 무언가가 달라지고 있음을 느꼈다. 그는 학교 복도에서 친구나 교사를 만나면 "안녕!"이라고 인사했다. 학교생활에 더 많이 관여할수록 자기가 학교 공동체의 일원이라는 느낌을 강하게 받았다. 그는 노력하면 얼마든지 자신감을 얻을 수 있다는 사실을 깨달았다. 학내 활동에 더 많이 참여할수록 더 깊이 연결되고 동기 부여되는 것을 몸소 느낀 것이다. 자신을 외계인처럼 여겼던 그가 변할 수 있었던 것은 스스로를 학교라는 공동체 안에 밀어 넣었기 때문이다. 그 행동이 모든 것을 바꾸어놓았다. 셰인에게는 엄청난 변화였다. 셰인은 자기 경험을 다른 이들에게 공유하겠다고 결심했고, 어떻게 하면 청소년이 다른 사람과 더 많이 연결될 수 있을까를 고민했다. 이것이 전 세계적으로 확산된 '나도 끼워줘Count Me In' 운동의 시작이었다.

셰인은 학교에서 집회를 열어서 친구들과 연결될 때 어떤 일이 일어날 수 있는지 알려주고, 개인에게 맞는 동아리를 소개하면 좋겠다는 생각을 했다. 이 집회를 계획할 때만 해도 참석 인원을 50명쯤 예상했는데 소문이 퍼져서 일곱 개 학교에서 무려 400명이나 되는 학생이 집회에 참석했다. 다음 해에는 참석자가 1000명 가까이 되었고, 참석자는 해마다 늘어났다. 이 성원에 힘입어 셰인이 시작한 '나도 끼워줘' 운동은 현재 천만 명이 넘는 사람에게 긍정적인 효과를 주고 있다. 셰인이 진행하는 말하기 프로그램에는 무려 100여 개국 학생들이 참여한다. 내가 셰인을 인터뷰했을 때 그는 요즘 청소년들이 의미 있는 연결을 하려면 반드시 시련을 극복해야 한다고 강조했다.

교육적인 관점에서 보면 오늘날의 10대는 과거 그 어떤 세대보다 힘들게 생활하고 있습니다. 이전 세대가 경험했던 문제를 헤쳐나가야 할 뿐만 아니라, 인생에 정말 해로운 영향을 끼칠 수도 있는 또래 압력(동료 집단으로부터 받는 압박감-옮긴이), 따돌림, 사회적 고립까지 감당해야 하니까요. 이런 것들이 하루 24시간, 일주일 내내 청소년을 긴장하게 합니다. 바로 인터넷과 스마트폰 때문이죠. 이들은 오프라인 공동체보다는 온라인에서 더 많은 시간을 보내며 사람들과 만납니다. 그렇기에 오히려 오프라인 공동체에서 다른 사람들과 연결되는 것이 관건이라고 생각합니다. 이럴 때 우리는 세상을 다르게 바라보고, 한층 더 성숙한 태도로 자아를 인식하며 소속감을 느끼기 시작할 겁니다.

그가 하는 운동은 청소년이 다른 이와 더 많이 연결되고 이를 통해 본인에게 필요한 것을 충족하게 하는 데 목적이 있다. 인터뷰에서 그는 이 점을 분명하게 밝혔다.

> 어떤 공동체에 많이 관여할수록 그곳에 자기를 더 깊이 뿌리내리게
> 되고, 그만큼 연결되어 있다는 감정을 뚜렷이 느낄 수 있습니다. 사물
> 을 더 다양한 관점에서 바라보게 되고, 관점은 더 명확해지며, 주변은
> 부드럽게 바뀌지요. 딱 꼬집어 말하면 제가 다음과 같이 생각을 바꾸
> 었을 때부터 인생이 완전히 달라지기 시작했습니다.
> '인생은 순간보다 더 길다. 어떤 일이 일어나든 나의 내면이 얼마나 암
> 울하고 절망적이든 상관없다. 이 순간보다 내 인생이 항상 더 길다는
> 사실을 나는 절대적으로 믿는다.'

셰인이 벌이는 운동은 고립되어 외로움을 느끼거나 가정에서 힘든
시기를 보내는 청소년, 또 자신을 혼란스럽게 하는 문제 때문에 괴로운
청소년에게 특히 도움을 주고 있다. 그는 자기를 긍정적으로 바꾸는 사
람과 그렇지 않은 사람의 가장 큰 차이는 세상을 바라보는 관점, 즉 마
인드셋에 있다고 말했다. 모든 사람에게 진정성 있는 연결이 필요하며,
이 연결이 인생을 바꿀 만큼 중요하다. 셰인의 말처럼 괴로운 이 순간
보다 인생이 더 크다는 것을 깨닫는다면 아무리 힘들고 어렵더라도 언
제든 거기서 빠져나올 수 있다. 특히 다른 사람들과 함께라면 더더욱
그럴 수 있다.

__ 열린 마음으로 불확실성 포용하기

나는 지금까지 협력이 학생들의 성취도와 인생을 얼마나 바꿀 수 있는지 지금까지 다양한 사례와 연구 성과를 언급했다. 이런 생각들이 뇌 성장과 힘들게 노력하는 분투, 다차원적 접근법과 어떤 관계가 있을까? 최근 여러 해 동안 연구와 책 집필을 위해 진행한 인터뷰를 놓고 보면, 다른 사람과 협력하고 연결할 수 있는 길(즉, 한계 제로의 길)을 분명하게 확인할 수 있었다. 우리가 한계 제로 접근법을 사람들에게 가르쳐 주었을 때, 그들 모두 연결과 만남과 집단 작업이 무한하게 생산적이고 즐거울 수 있음을 경험했다. 지금부터는 협력을 지향하는 한계 제로의 접근법, 거기에 덧붙여 교실, 가정, 직장에서 활용 가능한 몇 가지 협력 전략을 살펴보려 한다.

교사들은 협동 수업의 어려움을 잘 안다. 특히 학생들이 친구의 잠재력에 대해 부정적으로 생각하고, 그들 사이에 누가 봐도 분명한 차이가 존재할 때는 더욱 그렇다. 학생들이 토의하며 서로 생각을 나누고 연결되는 것이 얼마나 중요한지 잘 아는 교사에게는 이 협동 수업이 딜레마일 수밖에 없다. 가정에서도 마찬가지다. 형제 사이에 소통이 원만하게 이루어지지 않을 때, 자기 생각을 형제자매와 공유하지 않고 대립하기만 하는 자녀를 바라보는 부모도 교사와 비슷한 딜레마를 갖는다. 긍정적인 소통과 부정적인 소통의 차이는 흔히 교사와 부모와 회사 관리자의 다음 세 가지 행동에 따라 결정된다. 그것은 바로 열린 마음과 열린 내용, 불확실성을 포용하는 자세다.

1. 열린 마음

소통을 잘하려면 열린 마음을 가지고 이 마음을 잘 가꾸며 차이를 소중하게 여기는 법을 배워야 한다. 교사가 학생에게 수학, 역사, 과학, 혹은 다른 무엇에 대해 다양하게 생각해보라고 강조할 때, 비로소 학생도 열린 마음으로 다른 학생과 소통을 한다. 어떻게 이런 일이 가능할까? 많은 교사가 학생들이 협동 수업에서 소통을 잘 안 한다고 하소연하지만, 이렇게 되는 가장 큰 이유는 학생들이 마음을 닫은 채로 단 하나의 생각과 단 하나의 정답만을 찾기 때문이다. 즉 차이와 다양성을 중요하게 여기지 않는다는 데 진짜 문제가 있다. 아이든 어른이든 이 관점을 바꾸고 다양한 방식으로 배우는 습관을 들이면 다른 사람과 소통하는 방법도 바뀐다.

몇 년 전 나는 여러 번 전학을 다니는 고등학생들을 4년에 걸쳐 추적 연구했다. 그중 어느 학교에서 학생들은 공동체 안에서 소통을 잘하는 방법을 배웠다. 다른 사람이 하는 말을 경청하고 존중하는 법, 각자가 나누는 생각이 모두 소중하다는 것을 배우자 매우 흥미로운 일이 벌어졌다. 이것을 나는 관계성의 평등relational equity이 형성되었다고 표현했다.[16]

사람들은 보통 학교에서의 평등을 시험 점수 차원에서만 생각한다. 즉, 모든 학생이 대체로 비슷한 점수를 얻었는지 비교하여 평등 여부를 따진다. 그러나 나는 시험 점수 말고 더 중요한 평등 지표가 존재한다고 생각한다. 많은 이가 그랬듯[17] 나도 학교가 지향해야 하는 목표는 서로 존중하는 시민, 인종이나 계층 혹은 성별을 떠나 자기와 관계를 맺는 사람들을 소중히 여기는 시민, 다른 사람들이 필요한 것을 배려할 줄 알며 정의감 있게 행동하는 시민을 배출하는 것이라고 생각한다. 이런 시민을 배출하려면 우선 개인적이고 폐쇄적인 학생을 변화시켜야 한다. 즉, 학생들에게 교과 지식 외에 서로를 존중하며 소통하는 법을 깨우쳐주어야 한다.

나는 학생들이 서로를 존중하기 위해 배우는 여러 방식들이 인생을 살아가면서 만날 이들에게 다가가는 데 도움이 될 거라고 판단했다. 그래서 평등이라는 개념을 학생 사이의 관계에까지 확장했다. 내가 연구 대상으로 삼은 학교 교사들은 어떤 내용(예컨대 수학 문제)을 가지고 학생들이 서로를 존중하는 환경을 만들어냈다. 그 환경에서 학생들은 토의 주제에 대해 각자 생각을 발표하고 공유하는 데 익숙했다. 이 학생들이 존중과 협력을 얼마나 중요하게 생각하고 있는지는 인터뷰 답변에서도 여실히 드러났다. "수학을 잘하려면 무엇이 필요하다고 생각하나요?"라는 내 질문에 학생들은 다음과 같이 답했다.

- 다른 아이들과 협력할 줄 알아야 합니다.
- 열린 마음으로 다른 아이들의 생각을 잘 들어야 합니다.
- 다른 아이들의 의견을 잘 들어야 합니다. 왜냐하면 제 생각이 틀렸을 수도 있으니까요.

고성취 학생의 부모는 때로 교사가 다른 아이 교육에 자기 아이를 이용한다고 불평한다. 자기 아이는 혼자서도 얼마든지 쉽게, 또 깊이 있게 공부할 수 있는데 다른 아이들 때문에 그 기회를 박탈당한다는 것이다. 그러나 이 학생들이 공동체의 일원이 되려면 서로를 살피고 협력하는 것까지 배워야 한다. 한 학생은 이렇게 말했다.

> 만약 알아야만 하는 무언가를 저는 아는데 다른 친구는 모른다면, 친구에게 그것을 가르쳐줄 책임이 저에게 있다고 생각해요. 제가 학교에서 얻는 것만큼 그 친구도 얻는 게 공정하니까요. 우리는 같은 반 친구잖아요.

그런데 고성취 학생의 부모가 하는 걱정이 무색하게, 이 교육법을 통해 수학 성취도에서 가장 큰 성과를 얻은 학생 집단은 바로 고성취 학생들이었다.[18] 그들은 같은 학교 다른 학생들보다 더 높은 성취도를 기록했으며, 전통적인 교육법으로 배운 다른 학교의 고성취 학생들보다도 더 높은 성취도를 기록했다. 이런 결과가 나올 수 있었던 것은 다른 학생에게 문제 풀이 과정을 설명하는 데 들인 시간 덕분이었다. 친구에게 수학 문제를 설명하면서 문제를 더 깊이 이해할 수 있었던 것이다. 열린 시각에서 문제를 바라보고 서로의 차이를 소중하게 여기라고 가르치니 학생들은 서로를 존중하는 법을 알게 되었다. 마인드셋에 대한 지식과 정보는 학생들이 고정 마인드셋에서 성장 마인드셋으로 옮겨가도록 돕는다. 마찬가지로 문제에 다양하게 접근하도록 가르치는 것은 모든 영역에서 차이와 다양성을 소중하게 여기도록 한다. 성장과 차이를 동시에 중요하게 여기는 것은 열린 마음으로 나아가게 하는 강력한 도구다.

앞서 법칙4에서 등장한 홀리 콤튼 교사는 자기가 맡은 5학년 학생들에게 이렇게 말했다.

"모든 사람은 제각기 다른 방식으로 문제를 풀어. 이 과정을 통해 너희들은 언제나 배우고 성장할 수 있단다."

그녀는 이러한 발상이 학생들을 덜 이기적으로 만들었다고 나에게 말했다. 학생들은 상호 작용 과정에서 다른 사람이 자기와 생각이 다르다고 자기 방식을 고집하거나 연결과 협력을 포기하지 않았다. 대신 이렇게 생각했다.

'친구들은 나와 다르게 생각할 수도 있어.'

생각이 다르다는 걸 받아들이자 서로를 더 많이 이해하고 인정하게 되었다. 이와 관련해 홀리는 다음과 같이 말했다.

> 아이들은 다른 친구들도 좋은 생각을 가지고 있다는 것을 잘 압니다. 마음을 열고 다른 친구들이 제시한 문제 풀이법에 귀를 기울여야 한다는 것도 알죠. 그 문제 풀이법이 자기가 미처 생각하지 못했던 새로운 것일 수도 있거든요. 그렇기 때문에 "친구야, 어쩌면 네 생각에 내 생각을 보태면 더 좋은 게 나올지도 모르겠는데?"라는 태도는 이들에게 엄청나게 멋진 것입니다.

교육계의 많은 개혁가들은 학생들에게 새로운 경험을 안겨주려고 수학을 푸는 새로운 방법을 찾아내려 노력한다. 그러나 다르게 상상해보자. 학생들이 다른 사람과 생산적으로 협력하는 법을 배워서 타인의 말을 경청하고 이해하게 되었을 때 학교 안팎에서 학생들이 어떤 모습으로 살게 될 것인지 말이다. 교실에서는 말할 것도 없고, 그 학생들이 살아갈 인생 전체에 엄청난 변화가 뒤따를 것이다.

홀리는 교실에서 우연히 들은 소통에 관한 이야기를 내게 전해주었다.

오늘 제가 교실에 있는데 아이 둘이서 논쟁을 벌이고 있더군요. 그러다 한 아이가 말했습니다. "네가 생각하는 게 뭔지 알 것 같아. 그렇지만 실제로는 이거야." 그러자 다른 아이가 말했죠. "그래. 그게 바로 내가 생각하던 거야." 초등학교 1학년짜리 아이들이 말입니다! 사람들은 아주 어린 아이라면 타인의 관점이 자신과 다를 때 이를 수용하지 못할 거라고 생각해요. 하지만 그렇지 않습니다.

이 1학년 아이들은 마인드셋과 다차원적 접근법을 배운 아이들이었다. 그러한 것들이 마음을 열어준 덕분에 다른 사람의 관점을 수용할 수 있었던 것이다. 이러한 태도는 그 아이들에게 한계 제로로 가는 길을 열어주었다.

법칙3에서 나는 성장 마인드셋을 갖춘 사람이 다른 사람에게 덜 공격적인 태도를 취한다는 사실을 입증한 연구 결과를 소개한 바 있다. 흥미롭게도 이런 태도의 변화는 자기 자신을 바라보는 방식을 바꾸는 것에서 비롯된다. 그 연구에 따르면 사람은 바뀔 수 없다고 생각하는 고정 마인드셋을 지닌 사람은 자기가 한 행동 때문에 더 많이 부끄러워하고 채찍질한다. 그런데 스스로 얼마든지 바뀔 수 있다는 사실을 깨닫는 순간 부끄러움을 덜 느끼고 타인을 예전과는 다른 방식으로 바라보기 시작한다. 비록 다른 사람이 자신에게 나쁘게 굴긴 했지만 이는 그 사람이 잘못된 선택을 해서 그런 것이며, 그도 얼마든 좋은 사람으로 바뀔 수 있다는 시각을 갖게 되는 것이다. 그렇게 공격적인 성향이 쉽게 용서하는 너그러운 성향으로 조금씩 변해간다.

이런 심오한 변화는 마음을 활짝 여는 것에서 비롯된다. 우리는 믿음의 변화가 사람들이 세상을 살아가며 나누는 여러 상호 작용에 어떤 영향을 미치는지 이해하려 한다. 우리는 변화된 믿음이 학습 능력과 건강을 개선하고 갈등의 시간을 줄여준다는 사실을 줄곧 확인했다. 모두 바뀌고 성장할 수 있고, 서로 다른 생각을 존중해야 한다고 믿으며 협력한다면, 그 뒤에 이어지는 소통방식은 이전과는 완전히 다를 것이다.

2. 열린 내용

나는 지금까지 열린 마음의 중요성을 설명하면서 차이와 다양성을 중요하게 여기고 오히려 서로 다르다는 것에 고마워해야 한다는 주장을 펼쳤다. 교과 내용을 열린 방식으로 가르칠 때 학생들이 이런 관점을 배울 수 있다. 비슷한 맥락에서, 비즈니스 현장에 있는 사람들에게 여러 개의 의견과 관점을 중요하게 여겨야 한다고 권고했을 때 이들은 자기 자신을 돌아보고 다른 사람들을 예전과는 다른 방식으로 바라보기 시작했다.

여러 해 전 84명의 학생을 대상으로 여름 수학 캠프를 진행하면서 나는 마인드셋과 학습 내용을 공개하는 것, 사람들의 소통 방식 사이의 연관성에 대해 처음으로 깊이 생각하기 시작했다. 그 캠프 기간 동안에 우리는 협동 수업을 관찰했는데, 이때 학생들은 자기 생각을 나누고 공유했다. 이 협동 수업은 학생들의 학습 능력과 성취도를 높이는 데 기여했다. 학생들이 서로 도우면서 토의를 잘해나갔기 때문이다.

이 학생들은 나중에 인터뷰를 하면서 학교에서는 협력이 잘되지 않았지만 캠프에서는 잘되었다고 말했다. 학교에서는 한 사람이 혼자서 모든 걸 다 하고 나머지는 잡담만 하지만, 캠프에서는 구성원 모두가 "너는 이 문제를 어떻게 바라보니?", "너라면 이 문제에 어떻게 접근하겠니?" 같은 질문을 서로 하고 대답했다는 것이다. 학생 각자가 지닌 관점과 문제에 접근하는 방식을 공유할 때 학생들은 더 몰두해서 문제를 풀었다. 집단 내 소통의 출발점이다.

캠프에 참가한 학생들은 다차원적 접근법이 수학을 배우는 가장 좋은 방법임을 알게 된 뒤부터 다른 아이들이 수학에 어떻게 접근하고 푸는지 중요하게 생각했다. 그 결과 아이들은 서로를 더 소중하게 여겼으며, 어떤 아이는 다른 아이보다 더 가치 있다는 따위의 생각을 하지 않게 되었다.

대상을 어떻게 바라보는지 혹은 어떻게 해석하는지 묻는 아주 단순한 행동은 다양한 환경에서 활용할 수 있다. 만약 회사에서 사람들이 회의를 할 때 아무 제약 없이 열린 마음으로 자유롭게 의견을 말할 수 있다면, 또 답이 정해져 있는 회의를 진행하지 않는다면, 회의에 참석한 사람들은 자신이 존중받는다고 느끼고 강한 소속감을 느낀다. 그리고 그 결과 인간관계와 생산성이 개선된다. 어떤 교과목에서든 교사가 이 전략을 사용하면 학생들의 생각에 불꽃이 튀고 참여도도 높아진다. 한편 무슨 말이든 할 수 있는 열린 상태에서 다른 생각이나 다른 사람과 연결되면 더 가치 있는 대화를 이끌며, 더 나은 인간관계와 생각, 작업으로 연결된다. 학생이 색다른 해석과 생각을 하도록 장려할 수 있는 몇 가지 교육법은 뒤에서 따로 언급하겠다.

3. 불확실성 포용하기

이 책을 쓰기 위해 나는 총 62회의 인터뷰를 진행했다. 인터뷰를 하는 동안 많은 사람이 하나같이 말하길, 어떤 생각을 버리는 것이 다른 사람과 상호 작용을 할 때 닫혀 있던 자기 마음을 여는 데 도움을 주었다고 했다. 그것은 바로 '내가 옳다'라는 생각이었다. 그 생각을 벗어던지자 엄청나게 큰 힘이 생겼고, 제대로 알지 못했을 때 느끼는 불안감이 사라지면서 마음이 편안해졌다고 말했다. 이 새로운 관점은 분투의 시련과 노력과 실패가 우리 뇌에 얼마나 가치 있는 성과를 가져다주는지 깨닫는 것에서 비롯되었다. '고생'이 생산적인 과정임을 깨달을 때 사람들은 다양한 방면에서 해방감을 느낀다. 이를테면 어떤 회의에 참석하든 토의 내용을 훤하게 꿰뚫고 있어야만 한다는 강박을 내려놓으면 회의 시간이 더는 불안하지 않다.

'마음 챙김mindfulness'을 가르치는 교사이자 폴 유멜Paula Youmell과 함께『치유의 지혜를 엮어 짜기Weaving Healing Wisdom』라는 책을 쓰기도 한 제니 모릴Jenny Morrill도 이러한 변화를 겪었다.[19] 제니는 자신이 쓴 책을 통해 현재에 집중하는 방법을 공유했다. 나와 한 인터뷰에서 그녀는 자기에게 나타난 흥미로운 변화를 설명했다. 그녀가 마음 챙김 개념에 뇌과학을 보태자 그녀의 인간관계가 긍정적으로 바뀌었다는 것이다.

분투의 시련과 뇌 성장이 얼마나 중요한지 몰랐을 때 제니는 자기 자신이 '외딴 섬'처럼 느껴졌다. 예전에는 다른 사람과 이야기할 때 자기는 당연히 모든 것을 훤하게 다 꿰고 있는 전문가여야 한다고 느꼈고, 실은 아는 게 터무니없이 부족하다는 사실이 들통날까 봐 두려워했다고 말했다. 또 아이들을 가르치는 교사로서 모든 것을 다 알아야 한다는 생각에 사로잡혀 있었다. 이랬던 그녀가 완전히 바뀌어 지금은 불확실성을 포용하고 마음을 활짝 연 사람으로 살아가고 있었다. 이러한 변화는 자기가 누군가에게 평가당하고 있다는 생각을 내려놓는 것에서 시작되었다. 제니는 새롭게 변한 자기 관점을 다음과 같이 묘사했다.

어떤 것을 알지 못했을 때 불편함을 느끼긴 하지만, 지금 당장 이해할 수 없다고 해서 포기할 필요까지는 없어요. 지금 저는 교육자로서 또 인간으로서 더 많이 배우는 데 활용할 수 있는 자원들을 충분히 가지고 있습니다. 지금까지 저는 늘 제 자신을 외딴 섬처럼 느꼈어요. 무언가를 잘 아는 사람처럼 행세했죠. (……) 그런데 새로운 관점이 인생을 헤쳐나가는 방식을 완전히 바꾸어놓았습니다. 다른 사람이 하는 말에 귀를 더 잘 기울이게 되면서 변화가 시작되었습니다. 지금 전 협력을 통해 성장하고 배워나가고 있어요. 보다 잘 배우기 위해서 제가 속한 공동체의 동료들과 연결되는 새로운 방식을 개발하기도 했죠. 생각을 나누고 공유하는 것 자체가 학습입니다. 판단을 내려놓고 나 자신의 가치를 깨닫자 제가 완전히 변화되었습니다.

제니가 무슨 이유 때문에 과거에 자신을 '외딴 섬'으로 느꼈는지 나는 모른다. 그러나 그녀가 다른 사람들과 협력하고 그들의 말에 귀를 기울이며, 틀려도 괜찮다는 마음으로 스스로를 내려놓고 이를 통해 배우는 것이 그녀의 인생을 놀랍도록 높게 고양시키고 있는 것만은 분명히 알 수 있었다. 그녀는 이제 자신이 '유일한 전문가'라고 생각하지 않는다. 그리고 자기는 누구에게든 무언가를 배울 수 있다고 생각한다.

많은 사람이 인터뷰를 할 때 난관을 헤쳐나가는 데 도움이 될 자원을 더 많이 가지게 되었다고 말했다. 그들은 자기가 모르는 것을 아는 체하는 대신 자기에게 도움이 될 생각을 찾아 나섰다. 제니는 현재 자신이 가진 자원에 대해 다음과 같이 말했다.

저는 잘 알지도 못하면서 아는 척을 할 수 있습니다. 그러나 전 그렇게 하지 않아요. 대신 저의 직관을 사용하고, 동료에게 도움을 받고, 인터넷으로 검색하고, 동영상을 찾아서 보고, 수학 문제를 증명하거나 푸는 방법을 보여주는 유튜브 채널을 구독합니다. (……) 저는 계속해서 배우려 합니다. 예전에는 모든 것을 다 안다는 듯이 굴며 교실 문을 열고 들어가야 한다고 생각했어요. 훗날 보니 그게 바로 저의 고정관념이었습니다. 모든 것을 다 알고 모든 것을 통제하며 잘 처리하는 사람처럼 보여야 한다고 생각했던 거죠. 물론 지금은 그렇지 않습니다.

(……) 지금의 저는 예전처럼 변화를 두려워하지도 않고 그것 때문에 긴장하지도 않습니다. '지금 이 순간 내가 좀 불편한 어떤 것을 경험하고 있구나'라고 인지하고, 이내 그걸 처리하는 법을 배울 능력이 내 안에 있음을 자연스럽게 떠올립니다. 긴장을 풀수록 더 많은 것을 찾고 처리할 수 있다는 것도 이제는 잘 알아요.

모든 것을 다 아는 것처럼 굴지 않고 자기와 관련된 불확실한 것을 포용하며 더 많은 것을 배울 수 있는 자원을 찾아 나서는 접근법은 서로를 더욱 단단하게 이어준다.

내가 틀렸을 수도 있다는 불확실성과 취약성을 전제로 접근하는 방식은 내가 교사들에게 추천하는 방식이기도 하다. 교사가 언제나 올바른 내용만을 제시하고, 어떤 질문을 받아도 언제나 정답을 알고 있어서 단 한 번도 틀리지 않으며, 정답을 구하는 과정에서도 전혀 힘들어하지 않을 때, 학생들은 학습자라면 응당 그래야 한다는 잘못된 생각을 갖게 될 수 있다. 오히려 교사가 불확실성을 포용하고 자기도 모르는 게 있으며 틀릴 수도 있다는 사실을 드러내는 것이 훨씬 바람직하다.

교사는 자기가 틀리는 모습을 학생들에게 보여줌으로써 그 순간이 전문성을 획득하는 중요한 과정임을 자연스럽게 깨닫도록 해주어야 한다. 스탠퍼드대학교에서 강의할 때 나는 풀이 과정이 하나로 정해져 있지 않은 수학 문제를 탐구 과제로 제시한다. 학생들은 가능한 모든 방향에서 문제를 살펴보는데 그러다 보면 학생들이 새로운 풀이법을 내놓을 때가 있다. 이런 순간이 오면 내가 모든 것을 알지 못한다는 사실을 인정한다. 이때 학생들에게는 다음과 같이 말한다.

"엄청 재밌다. 이 풀이법은 나도 처음 보는 거야. 좋아, 좀 더 파고들어가 보자."

불확실성을 공유하는 전략은 학습자, 회사 관리자, 교사, 학부모 모두에게 중요하다. 해결해야 할 과제 가운데 특정 부분을 모르겠다고 공개적으로 인정한다 치자. 다른 사람들이 합류해 함께 머리를 맞대고, 곧 모든 사람이 그 문제를 공유하게 된다. 만약 학부모로서 자녀와 어떤 문제를 놓고 토의를 한다면, 아이를 가르치려고만 하지 말고 문제를 함께 풀려고 애쓰는 동반자가 되어 어떤 부분이 이해가 안 가니 가르쳐 달라고 아이에게 부탁해보라. 아이 입장에서는 부모를 가르치는 일이 무척 재미있을 것이다. 아이의 자존감과 함께 학습 효과도 높아짐은 물론이다.

모를 때는 모른다고 솔직히 털어놓아라. 대신 문제를 해결하는 방법은 확고하게 가지고 있어야 한다. 모르면서 아는 척하지 마라. 새롭게 발견하는 기쁨을 알고 호기심 넘치며 불확실한 상태를 행복하게 여기는 마음가짐이 훨씬 중요하다. 이런 태도를 지녀야 비로소 새로운 것을 찾아낼 수 있다. 나는 종종 강의실에서 수학 문제를 풀다가 막히면 학생들에게 어떻게 풀면 좋을지 가르쳐 달라고 말한다. 나는 이렇게 말하는 것에 아무 거리낌이 없다. 학생들은 이 상황을 즐거워하고, 이 과정에서 많은 것을 배운다. 학생들은 이를 통해 불확실성을 포용하고 학습 욕구를 상승시키는 게 멋진 태도임을 배운다.

함께 토의할 사람이 주변에 없다면 인터넷 공간에서 대안을 찾을 수도 있다. 채팅방에 가입하거나 소셜미디어를 활용할 수 있다. 몇 달 전 우리는 유큐브드 회원을 어떤 페이스북 그룹에 초대했다. 이 그룹에서 무려 1만 8000명이 서로 궁금한 것을 묻고 답한다. 질문 중에는 교사라면 당연히 알고 있을 것이라 생각되는 것들도 많은데, 이런 모습을 지켜보는 일이 나는 참 좋다. 때로는 수학의 특정 개념을 잘 이해하지 못하겠다고 털어놓는 수학 교사도 있다. 그러면 스무 명도 넘는 사람이 달라붙어 그 개념을 놓고 토의하며 고민을 털어놓은 교사를 너나 할 것 없이 돕는다.

나는 질문하는 사람을 늘 존경한다. 이들은 모르는 게 있다는 걸 인정하고 다른 사람에게 도움을 구하며 손을 내밀 정도로 자유롭기 때문이다. 어떤 사람은 자기가 몰두하고 있는 어떤 문제를 공개하면서 다른 사람에게 함께 토의해보자고 제안하는데, 이런 모습도 보기 좋다. 자기와 함께 공부하거나 일하는 사람을 경쟁자가 아닌 협력자로, 자기가 가진 것을 기꺼이 공유할 수 있는 사람으로 바라보라. 분투의 노력, 다양한 관점을 기꺼이 탐구하는 열린 마음이 인생을 바꾸는 핵심 열쇠니까 말이다.

＿ 협력을 강화하는 몇 가지 전략

학생을 가르칠 때 나는 원활한 의사소통을 위해 다양한 전략을 구사하는데, 교사와 학생 모두 유용하게 활용할 수 있다. 첫 번째 전략은 협동 수업을 할 때 사람들이 좋아하는 것과 싫어하는 것을 떠올려보는 사고 훈련thought exercise을 실시하는 것이다. 이것은 어떤 문제를 함께 풀자고 학생에게 제안하기 전에 먼저 밟아야 하는 첫 번째 단계다.

학생들이 조를 짜서 앉으면 나는 협동 수업을 할 때 무엇이 싫은지 말해보자고 제안한다. 그러면 학생들이 너 나 없이 흥미로운 생각을 내놓는다. 이때 학생들이 "누군가가 나한테 정답을 말해보라고 하는 게 싫어", "누가 '이건 너무 쉬워'라고 말하는 게 듣기 싫더라", "사람들이 나보다 더 빠르게 문제를 해결해버리는 게 맘에 안 들어", "사람들이 내 말을 무시할 때가 싫어" 등 자기 의견을 큰소리로 자유롭게 말할 수 있도록 해주는 게 중요하다. 이 과정이 끝나면 학생들이 나눈 생각을 조별로 하나씩 뽑아 커다란 종이에 써서 벽에 붙인다.

그다음에는 협동 수업을 할 때 무엇이 좋은지 이야기해보자고 한다. 학생들은 "사람들이 나한테 어떤 걸 해결하는 방법을 보여줄 때보다 질문을 해보라고 할 때가 좋아", "각자 생각을 공유한 다음에 본격적인 작업을 시작하는 게 좋아", "다른 사람이 내 생각에 귀 기울이면 기분 좋아" 등의 이야기를 꺼낸다. 그 후 이어지는 과정은 아까와 똑같다. 나는 학생들에게 협동 수업을 하는 동안 교실 벽에 붙여둔 '좋아하는 것들'과 '싫어하는 것들'을 명심하라고 일러준다.

두 번째 전략은 교육학자이자 친구인 캐시 험프리스에게서 배운 것인데, 캐시는 이것을 영국의 수학 교육자들에게서 배웠다고 했다. 나는 이것을 수학 강의에 사용하지만, 다른 교과목에 사용해도 괜찮다. 이 전략에는 학생들이 추론을 잘 해내도록 돕는 방법이 포함되어 있다. 이미 알려진 정보를 근거로 삼아 다른 판단을 이끌어내는 과정인 '추론'은 분야를 막론하고 중요한 학습 요소다. 과학자들은 가설을 설정하고 사례로서 증명하여 어떤 이론이 옳다고 주장하고, 가설이 통하지 않는 반례를 찾아 어떤 이론이 잘못되었다고 주장한다. 반면 수학자는 수학적인 추론을 통해 이론을 입증한다.

나는 학생들에게 추론을 잘하는 것, 즉 여러 가지 생각을 떠올리고 이것 사이의 연관성을 찾아내는 것이 중요하다고 가르친다. 다른 사람을 설득하는 것도 중요한데, 설득은 다음 3단계를 거치며 이뤄진다. 자기 자신을 설득하는 과정이 가장 쉬운 단계, 친구를 설득하는 것이 그다음 단계, 의심을 품고 있는 회의론자를 설득하는 단계가 가장 어려운 단계다.

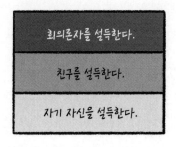

나는 학생들에게 서로 회의론자가 되어 "그게 맞는지 네가 어떻게 아니?" 혹은 "그걸 증명해볼 수 있니?"라는 질문을 해보라고 말한다. 여름 캠프에 참여한 학생들은 서로에게 회의론자가 되는 것을 무척 좋아했다. 학생들은 그 역할을 충실하게 잘 수행했고, 교실은 언제나 질문하는 소리와 추론하는 소리로 가득 찼다. 수학이나 다른 과목에서 서로의 생각이 연결되려면 깊은 이해가 필요했는데, 그 연결이 이해를 더욱 깊게 했다. 이 풍경을 바라보며 우리는 무척 흐뭇해했다.

협력이 매우 흥미로운 과정인데도 이런 협동 수업을 매우 싫어하는 학생도 많다. 대개 과거에 협동 수업을 하며 좋았던 기억이 별로 없어서다. 아마 조 구성 탓이 컸을 것이다. 말 못 할 문제가 있거나, 다른 사람의 말을 경청하고 존중하는 열린 마음이 부족한 다른 조원 때문에 마음고생을 했을 수 있다. 그러나 대부분의 학생은 해당 주제나 문제를 놓고 공개적으로 토의하고 여러 가지 접근법으로 문제 해결책을 생각할 때, 학습 성과가 더 좋았다.

많은 사람이 혼자서 열심히 공부할 때 학습 능률이 오른다고 믿는다. 생각과 학습을 두고 아리스토텔레스Aristoteles가 한 설명이나 묘사는 어떤 개인이 골똘하게 생각하는 모습을 담은 그림이나 조각상과 연관된다. 로댕Auguste Rodin의 「생각하는 사람」이 가장 유명한 사례다. 손을 턱에 괴고 앉아 있는 남자는 누가 보더라도 깊은 생각에 잠겨 있는 모습이다. 그러나 생각이라는 것은 기본적으로 사회적인 것이다. 심지어 혼자 책을 읽을 때조차도 우리는 다른 사람의 생각과 상호 작용을 한다. 다른 사람이 지닌 생각을 자기 안으로 녹여내며 그것을 새로운 영역으로 확장할 수 있는 능력을 개발하는 것은 학습의 본질이다.

모든 것을 다 아는 척하는 태도를 버리고 자기와 관련된 불확실한 것을 포용하며 더 많은 것을 배우려고 주변으로 눈을 돌릴 때, 완전히 다른 차원의 존재로 나아가는 문이 열린다. 이것이 한계 제로의 본질이 아닐까? 이것은 내가 스탠퍼드대학교 동료들에게서 자주 발견하는 모습이기도 하다. 어떤 사람은 어려운 문제에 부딪히면 바로 포기해버린다. 이를테면 "나는 그 소프트웨어 사용법을 잘 몰라" 같은 말을 하면서 말이다. 그렇지만 어떤 사람은 똑같은 문제에 부딪혀도 "나는 그 소프트웨어 사용법을 몰라. 그래도 괜찮아. 배우면 되니까. 동영상을 찾아보든 해서 나 혼자 배우면 돼"라고 말한다. 정반대인 두 유형의 사람을 나는 자주 보는데, 한계 제로의 접근법을 가지고 새로운 도전이나 학습에 나서는 사람을 볼 때마다 늘 존경심이 생긴다. 이들은 자신에게 주어진 기회를 폭넓게 활용하며 언제나 더 많은 것을 성취한다.

모든 것을 다 알아야 한다고 느끼는 압박감은 우리를 조여온다. 그러나 새로운 뇌 과학을 배우고 애써 노력하는 자세와 개방적인 태도가 얼마나 중요한지 깨달은 사람들은 이 압박감을 자기 손으로 툭툭 털어낸다. 강의실이나 회의실에 들어갈 때 대부분의 사람은 자기가 충분할 정도로 많이 알고 있지 않다는 사실 때문에 크게 걱정한다. 하지만 '모든 것을 알아야 한다'라는 부담스러운 생각을 내려놓고 불확실성을 포용한다면, 완전히 다른 사람이 되어 보다 생산적으로 의견을 교환할 수 있다. 기업은 훨씬 더 매끄럽게 운영될 것이고 우정도 한층 깊어질 것이며, 느긋한 마음을 갖고 효과적으로 자기에게 주어진 일을 할 수 있다.

흔히 수학을 여러 교과목들 중에 가장 외로운 과목이라고 일컫는다. 하지만 수학도 다른 학문과 마찬가지로 온갖 생각(개념) 사이의 관계를 통해 형성되었다. 사람들이 서로 협력하여 여러 가지를 규정하고, 이 생각들이 서로 연결되어 있는 방식을 살피는 추론 과정에서 새로운 생각과 방향이 나타난다. 고성취 학생의 학부모가 나에게 자주 묻는 말이 있다.

"우리 아이는 정답을 명확하게 도출할 수 있어요. 이런 아이에게 왜 굳이 구구절절 설명을 해줘야 하죠? 그럴 필요가 있나요?"

그러나 이렇게 말하는 학부모는 수학이 의사소통과 추론의 학문이라는 중요한 사실을 놓치고 있다.

온라인 연산 지식 사이트 울프람 알파Ulfram Alpha의 개발자이자 울프람 리서치Ulfram Research의 책임자인 콘래드 울프람Conrad Wolfram은 자기 생각을 다른 사람과 소통할 수 없는 사람은 자기 회사 직원으로 일하기 어렵다고까지 말했다. 주로 팀 단위로 문제를 해결하므로 소통 능력이 없는 사람은 아무 역할도 할 수 없다는 게 이유였다. 팀 단위로 문제를 해결하는 체제에서는 어떤 사람이 자기 생각을 제시하면 다른 사람들은 이 생각을 자기 생각과 연결 짓는다. 많은 사람의 머리에서 나온 비판적인 평가와 판단은 정확하지 않거나 적절하지 않은 생각이 자리 잡지 않게 막아준다. 그러나 의사소통이나 추론이 불가한 사람은 팀 차원의 문제 해결에 전혀 도움이 되지 않는다. 다른 모든 영역에서도 마찬가지일 거라고 나는 확신한다. 수학이든 과학이든 미술이든 역사든 간에 자기 생각을 다른 사람에게 설명하고 전달할 수 있는 사람은 문제를 더 효과적으로 해결할 수 있으며, 회사에서든 여타 다른 조직에서 큰 기여를 할 수 있다.

지금까지 설명한 여섯 개의 법칙은 우리의 의사소통을 변화시켜 인생에 많은 기회를 제공한다. 많은 사람이 마음을 닫고 원활한 의사소통을 하지 못한다. 이들은 자기가 틀린 말을 할까 봐 두려워하며, 자기가 말하는 것이 자기 가치를 있는 그대로 드러내지 못할까 봐, 또 그 말로써 다른 사람에게 평가를 받을까 봐 전전긍긍한다. 마인드셋, 뇌 성장, 다차원성, 그리고 실패와 힘든 노력이 얼마나 가치 있는지 깨달을 때, 비로소 우리는 해방되어 한계 제로의 관점을 갖추게 된다. 불확실성을 기꺼이 안고 자기가 지닌 생각을 다른 사람과 공유할 때 우리는 문제 해결의 길에 더 가까이 다가설 수 있다. 이처럼 협력은 우리의 인생을 풍요롭게 한다. 최고의 협력은 한계 제로의 접근법에서 시작된다. 적어도 내 생각에는 그렇다.

내 경험을 공유하면서 다른 사람과 연결되었고
이 연결은 나뿐만 아니라
나와 연결된 사람들에게도 도움이 되었다.

그릿을 이기는
한계 제로 마인드셋

우리는 늘 학습한다. 대개 학교를 학습과 관련된 장소로 생각하지만, 학습이 이루어지는 장소는 이곳 말고도 많다. 같은 맥락에서 우리 삶에서 학습이 이루어지는 순간은 수도 없이 많다. 온갖 생각과 사람과 제각기 다른 방식으로 연결되는 수많은 기회 속에서, 여러 가지 학습 법칙이 작동한다. 내가 이 책을 쓴 목적은 독자가 하는 모든 작업의 능률을 높여줄 여러 발상을 제공하기 위함이다. 독자들이 이 책을 만나 인생을 풍성하게 살고, 책을 통해 배운 정보를 다른 사람에게도 알려주어 더 많은 사람이 갇혀 있던 잠재력이 해방되는 기쁨을 누리게 된다면 더할 나위 없을 것이다.

스위스 교육학자 에티엔 벵거Etienne Wenger는 학습을 통념과 다르게 바라보는 데 도움을 주는 중요한 기틀을 만들었다. 벵거는 우리가 무언가를 학습할 때 단지 지식을 습득하거나 객관적 사실과 정보를 축적하는 게 전부가 아니라고 말했다. 벵거는 학습이 우리를 '사람'다운 사람으로 바꾸어놓는다고 말했다.[1] 우리는 새로운 생각을 배우면서 과거와는 다르게 세상을 바라본다. 과거와 다른 방식으로 생각하며 우리 삶의 모든 사건을 과거와는 다른 방식으로 해석한다. 벵거가 말하듯 학습은 정체성이 형성되는 과정이다. 과거 심리학자들은 정체성을 정적인 개념으로 바라보고, 어릴 때 형성된 정체성이 평생 유지된다고 주장했다. 그러나 최근에 이루어진 연구는 정체성이 유동적이며 누구나 서로 다른 여러 개의 정체성을 지닐 수 있다고 본다. 이를테면 직장에서와 가정에서 얼마든지 다른 정체성을 가질 수 있다. 내가 이 책을 쓴 것은 뇌 성장, 마인드셋, 다차원성, 협력을 배우면 이것들이 우리를 여러 측면에서 자유롭게 해방시킨다는 사실을 깨달았기 때문이다. 이 생각 자체만으로 우리가 전혀 다른 사람으로 변화하진 않겠지만, 어쨌든 우리 안에 이미 있던 것, 즉 언제든 발휘할 수 있었지만 여태까지 몰랐던 잠재력을 해방시키는 데 일조하는 것만은 분명하다.

이 책을 준비하면서 우리 팀은 62명을 인터뷰했다. 인터뷰 응답자의 나이는 23세에서 62세까지 다양했고, 출신 국가도 6개국에 달했다. 나는 뇌 과학과 마인드셋, 그 밖에 내가 주장해온 새로운 생각들에 의해 스스로 변화했다고 느끼는 사람은 연락해 달라고 트위터에 올렸다. 이 글을 보고 연락해온 사람들을 만나 인터뷰하면서 나는 깜짝 놀랐다. 나는 단순히 사람들의 인지 방식과 마인드셋이 바뀌었다는 증언을 기대했는데 이들이 들려준 이야기는 그런 내 기대를 훌쩍 뛰어넘는 것이었기 때문이다. 그들은 다른 사람과 연결되는 방식, 새로운 생각과 학습에 접근하는 방식, 자녀를 양육하는 방식, 세상과 소통하는 방식 등이 얼마나 많이 바뀌었는지 생생하게 들려주었다.

이러한 변화의 첫 번째 요인은 뇌 성장, 즉 신경가소성과 관련한 뇌과학 지식을 배운 일이었다. 우리가 인터뷰한 많은 사람은 마음가짐이 변하기 전만 해도 자기 능력에 한계가 있고 자기가 특정한 어떤 것은 결코 해내지 못한다고 생각했다. 내 연구 분야와 트위터 팔로워들 때문에 인터뷰에서는 주로 수학 학습에 관해 이야기를 나누었지만, 그들은 실로 삶의 다양한 영역에서 변화를 맛보았다. 자신이 수학을 제대로 학습할 수 있다는 사실을 깨달았을 때 곧 다른 과목도 그렇게 공부할 수 있다는 걸 알았다.

'그릿grit'은 앤절라 더크워스가 창안한 개념으로, 특정한 방향으로 어떤 생각을 단호하고도 끈질기게 물고 늘어지는 특성을 가리킨다.[2] 그릿은 정말 중요한 덕성이지만 한편으로는 성공을 가져다줄 수 있는 어떤 것 하나에만 집중한다. 세계적인 성공을 거둔 운동선수 모두 그릿을 가지고 단 하나에만 집중하고 다른 것들은 쳐다보지 않았다. 더크워스는 선택과 집중이 필요하다고 역설한다. 그러나 이 접근법이 어떤 사람에게는 적합할 수 있으나 모두에게 최고의 접근법은 아니라는 게 내 생각이다. 다른 것은 모두 내팽개치고 단 하나의 경로만 따라가다 결국 소망하던 것을 달성하지 못하고, 설상가상 과거에는 선택할 수 있었던 다른 경로로도 돌아갈 수 없어 오도 가도 못하게 된 사람이 많다는 것을 나는 안다. 또 그릿은 개인적인 차원의 집중을 의미하는데, 공정한 결과는 공동체 작업에서 비롯된다고 학자들은 지적한다.[3] 청소년이 목표를 이루려고 온갖 장벽을 돌파하고 두각을 나타낼 때 이 성취가 개인의 노력으로만 이루어진 경우는 드물다. 보통 교사, 학부모, 친구 그리고 공동체 구성원들이 함께 만들어낸 총체적인 노력의 결과물일 때가 많다. 그릿은 성취의 이런 중요한 특성을 포착하지 않는다. 게다가 오로지 한 가지 목표에만 초점을 맞추기에 무조건 자기 혼자만의 힘으로 해내야 한다는 잘못된 생각을 사람들에게 심어줄 수도 있다.

한계 제로의 마인드셋은 그릿과는 다르다. 한계 제로의 마인드셋은 자유로운 정신과 육체, 그리고 모두에게 도움을 줄 수 있는 창의성과 유연성을 가지고 인생에 접근하는 방법이다. 한계 제로의 관점으로 인생에 접근하는 사람들은 끈기가 있고 단호하다. 그러나 그릿과는 다르게 단 하나의 경로에만 초점을 맞추지 않는다. 자유와 창의성이 그릿으로 이어질 수 있지만, 그릿이 자유나 창의성으로 이어지지는 않는다.

이 책의 결론을 쓰는 동안 나는 헨리 프레이저Henry Fraser라는 놀라운 영국 청년을 알게 되었다. 『해리포터』의 저자 조앤 롤링이 서문을 쓴 헨리의 저서 『The Little Big Things(사소한 큰 것들)』[4]을 읽은 뒤에 직접 그를 만났다. 그 책에는 헨리의 인생을 완전히 바꾸어놓은 사건이 자세히 묘사되어 있다. 포르투갈의 바다에서 다이빙을 하다가 잘못되어 전신이 마비된 사연이다.

헨리가 고등학교 2학년 과정을 막 마쳤을 때였다. 운동을 광적으로 좋아했던 그는 럭비부 선수였다. 2학년이 끝나고 방학이 시작되자 헨리는 럭비부 친구들과 함께 포르투갈로 여행을 갔다. 그들로서는 충분히 누릴 자격이 있는 여유로운 시간이었다. 여행이 시작되고 닷새째, 그가 바다에 다이빙했을 때 그의 머리가 바닥으로 떨어지는 바람에 척수에 심한 손상을 입었다. 그 결과 그는 팔다리를 모두 쓸 수 없게 되었다.

사고 직후 여러 날 동안 그는 구급차와 수술실을 오갔고 영국에서 날아온 그의 부모가 병상을 지켰다. 회복 과정 초기에 헨리는 매우 힘든 시기를 보내야 했다. 어느 날 문득 깨어보니 사지가 마비된 상태로 휠체어에 앉아 있는 자기 모습을 보고 누군들 당혹스럽지 않겠는가. 그는 자기 인생이 완전히 바뀌었음을 깨달았다.

회복 과정은 무척 힘들었다. 처음 5주 동안 병실 바깥은 구경할 수도 없었고, 6주 동안은 아무것도 먹지도 마시지도 못했다. 그러나 회복 과정에서 헨리는 완전히 새로운, 그리고 인생을 송두리째 바꾸어놓을 마인드셋을 개발했다. 그가 처음으로 다시 햇살을 느꼈을 때 감사하는 마음이 거대한 밀물처럼 그의 내면에 쏟아져 들어왔다. 신선한 바깥 공기를 마실 때는 그렇게 행복할 수가 없었다. 사람들이 쾌유를 빌며 보내준 카드를 읽으면서는 표현할 수 없을 정도로 고마웠고, 저절로 겸손한 마음이 들었다. 거기서 그치지 않았다. 그는 후회에서 벗어나려는 적극적인 선택으로 감사하는 마음을 가졌다. 헨리와 똑같은 상황에 놓인 사람이 가장 느끼고 싶어 하지 않는 감정이 바로 '감사'다. 그러나 사지가 마비된 헨리는 감사를 택했다. 하루하루 행복해했고, 모든 학습 기회를 포용했다. 그가 쓴 책의 장 제목 '패배는 선택이다'처럼, 그는 패배를 선택하지 않고 승리를 선택하며 역경을 돌파해냈다.

헨리는 휠체어에 앉아 지내야 하는 상황에 적응한 후 그림을 배우기 시작했다. 손으로 붓을 드는 대신 입에 물고 붓질을 했다. 그가 그린 아름다운 작품은 영국 전역에 전시되었으며, 그가 쓴 책은 세계적인 베스트셀러가 되었다. 어느 여름날 자기 인생을 송두리째 바꾸어놓은 끔찍한 사건을 겪은 후 그가 어떻게 이 모든 것을 성취할 수 있었을까? 그는 절망의 늪에 빠져드는 대신 엄청난 위업을 거둔 비범한 인사가 되어 수백만 명에게 영감을 주고 있다. 그가 거둔 이 성취는 '노력하기만 하면 얻을 수 있다'라는 믿음에서 비롯된 것이다.

사고를 당한 직후 헨리는 휠체어에 앉은 자신을 바라보면서 '옴짝달싹도 못 하게 되었구나' 하는 생각에 괴로웠을 것이다. 당연하다. 하지만 그는 자신에 대한 긍정적인 믿음으로 한계를 깨고 스스로를 해방시키는 쪽을 택했다. 자기가 쓴 책 마지막 부분에서 헨리는 사람들이 자기가 당연히 우울할 거라고 여기고 마음이 어떠냐고 물어오는데, 그때마다 이렇게 되묻는다고 적었다.

"내가 어때서요?"

이것보다 더 아름다운 대꾸는 없을 것이다.

사람들이 내게 그런 질문을 해올 때마다 나는 이렇게 대답한다. 나는 아침마다 지금 인생에서 누리는 모든 것에 감사하며 눈을 뜬다고. (……) 나는 날마다 잠에서 깨어 일어나 내가 좋아하는 일을 한다. 여러 단계에서 여러 가지 방식으로 나 자신을 앞으로 밀어붙여야 하는 도전 과제가 있다. 나는 늘 배우고 있고, 늘 앞으로 나아가고 있다. 많은 사람은 아니라고 하겠지만 나는 내가 무척이나 행운아라고 생각한다.

내가 풀이 죽어 있을 이유가 있는가? 없다. 나에게는 행복해할 일이
너무도 많다.

내가 다치지 않았더라면 지금 어떤 일이 일어나고 있을지는 생각할
필요가 없다. 과거는 이미 일어난 사건이고 되돌릴 수 없다. 그저 받아
들일 수만 있을 뿐이다. 자기가 할 수 없는 것이 아니라 자기가 할 수
있는 것을 바라볼 때 인생은 훨씬 더 단순하고 행복해진다.

모든 날이 좋은 날이다.[5]

헨리는 인생을 긍정적으로 바라보기로 스스로 선택했다. 자기가 할
수 없는 것 말고 자기가 할 수 있는 것만 바라보려 하는 그의 태도는 참
으로 본받을 만하다.

자기에게 있는 것을 보며 감사할 줄 아는 마음을 줄곧 연구해온 심
리학자들이 있다. 심리학자 로버트 에몬스Robert Emmons는 '감사'라는
태도를 전문적으로 연구했는데, 그는 감사가 사람들의 삶의 질에 영향
을 미치는 매우 중요한 요소임을 발견했다.[6] 그의 연구에 따르면 감사
하는 마음을 지닌 사람은 그렇지 않은 사람에 비해 더 행복하고 열정
적이며 정서적으로 똑똑하면서도 덜 외롭고 덜 우울하며 걱정도 적었
다.[7] 또 행복하면 절로 감사한 마음이 들지만, 그렇지 않을 때도 훈련을
통해 감사할 수 있으며 감사하는 마음이 역으로 행복을 만들어내기도
한다는 것이다. 실제로 피험자가 감사를 훈련한 결과 더 많이 행복해하
고 더 낙관적으로 생각했다.

'사소한 것'에 감사하는 헨리의 선택은 그의 인생 그리고 그가 이룬

성취에 커다란 영향을 미쳤다. 그가 살아온 인생은 감사하는 마음이 가져다주는 영향을 여실히 입증한다. 뿐만 아니라 다른 많은 사람이 불가능하다고 여기는 것을 달성하겠다는 신념의 힘까지도 생생하게 보여준다.

우리가 어떤 것을 포기하면서 그것을 수행하거나 획득할 능력이 자기에게는 없다고 판단할 때, 이것이 실제로 우리의 한계 때문인 경우는 드물다.[8] 실제 모습과는 상관없이 스스로 내린 잘못된 판단이 원인인 경우가 대부분이다. 이처럼 대다수는 자기 자신에 관해 부정적인 편견을 가지고 있다. 특히 나이를 먹어가며 예전처럼 신체적으로나 정신적으로 강하지 않다고 느낀다면 더욱 그렇다. 노스캐롤라이나대학교의 데이나 투론Dayna Touron이 60세 이상 성인을 연구한 결과 심지어 노화도 마음먹기에 따라 다르게 진행되었다.[9] 연구진은 피험자에게 두 개의 단어 목록을 제시하면서 이 두 목록에 동일하게 포함된 단어를 가려내라고 문제를 냈다. 피험자는 기억에 의존해 정답을 찾아낼 수도 있었지만, 많은 사람이 자기 기억을 믿지 않고 두 목록을 일일이 대조하는 방식을 선택했다.

젊은이와 노인의 계산 능력 차이를 살피는 다른 연구[10]에서는 젊은이는 앞서 제시된 계산식의 답을 기억해 활용한 반면 노인은 매번 처음으로 돌아가 계산을 다시 하는 방식을 택했다. 첫 번째 실험에서와 마찬가지로 노인은 기억을 활용할 수 있었는데도 그것을 신뢰하지 않고 아예 활용하지 않았는데, 이것이 결과적으로 그들의 계산 능력을 제한했다. 또 연구진은 기억 회피 및 자신감 부족이 일상에서 이루어지는 모든 활동의 성취도를 제한한다는 사실도 확인했다. 자기가 어떤 것을 할 수 없다고 믿을 때 실제로 그 일을 할 수 없었다. 반면 자기가 어떤 것을 할 수 있다고 믿을 때는 실제로도 대개 그 일을 해냈다.

우리 뇌가 끊임없이 변하고 있으며 나이에 상관없이 얼마든지 복잡한 기술을 배울 수 있다는 객관적인 지식과 정보는, 노인에게 실질적인 도움을 줄 수 있다. 많은 사람은 나이를 먹어감에 따라 무언가를 실행할 능력이 줄어들기 시작한다고 믿으며, 이런 태도는 일상에서 행하는 많은 의사 결정을 바꾸어놓을 정도로 영향을 미친다. 자기가 할 수 있는 일이 상대적으로 적다고 믿는 사람은 실제로도 적은 일에 도전한다. 이런 현상은 인지 능력을 쇠퇴시킨다. 연구 결과 은퇴기에 접어든 사람도 활동을 최소화하기보다 새로운 도전과 학습을 꾸준하게 수행할 때 신체적·정신적으로 더 건강해졌다. 여가 활동을 하는 노인이 그렇지 않은 노인에 비해 치매에 걸릴 확률이 38퍼센트나 낮았던 것이다.[11]

데니스 파크Denise Park는 노인의 뇌 성장을 연구하려고 노인 피험자를 한 주에 열다섯 시간씩 석 달 동안 집단별로 제각기 다른 활동을 하게 한 다음 결과를 비교했다.[12] 퀼트나 사진술처럼 세밀한 지시를 따르면서 장기 기억과 주의력을 요하는 작업을 배우는 집단과 고전음악을 듣는 등 상대적으로 수동적인 활동을 하는 집단으로 나누어 연구를 진행했는데, 석 달 후 검사 결과 퀼트나 사진술을 배운 집단에서만 내측 전두엽, 외측두엽, 두정엽(모두 주의력, 집중력과 관련된 뇌 부위)에 상당한 수준의 변화가 나타났다. 이 연구 논문뿐만 아니라 다른 연구 논문도 이전에 해보지 않아 익숙하지 않은 취미가 뇌 성장을 촉진하여 노인 건강에 도움을 준다는 사실을 지적했다. 이처럼 집중력과 끈질긴 노력을 요하는 새로운 취미나 강의는 뇌를 활성화시켜 생활 전반에 상당히 이로운 영향을 끼친다.

우리가 인터뷰한 사람 중 몇몇은 한계 제로의 상태가 어떤 면에서 중요한지 상세히 이야기해주었다. 그들은 마인드셋을 바꾸고 자기는 무엇이든 다 할 수 있으며, 다른 사람들이 더는 자기 앞에 극복할 수 없는 장애물을 가져다 놓을 수 없음을 깨달았다고 했다. 장애물과 마주치면 그들은 새로운 전략과 접근법을 찾아내고 개발했다. 한계라는 해로운 생각을 떨쳐내고 무엇이든 할 수 있다는 긍정적인 태도를 지닐 때 우리 생활의 많은 부분이 바뀔 수 있다.

베스 파월Beth Powell은 뇌 성장과 다차원적 접근법, 마인드셋에 대한 지식을 통해 새로운 미래를 그려나갈 수 있도록 청소년을 돕고 있다. 그녀는 특수 교육 학교에서 일하는데, 교사와 학생이 새로운 가능성을 믿고 전에는 존재하지 않았던 경로를 열어나갈 때 학생에게 소위 '기적'(그녀가 이렇게 말했다)이 일어나는 광경을 줄곧 목격했다. 그리고 최근 그녀는 자신이 지닌 성장 마인드셋을 질병을 극복하는 데에도 적용할 수 있음을 알았다.

베스는 몸에 여러 심각한 증상들이 나타났지만 원인을 알 수 없었고, 증상도 점차 심해져서 결국 직장을 그만둘 수밖에 없었다. 검사상으로는 아무 문제가 없었기에 의사들은 그녀의 건강에 이상이 없다고 결론을 내렸다. 이런 상황에서 대부분의 사람은 의사가 하는 말을 받아들인다. 그러나 그녀는 자기가 학생들에게 사용한 접근법을 자기 자신에게도 적용할 수 있지 않을까 생각했다. 학생들이 심각한 걱정거리를 들고 베스에게 찾아왔을 때 장애나 도움이 필요한 부분이 특별히 드러나지 않는 경우가 종종 있었다. 그러나 학생들은 자기에게 무언가 잘못된 일이 일어났음을 분명히 알았다. 이때 베스는 학생을 인간적으로 존중하고 그가 하는 걱정을 진지하게 받아들이곤 했다. 바로 이 접근법을 자기 자신에게 적용해본 베스는, 특정 증상을 단일 기관의 문제로 바라보지 않고 몸 전체의 문제로 바라보는 의사(예컨대 한의사나 침술사─옮긴이)들을 찾았다. 그들은 베스가 아픈 원인을 밝혀냈고, 그녀는 적절한 도움을 받아 결국 건강을 되찾았다.

일자리까지 포기해야 할 상황까지 간 바로 그때 베스는 뇌 전문가들이 적절한 조치를 취해 학생을 회복시켰던 일련의 과정을 기억해냈다. 그리고 자기도 학생들과 같은 상황에 놓여 있음을 깨달았다. 그녀는 학생에게 변화가 일어날 것이라고 믿었던 것과 마찬가지로 자기 신체와 의료 상황이 개선될 것을 믿어야겠다고 생각했다. 그 덕분에 그녀는 자기가 맞닥뜨린 장애물, 즉 일반적인 의사는 치료는커녕 진단도 못 하는 상황을 '우회'할 수 있는 길을 찾아냈다. 시련과 마주한 순간 베스가 취한 행동은 한계 제로의 상태에 도달한 이들이 취하는 전형적인 행동이다. 그들은 해답을 찾기 위해 색다른 방법을 시도하고, 다른 사람들이 그만 포기하라고 해도 그 말에 굴복하지 않는다.

현재 베스는 다시 학교로 돌아가 특수 교육이 필요한 학생들이 자기에게 붙은 장애와 한계라는 딱지를 떼어내고 자유로워지도록 돕고 있다. 장애를 지닌 학생들과 똑같은 경험을 해본 베스는 한층 더 헌신적으로 교육에 임하고 있다. 베스는 인터뷰 과정에서 결정적으로 중요한 말을 내게 남겼다. 그녀는 다른 사람에게 "장애가 너무 심해서 학습이 불가능하지 않느냐"라는 말을 자주 듣지만 그렇게 생각하지 않는다고 했다. 이 아이들이 학습, 그리고 자기를 믿는 사람에게 접근할 때 어떤 놀랍고 멋진 일들이 일어날지 알기 때문이다.

교사들은 내게 동기 부여가 전혀 되지 않는 학생은 어떻게 해야 하느냐고 자주 묻는다. 학생은 모두 무언가를 배우길 원한다. 다만 이 학생들이 누군가에게 '너는 공부를 잘하기에는 글렀어'라는 메시지를 받아서 공부에 동기 부여가 잘 안 되는 것뿐이다. 학생들이 이 해로운 생각을 떨쳐버리기만 하면, 누군가가 이 학생들에게 학습하는 길을 열어주기만 하면 동기 부여 문제는 말끔히 사라진다. 이것이 동기 부여에 대한 나의 확고한 견해다.

학생에 대한 베스의 믿음은 믿을 수 없는 변화가 일어나는 걸 오랜 세월 지켜본 데서 비롯된다. 성장 마인드셋의 관점을 견지하며 다차원적인 전략을 사용한 덕에, 학교에 입학할 때는 학습 장애를 지니고 온 학생들이 졸업할 때는 부정적인 딱지나 인식에서 완전히 해방되어 새로운 미래를 안고서 떠나간다. 그녀는 인터뷰에서 이렇게 말했다.

"뇌 과학 덕분에 다른 사람들이 기적이라고 여기는 것이 지금 나에게는 일상적으로 일어납니다."

우리 모두 바뀔 수 있고 성장할 수 있다는 것, 한계를 얼마든지 깨뜨릴 수 있다는 것을 받아들이는 것이야말로 고정관념에서 해방되어 한계 제로의 인생으로 접근하는 첫 번째 법칙이다. 그럴 때 사람들은 자기가 충분히 잘하지 못한다는 생각을 떨쳐낸다. 이 특별한 변화가 얼마나 중요한지는 아무리 강조해도 지나치지 않다. 많은 사람이 인생을 살아가면서 자기가 어딘지 모르게 부족한 사람이라고 느낀다. 대개는 교사나 직상 상사, 혹은 슬프게도 부모나 다른 가족 구성원의 언행 때문이다. 자기가 충분히 잘하고 있지 못하다고 느낄 때는 실수와 실패가 자학의 채찍이 된다. 자기 자신을 부정적으로 바라보고 스스로를 한계 짓는 생각이 잘못된 것이라는 점, 어떤 변화도 가능하며 어렵고 힘들어 쩔쩔매고 실패하는 것조차 뇌를 성장시킨다는 점을 깨달을 때 우리 내면에서는 힘이 불끈 솟는다.

두 번째 법칙은 힘들어서 쩔쩔매고 실패할 때 우리 뇌가 발달한다는 사실을 깨닫는 것이다. 실패를 바라보는 두 가지 시각이 있다. 하나는 후회하면서 실패를 부정적으로 바라보는 것이고, 다른 하나는 실패가 학습과 뇌 성장, 그리고 더 큰 결과를 얻게 할 기회라는 생각으로 긍정적으로 바라보는 것이다. 나는 실패를 통해 얻을 수 있는 긍정적인 결과를 날마다 생각하면서, 실패를 희망적으로 바라보는 훈련을 한다. 때로 실패는 사소한 것이며 쉽게 고칠 수도 있다. 어떤 때는 실수가 참혹할 정도로 부정적인 결과를 낳기도 하지만 결국에는 긍정적인 결과를 가져다준다. 실패도 인생의 한 부분이다. 인생을 살면서 용감하게 선택할수록 더 많은 실수를 하게 된다. 실패를 끌어안는다고 해서 그 뒤에 나타날 실패의 가짓수가 줄어들지도 않는다. 그러나 적어도 실패를 바라보는 관점은 선택할 수 있다. 긍정적인 것을 선택할지 부정적인 것을 선택할지는 당신에게 달렸다. 그리고 만약 당신이 긍정적인 관점을 선택한다면, 어느덧 한계 제로 상태가 되어 있을 것이다.

마틴 새뮤얼스Martin Samuels는 의사다. 생명과 직결된 일이어서 실패와 실수를 하지 않으려고 매우 열심히 노력하지만, 그럼에도 실수하고 실패한다. 그는 실수와 실패를 최대한 긍정적으로 바라보려고 애쓴다. 이 분야의 지도자들은 논문이나 직접적인 지침을 통해 그 어떤 대가를 치르더라도 의료진의 실수나 실패로 환자 목숨을 잃게 하는 상황은 피해야 한다고 강조한다. 실수나 실패를 긍정적인 관점에서 바라보려는 의사 입장에서는 이런 분위기가 숨 막힐 정도로 답답할 수 있다.

새뮤얼스는 실수나 실패를 포용한다는 점에서, 의료계에서는 특이한 인물이다. 그는 잘못을 저질렀을 때 이를 자책하기보다 자기가 한 잘못을 세심하게 기록하고 분류한다. 그리고 이것을 콘퍼런스나 그 밖의 자리에 가서 다른 의사들과 공유한다. '실수를 옹호하며In Defense of Mistakes'라는 제목으로 블로그에 올린 글에서 그는 실수나 실패가 없다면 의학은 발전하지 않을 것이라고까지 말했다. 또 만약 의사가 실수나 실패를 두려워하지 않고 받아들이며, 부끄러워하기보다 '학습의 기회'로 바라본다면 질병이라는 진짜 적을 이길 수 있을 것이라고도 말했다.[13] 이 긍정적인 접근법 덕분에 새뮤얼스는 실수로부터 더 많은 것을 배우고 훌륭한 의사가 되었다. 이러한 그의 행보는 학습과 성장의 길로 나아가는 다른 의사들에게도 귀감이 되고 있다.

어렵고 힘든 노력을 포용하는 것(그리고 어려운 길을 선택하는 것)도 똑같이 중요하다. 만약 판에 박힌 일상에 안주해 날마다 똑같은 것을 한다면 뇌가 새로운 경로와 연결을 만들어낼 가능성은 없어진다. 그러나 어려운 과제에 스스로 도전하고 힘든 분투의 과정을 포용하며 새 접근법을 따르고 새 생각을 반긴다면, 인생을 높은 수준으로 고양시켜줄 예리함을 개발할 수 있다.

한계 제로의 길로 가는 또 다른 중요한 법칙은 다차원의 안경을 끼고 여러 가지 문제와 인생에 접근하는 방법이 얼마든지 다양하다는 것을 인지하고 이를 실천하는 것이다. 이런 마음가짐은 유치원에서부터 대학교, 더 나아가 일상에서 일정 수준의 교과 내용을 학습하는 데 도움을 준다. 만약 어떤 과제를 해결하려고 끙끙대고 있는 상황에서 이전과는 다르게 접근해본다면, 예를 들어 단어를 도표로, 숫자를 시각적인 표현물로, 수식을 그래프로 표현해보면 해법은 의외로 쉽게 나타날 수 있다.

2016년에 놀라운 사건이 있었다. 수많은 수학자가 매달렸지만 결코 풀지 못했던 어떤 수학 문제를 젊은 컴퓨터 과학자 두 명이 푼 것이다.[14] 이 문제는 케이크나 땅덩어리 같은, 서로 연결된 어떤 대상을 관련된 당사자가 모두 만족하게끔 동일한 크기로 분할해보라는 문제였다. 많은 수학자들이 이 문제를 풀려고 나섰지만 그 답은 '무한한' 것이었다. 즉, 관련된 당사자의 선호에 따라 수십억 번 혹은 그 이상 단계를 거치거나 엄청 커다란 수를 다루어야만 했다.

그러나 두 명의 청년은 이 문제를 전혀 다른 방식으로 접근했다. 이들이 지닌 수학적 지식은 이 문제를 풀려고 애쓴 수학자들이 지닌 것에 비하면 아무것도 아니었지만, 오히려 이 문제를 푸는 데 유리하게 작용했다. 두 사람은 자기가 알고 있는 수학적 지식에 얽매이지 않았다. 바로 이 점이 그 문제를 풀려고 덤볐던 수많은 수학자와 다른 점이었다. 그들은 자기들이 많이 알지 못한다는 사실 덕분에 창의적으로 그 문제에 접근했다.

많은 사람이 이 사건을 황당해했다. 단 한 명의 수학자도 풀지 못한 어려운 수학 문제를 수학적 지식이 얄팍하기 그지없는 청년 둘이 풀었으니 그럴 만도 했다. 그러나 지식은 때로 방해가 된다. 창의적인 생각을 가로막을 수 있으며[15] 상자 바깥에서 바라보아야만 하는 영역인데도 상자 안에서 비롯된 방법론만 사용하도록 유도할 수 있기 때문이다. 두 컴퓨터 과학자는 수학자들보다 적은 지식을 가지고 있었기에 다르게 생각했고 그 때문에 성공할 수 있었다.

학교를 비롯한 교육 기관과 기업은 여전히 통상적인 관점과 다르게 생각하는 것을 그다지 권장하지 않는다. 통상적이지 않은 발상은 시작부터 퇴짜를 맞는다. 학교라는 공간은 기존 지식을 후대로 전달할 목적으로 세운 기관이다. 심지어 기존 지식이 낡은 것이 되어 유일한 방식도 아니고 문제를 해결하는 가장 좋은 방식도 아님에도, 그 전달은 계속 진행된다. 그러나 이런 관행은 바뀌어야 한다.

위에서 소개한 분할 문제가 온전하게 풀리기 전 수학자들은 문제를 풀기에는 아직도 수학적 지식이 부족하다고 믿었다. 그들은 해법 찾기를 순순히 포기했고, 오히려 그 문제는 도저히 풀리지 않는다는 사실을 증명하겠다는 계획만 세웠다. 하지만 젊은 컴퓨터 과학자 둘의 참신한 접근법이 수학 탐구가 나아갈 새로운 길을 말끔하게 닦아놓았다.

창의적으로 생각하는 것과 변화를 포용하는 것 외에 한계 제로의 상태를 지향하는 또 하나의 핵심 법칙은 다른 사람들과 예전과는 다른 방식으로 협력하는 것이다. 가장 생산적인 협력은 확신이 서지 않을 때 모든 것을 아는 척하는 대신 자신의 부족한 생각을 기꺼이 공개하고 공유하려는 의지를 지닌 이들과 소통하는 것이다. 남들에게 멋있게 보이겠다는 욕망을 내려놓고 열린 마음으로 소통을 할 때, 여기에 관련된 모든 사람이 서로 도움을 주고받을 수 있다.

기업이나 그 밖의 여러 기관에서 관리자나 지도자가 공개적인 협력을 주도할 때 이것이 제대로 전개될 가능성이 훨씬 더 높다. 이들이 "잘 몰라서 그러는데 여기에 대해 좀 배울 수 있을까요?"라고 말할 때 다른 사람들은 기꺼이 불확실성과 학습을 받아들이게 된다. 관리자나 지도자가 모르는 것을 배우고 자기가 이해한 내용을 확장하려 하며 자기가 틀렸다는 사실을 공개적으로 말하고 나설 때, 이들의 지시를 받고 움직이는 사람들도 뚜렷하게 달라진다. 회사나 조직의 관리자 및 지도자, 교사와 학부모가 협력을 주도하고 나설 때 개방성과 성장의 문화가 정착된다.

토론토에 있는 어느 학교 교장 마크 카사르Mark Cassar는 자기가 운영하는 K-8(유치원부터 중학교까지 9년의 교육 과정-옮긴이) 전반에 마인드셋과 관련된 발상을 녹여내려 노력하고 있다. 내가 그 학교를 찾아갔을 때 이 학교에서는 다차원적 접근법을 사용해 교과 내용을 가르치고 있었다. 나는 그 모습을 보고 흥분을 감출 수 없었다. 7세에서 10세까지의 어린 학생들을 앞에 앉혀놓고 인터뷰했는데, 그때 학생들이 묘사한 학습 접근법과 실수와 실패를 권장하는 학교 분위기, 그 아이들이 지닌 긍정적인 자아 신념(자기는 무엇이든 다 배울 수 있다는 믿음)을 보고 나는 전율을 느낄 정도로 흥분했다. 내가 이 책에서 마인드셋과 창의성, 다차원성에 대해 제시한 발상들이 마크 카사르에게 영향을 주어, 한 조직의 관리자로서 해야 할 일뿐만 아니라 그의 학교에서 이루어지는 교육의 전반적인 사항 모두를 변화시켰다. 인터뷰 중에 그는 자기가 경험한 실패, 교장 역할을 수행하는 데 도움을 받은 여러 가지 방법 등에 대해 상세히 이야기해주었다.

솔직히 저는 지금 제가 저지르는 실수나 잘못에 대해 정말 너그럽습니다. 예전에 비해 스스로에게 많이 너그러워졌죠. 틈만 나면 저는 스스로 "마크, 실패해도 괜찮아. 그 실패에서 무언가를 배우기만 하면 돼"라고 말합니다. 그리고 저는 교장으로서 아이들에게도 매우 비슷한 접근법을 취합니다. 전 아이들에게 이렇게 말하곤 합니다.
"얘들아, 실패하고 틀려도 괜찮아. 그 실패에서 무언가를 배우기만 하면 돼. 그런데 너희들은 그 실패에서 무엇을 배웠니? 어떻게 하면 우리가 좀 더 나은 사람이 될 수 있을까?"
저처럼 하루 종일 사람을 상대하는 일을 할 때는 실수하거나 잘못을 저지르기가 쉽습니다. 그런데 성장 마인드셋을 지니면 자신을 돌아볼 수 있고, 스스로 '지금까지는 이런 식으로 일했지만 다음번에는 좀 다르게 할 수 있을 거야'라는 말도 할 수 있게 되죠. 아무리 생각해봐도 교수님 책이 아니었다면 제가 이렇게 하지 못했을 겁니다. 전 정말 많이 달라졌어요. 교수님 책 덕분에 저는 반성과 성찰을 할 줄 알고, 비판적인 생각도 훨씬 더 잘할 수 있게 되었습니다. 예전과는 완전히 달라요.

한번은 이런 적이 있었습니다. 학생 하나가 학교가 보기에 꽤 중대한 잘못을 저질렀습니다. 행동 규범과 관련된 잘못이었지요. 그때 저는 제가 옳고 그 아이는 틀렸다는 생각을 앞세워서 아이를 나무랐습니다. 그런데 나중에 자초지종을 다 따져보니 아이가 옳았고 제가 틀렸지 뭡니까. 그때 저는 깨달았습니다.

'내가 교장이라는 이유만으로 나에게는 고칠 점이나 책임이 단 하나도 없다고 생각했구나. 아무리 높은 자리에 있는 사람이라도 비난의 책임을 면제받을 수는 없는데 말이야.'

저는 바로 그 학생에게 가서 이렇게 말했습니다.

"알고 보니 내가 잘못했더구나. 네 말이 맞았고 내가 틀렸어. 다음에 또 이런 일이 일어나면 그때는 내가 더 잘 처신하마."

그저 내가 한 행동을 되돌아보는 것 하나만으로 저에게 엄청난 변화가 생긴 겁니다.

카사르는 모든 교사가 긍정적인 마음가짐과 다차원적 접근법으로 학생을 가르치는 학교를 만들어갔다. 이 학교 학생들의 학습에 대한 애정과 학습 성취도는 새로운 접근법 덕에 쑥쑥 성장해왔다. 한편 이 학교 교사들은 실수나 실패가 학습에 매우 유용하다고 하면서 다른 한편으로는 학생들이 문제를 틀리면 벌칙을 주는 상황이 이율배반적이라는 것을 깨닫고는 시험 및 평가 체계를 바꾸었다. 이것이 교사들이 힘을 합쳐 일군 가장 중요한 변화였다.

지금도 여전히 학생들은 교사에게 평가를 받는다. 그러나 도움이 되지 않는 숫자로 점수를 매기거나 오답에 벌칙을 주는 대신 학생이 앞으로 고쳐나가야 하는 부분을 진단한 '서술식 채점표'를 제공한다. 나는 종종 이것을 교사가 학생에게 줄 수 있는 가장 위대한 선물이라고 표현한다. 처음에 학생들은 시험 점수부터 확인했다. 오로지 점수가 학생들의 관심사였던 것이다. 사실 점수는 학습 문화가 아닌 성취 문화의 결과물이다. 그러나 이제 학생들은 교사가 작성한 서술식 채점표를 보고 전체 학습 경로에서 자기가 어느 위치에 있는지 이해하며, 교사의 진단 평가를 꼼꼼하게 읽으며 어떻게 하면 부족한 부분을 채울 수 있을지 고민한다. 이것은 학생에게 성장과 학습은 가치 있는 것이며, 교사가 얼마든 도와줄 수 있다는 메시지를 전하는 방법이다.[16]

카사르 교장과 교사들은 학생들에게 한계 제로의 접근법을 전하기 위해 지금도 열심히 노력하고 있다. 그러나 슬프게도 이와 정반대되는 관점을 지니고 살아가는 사람이 여전히 많다. 어떤 사람은 자기 부모 때문에 부정적인 마인드셋에 갇힌 채 '나는 충분히 잘하고 있지 못해'라고 느끼며 살아간다. 어린아이들도 교실에서 이루어지는 잘못된 소통과 아이들의 능력을 불신하는 사람들로 인해 부정적인 사고방식에 갇힌다. 아이들은 교육 내용이 단조롭고 지루하고 반복적이어서, 또 자기가 갇힌 곳에서 빠져나오는 방법을 몰라서 거기 머무른다. 우리가 사는 세상은 수많은 방식으로 우리 믿음에 한계를 설정하려 시도한다. 그러나 이제 우리는 어떤 상황에 놓여 있든 여섯 가지 법칙으로 얼마든지 장애물을 극복하고 앞으로 나아갈 수 있음을 잘 안다.

학습과 인생에 정해진 한계가 있다고 믿는 데서, 모든 것을 학습할 수 있고 성취할 수 있다고 믿는 데로 나아가는 것은, 고정 마인드셋에서 성장 마인드셋으로 변화하는 것이다. 충분히 잘하지 못한다는 생각을 떨쳐내고 보다 많은 위험을 감수하기 시작하면 인생이 완전히 달라진다. 힘든 분투와 실패가 뇌를 성장시키며 학습의 기회로 작용한다는 사실은 우리를 해방시킨다. 우리는 마음을 고정된 것이 아닌 유동적인 것으로 바라보기 시작하고, 인생의 무한한 가능성에 눈을 돌린다. 다차원적인 접근법을 학교 교실과 인생의 여러 문제에 적용하고 다른 사람을 경쟁자가 아닌 동반자로 바라보며 협력할 때, 자기 잠재력과 인생 곳곳에 스며들어 있는 모든 상호 작용에 대한 생각이 바뀐다. 장애물이 우리가 가는 길을 막아선다 해도 우리는 언제나 이를 극복할 방법을 찾아낼 것이다.

마음이 바뀌면 더 유연하고 유동적이며 적응성이 뛰어난 사람이 된다. 길을 가다 커다란 바위를 만나면 그 바위를 돌아가는 길을 새롭게 찾아낸다. 어떤 사람은 단지 자기의 인생을 바꾸는 데만 그치지 않고 지도자나 전도사가 되어 다른 사람이 한계 제로의 인생을 살아가도록 돕는다. 심지어 어린아이조차도 자기 주변에 있는 사람에게 '새로운 뇌 과학'을 알리려고 애를 쓴다.

숀 아처Shawn Achor는 『행복의 특권』에서 한계를 설정하는 잘못된 신화를 모두 몰아내라고 말한다. 많은 사람은 자기가 더 열심히 일하면, 더 나은 일자리를 가지면, 완벽한 동반자를 만나면, 10킬로그램만 살을 빼면(당신의 목표를 여기에 대입해보라) 지금보다 더 행복할 거라 믿는다. 그러나 연구 논문에 따르면 이것은 잘못된 생각이다. 사람들은 긍정적일 때 더 동기 부여를 받아 일에 잘 몰두하며, 창의적이고 생산적으로 일하는 경향이 있다. 아처는 "행복은 성공의 연료이지만 성공이 행복의 연료일 수는 없다"라고 했다.[17] 아처는 특별히 사랑스러운 에피소드를 들려주며 긍정적인 사고의 중요성을 증명했다. 바로 그의 어린 시절에 있었던 이야기다.

그가 일곱 살 때 다섯 살이던 여동생과 이층 침대에서 놀고 있었다. 그는 줄곧 아버지에게 오빠로서 동생을 잘 돌봐야 하고, 특히 아버지가 낮잠을 잘 때는 조용히 해야 한다고 늘 강조했다. 그는 오빠로서 무엇을 하며 놀지도 결정해야 했다. 그는 자기 장난감인 해병대원과 동생 장난감인 유니콘 '마이 리틀 포니'들이 전투를 벌이는 놀이를 하자고 제안했다.

이층 침대 위에서 두 아이는 각자 자기 장난감을 정렬시키고 전투를 시작했다. 그런데 동생이 너무 흥분한 나머지 이층 침대에서 떨어졌다. 아처는 동생이 쿵 하고 떨어지는 소리를 들었다. 아래를 내려다보니 동생이 두 손과 두 무릎으로 바닥을 짚고 있었다. 순간 그는 와락 겁이 났다. 동생이 다쳤을까 봐도 그랬지만, 동생이 갑자기 큰 소리로 울음을 터뜨려서 그 소리에 아버지가 깨기라도 하면 큰일이었다. 그때를 숀은 다음과 같이 회상했다.

위기는 모든 혁신의 어머니다. 그래서 나는 제정신이 아닌 일곱 살짜리 아이의 뇌가 생각해낼 수 있는 행동을 했다. 나는 동생에게 이렇게 말했다.

"에이미, 잠깐! 가만히 있어 봐. 네가 바닥에 어떻게 떨어진 줄 아니? 인간은 너처럼 네 발로 땅에 떨어지지 않아. 너는 실은 유니콘이야!"[18]

동생에게 유니콘이 되는 것보다 더 절실한 소원이 없음을 그는 알았고, 바로 그 순간 동생은 큰 소리로 우는 대신 활짝 웃었다. 자신이 새로 발견한 '유니콘 정체성'에 흥분한 것이다! 동생은 다시 이층 침대로 기어 올라가 전투를 이어갔다.

나에게는 이 이야기가 정말 멋지게 들렸다. 우리 인생을 가득 채우고 있는 온갖 선택의 순간들에 관한 이야기이기 때문이다. 우리는 부정적인 태도를 선택할 수도 있고 긍정적인 태도를 선택할 수도 있다. 그리고 우리의 선택은 우리의 미래를 결정한다. 우리 곁에 우리를 유니콘으로 만들어줄 오빠는 없지만, 새로 배운 지식이 있다. 실패를 기회로 보고 긍정적인 마인드셋을 개발하며, 다차원성과 창의성을 가지고서 문제를 해결하는 방법, 우리의 대응 방식에 따라 미래가 어떻게 달라질지 아는 지식 말이다. 마인드셋의 변화는 현실뿐만 아니라 우리 자신까지도 바꾸어놓는다.

오랜 세월 교육 전문가로 살아오면서 나는 한계에 발목이 잡혀 옴짝달싹 못 하는 학생들을 많이도 만났다. 연령대도 어린아이부터 성인에 이르기까지 실로 다양했다. 다행히도 스스로 모든 것을 다 할 수 있으며 자기를 한계 짓는 것이 아무것도 없음을 깨우친 학생도 많이 만났다. 나는 이들이 지닌 생각이 그들 주변에 긍정적인 영향을 미치는 모습도 지켜보았다. 그들은 이층 침대에서 아래로 떨어졌을 때(사실 누구나 이런 일을 이따금 당한다) '나는 유니콘이다!'라고 생각하는 사람들이다.

이제 독자에게 마지막 조언을 전하려 한다. 그것은 힘든 노력과 실패를 포용하고 위험을 무릅쓰라는 것, 사람들이 당신의 앞길을 가로막도록 내버려 두지 말라는 것이다. 장애물이 나타나면 지금까지 취했던 것과는 다른 접근법을 취해서, 그 장애물을 피할 길을 적극적으로 찾아라. 만약 당신이 직장인이라면 다른 사람이 늘 해오던 일이라도 새로운 방식으로 시도하고 탐구해보라. 당신이 하는 일 속성상 한계를 돌파할 수 없는 일이라면 다른 일을 찾아보아라. 한계가 정해져 있는 인생을 그대로 받아들이지 마라. 나쁘게 풀린 일을 돌아보지 말고, 앞을 바라보면서 배움과 개선의 기회로 삼아라. 다른 사람을 함께 배우고 성장할 협력자로 바라보라. 불확실한 것을 그들과 공유하고, 여러 가지 생각에 마음을 활짝 열어라. 만약 당신이 교육자나 회사 관리자라면 학생들이나 동료들이 당신을 어떻게 생각하는지 알아내라. 생각하고 바라보고 일하는 방식 하나하나를 소중하게 여겨라. 문제 해결의 가장 아름다운 부분은 다차원성에 있다. 이것은 수학, 예술, 역사, 경영, 운동, 그 밖의 모든 영역에서 너무나 중요하다.

단 하루만이라도 한계 제로 접근법을 가지고 살아보라. 단 하루만 해봐도 차이를 확실히 알 것이다. 다른 사람이 한계에 갇혀 있다면 당신이 풀어주어라. 당신이 그 사람들의 인생을 조금이라도 더 낫게 바꾸어 놓을 수 있다는 것을 명심하라. 이럴 때 그 사람들은 또 다른 이의 인생을 바꾸어놓을 수 있다. 이렇게 변화가 널리 퍼져 나간다. 인생에서 우리가 언제든 별을 딸 수 있음을 아는 것보다 더 중요한 것이 있을까? 없다. 때로는 성공하지 못하겠지만 괜찮다. 우리는 새로운 여행을 시작함으로써 언제든 도움을 받을 수 있으니 말이다. 그 여행에서 당신은 진정한 한계 제로의 삶을 완성할 수 있다.

一 감사의 말

이 책 집필을 위해 기꺼이 인터뷰에 응해준 교사, 지도자, 학부모, 작가 및 모든 분들에게 깊은 감사의 인사를 전한다. 이들은 마음을 열고 지금 알고 있는 것을 몰랐을 때 자기 인생이 어땠는지, 가슴 아픈 이야기까지 속속들이 다 해주었다. 이들 중 많은 사람이 자기는 완벽해지려고 노력했으며 무언가를 알지 못하고 있다는 사실 때문에 두려웠다고 했다. 이들은 남들로부터 수학 머리가 없으니 높은 수준의 수학 공부는 아예 포기하라는 말도 들었다. 이들은 자기가 걸어온 변화의 여정을 나에게 보여주었다. 많은 사람이 현재 다른 이들을 지원하고 격려하는 일을 하고 있었다. 지면이 부족해 인터뷰한 모든 사람의 이야기를 책에 담지 못했지만, 모두에게 감사할 따름이다. 한 사람 한 사람 이름을 적으면 다음과 같다.

체리 아가피토

케이트 쿡

케일럽 오스틴

스테파니 딜

테레스 바르함

로빈 두비엘

사라 분

마그리엣 페이버

앤절라 브레넌

크리스티 피츠제럴드

제니퍼 브리치

셸리 프리츠

짐 브라운

마리이브 갠지

히서 버스크

마르타 가르시아

조디 캠피넬리

캐런 고티에

마크 카사르

앨리슨 지아코미니

에벌린 챈

르네 그라임스

홀리 콤튼

마거릿 홀

주디스 해리스

제니 모릴

수전 해리스

피트 노블

레아 하워스

마크 피트리

메그 헤이스

메릴 폴락

캐서린 헤드

베스 파월

수전 제키미악

저스틴 퍼비스

로렌 존슨

낸시 퀘세어

테레사 램버트

서닐 레디

린다 라페레

이베트 리스

잔디 로렌스

케이트 리지

루시아 맥켄지

대니얼 로차

진 매덕스

태미 샌더스

서닐 레디 메이레디

제니퍼 새퍼

첼시 매클렐런

미셸 스콧

사라 맥기

에리카 샤르마

샤나 맥케이

나나 수드닉

아델 맥큐

앤절라 톰슨

제시 멜가레스

캐리 톰스

게일 메트칼프

로라 웨이즈먼

크리스탈 모레이

벤 우드퍼드

나는 책을 한 권씩 쓸 때마다 늘 가족에게 말로 다 할 수 없는 고마움을 느낀다. 가족은 함께하지 못하는 상황을 기꺼이 참아주었다. 나의 멋진 딸들 아리안과 제이미는 언제나 내 인생을 환하게 밝혀준다.

유큐브드의 공동 창설자이자 변함없이 좋은 친구인 캐시 윌리엄스에게도 고맙다는 인사를 전한다. 캐시는 언제나 변함없는 내 삶의 동반자다. 때로는 나를 위해 그림을 그려주고, 나의 온갖 황당한 생각을 기꺼이 참아줄 뿐 아니라 오히려 격려까지 해준다.

유큐브드의 활력 넘치는 팀에게도 감사의 말을 전한다. 이들이 없었다면 나는 이 책을 쓰지 못했을 것이다. 이들은 인터뷰 작업을 돕고, 책 집필의 모든 과정에서 나를 지원해주었다. 몬트세렛 코르데로, 수전 코킨스, 크리스티나 댄스, 잭 디크만, 제시카 메서드, 에스텔 우드버리에게 진심으로 감사한다. 박사 과정을 밟고 있는 제자 태냐 라마르와 로

빈 앤더슨도 소중한 지원과 도움을 보태주었다.

이 책을 위해 인터뷰한 교사들 외에 내가 일상적으로 만나는 교사들에게도 많은 영감을 받았다. 이들 중에는 학생들을 진심으로 믿고 그들이 몰두할 수 있게 수업 준비를 하느라 수많은 시간을 보낸 이들, 교사가 해야 할 일의 범위를 훌쩍 넘어서는 일까지 기꺼이 한 사람들도 있다. 만약 교사에게 학생들이 무엇을 어떻게 배워야 할 것인가 하는 문제에 대해 더 많은 재량권을 준다면, 세상은 지금보다 훨씬 더 나은 곳이 될 것이다. 함께 대화를 나누고 지난 몇 년간 많은 것을 가르쳐준 모든 교사들에게 고맙다는 인사를 전한다.

프롤로그 지금 당장 가능성의 모든 락(Lock)을 풀어라

1   Sue Johnston-Wilder, Janine Brindley, and Philip Dent, *A Survey of Mathematics Anxiety and Mathematical Resilience Among Existing Apprentices* (London: Gatsby Charitable Foundation, 2014).

2   Sara Draznin, "Math Anxiety in Fundamentals of Algebra Students," *The Eagle Feather*, Honors College, Univ. of North Texas, January 1, 1970, http://eaglefeather.honors.unt.edu/2008/article/179#.W-idJS2ZNMM; N. Betz, "Prevalence, Distribution, and Correlates of Math Anxiety in College Students," *Journal of Counseling Psychology* 25/5 (1978): 441–48.

3   C. B. Young, S. S. Wu, and V. Menon, "The Neurodevelopmental Basis of Math Anxiety," *Psychological Science* 23/5 (2012): 492–501.

4   Daniel Coyle, *The Talent Code: Greatness Isn't Born. It's Grown. Here's How.* (New York: Bantam, 2009).[대니얼 코일, 『탤런트 코드』, 웅진지식하우스, 2009.]

5   Michael Merzenich, *Soft-Wired: How the New Science of Brain Plasticity Can Change Your Life* (San Francisco: Parnassus, 2013).

6   Merzenich, *Soft-Wired*.

7 Anders Ericsson and Robert Pool, *Peak: Secrets from the New Science of Expertise* (New York: Houghton Mifflin Harcourt, 2016). [안데르스 에릭슨·로버트 풀, 『1만 시간의 재발견』, 비즈니스북스, 2016.]

8 Ericsson and Pool, *Peak*, 21.

9 Carol S. Dweck, *Mindset: The New Psychology of Success* (New York: Ballantine, 2006). [캐럴 드웩, 『마인드셋』, 스몰빅라이프, 2017.]

10 Carol S. Dweck, "Is Math a Gift? Beliefs That Put Females at Risk," in Stephen J. Ceci and Wendy M. Williams, eds., *Why Aren't More Women in Science? Top Researchers Debate the Evidence* (Washington, DC: American Psychological Association, 2006).

11 D. S. Yeager et al., "Breaking the Cycle of Mistrust: Wise Interventions to Provide Critical Feedback Across the Racial Divide," *Journal of Experimental Psychology: General* 143/2 (2014): 804.

법칙1 타고난 재능을 믿지 마라

1 Michael Merzenich, *Soft-Wired: How the New Science of Brain Plasticity Can Change Your Life* (San Francisco: Parnassus, 2013), 2.

2 Norman Doidge, *The Brain That Changes Itself* (New York: Penguin, 2007). [노먼 도이지, 『기적을 부르는 뇌』, 지호, 2008.]

3 Doidge, *The Brain That Changes Itself*, 55.

4 E. Maguire, K. Woollett, and H. Spiers, "London Taxi Drivers and Bus Drivers: A Structural MRI and Neuropsychological Analysis," *Hippocampus* 16/12 (2006): 1091–101.

5 K. Woollett and E. A. Maguire, "Acquiring 'The Knowledge' of London's Layout Drives Structural Brain Changes," *Current Biology* 21/24 (2011): 2109–14.

6 Elise McPherson et al., "Rasmussen's Syndrome and Hemispherectomy: Girl Living with Half Her Brain," *Neuroscience Fundamentals*, http://www.whatsonxiamen.com/news11183.html.

7 Doidge, *The Brain That Changes Itself*, xix.

8 Doidge, *The Brain That Changes Itself*, xx.

9 A. Dixon, editorial, *FORUM* 44/1 (2002): 1.

10 Sarah D. Sparks, "Are Classroom Reading Groups the Best Way to Teach Reading? Maybe Not," *Education Week*, August 26, 2018, http://www.edweek.org/ew/articles/2018/08/29/are-classroom-reading-groups-the-best-way.html.

11   Sparks, "Are Classroom Reading Groups the Best Way to Teach Reading? Maybe Not."

12   Jo Boaler, *Mathematical Mindsets: Unleashing Students' Potential Through Creative Math, Inspiring Messages and Innovative Teaching* (San Francisco: Jossey-Bass, 2016).[조 볼러, 『스탠 퍼드 수학공부법』, 와이즈베리, 2017.]

13   Jo Boaler et al., "How One City Got Math Right," *The Hechinger Report*, October 2018, https://hechingerreport.org/opinion-how-one-city-got-math-right/.

14   Lois Letchford, *Reversed: A Memoir* (Irvine, CA: Acorn, 2018).

15   Doidge, *The Brain That Changes Itself*, 34.

16   K. Lewis and D. Lynn, "Against the Odds: Insights from a Statistician with Dyscalculia," *Education Sciences* 8/2 (2018): 63.

17   T. Iuculano et al., "Cognitive Tutoring Induces Widespread Neuroplasticity and Remediates Brain Function in Children with Mathematical Learning Disabilities," *Nature Communications* 6 (2015): 8453, https://doi.org/10.1038/ncomms9453.

18   Sarah-Jane Leslie, et al., "Expectations of Brilliance Underlie Gender Distributions Across Academic Disciplines," *Science* 347/6219 (2015): 262–65.

19   Seth Stephens-Davidowitz, "Google, Tell Me: Is My Son a Genius?" *New York Times*, January 18, 2014, https://www.nytimes.com/2014/01/19/opinion/sunday/google-tell-me-is-my-son-a-genius.html.

20   D. Storage et al., "The Frequency of 'Brilliant' and 'Genius' in Teaching Evaluations Predicts the Representation of Women and African Americans Across Fields," *PLoS ONE* 11/3 (2016): e0150194, https://doi.org/10.1371/journal.pone.0150194.

21   Piper Harron, "Welcome to Office Hours," *The Liberated Mathematician*, 2015, http://www.theliberatedmathematician.com.

22   Eugenia Sapir, "Maryam Mirzakhani as Thesis Advisor," *Notices of the AMS* 65/10 (November 2018): 1229–30.

23   2020년 1월 기준으로 이 영화는 7만 5800뷰를 기록했다. 다음 웹 페이지에서 볼 수 있다. http://www.youcubed.org/rethinking-giftedness-film.

24   Daniel Coyle, *The Talent Code: Greatness Isn't Born. It's Grown. Here's How.* (New York: Bantam, 2009), 178.

25   Anders Ericsson and Robert Pool, *Peak: Secrets from the New Science of Expertise* (New York: Houghton Mifflin Harcourt, 2016).

법칙2 실패를 사랑하라

1 J. S. Moser et al., "Mind Your Errors: Evidence for a Neural Mechanism Linking Growth Mind-set to Adaptive Posterror Adjustments," *Psychological Science* 22/12 (2011): 1484−89.

2 Daniel Coyle, *The Talent Code: Greatness Isn't Born. It's Grown. Here's How*. (New York: Bantam, 2009).

3 J. A. Mangels, et al., "Why Do Beliefs About Intelligence Influence Learning Success? A Social Cognitive Neuroscience Model," *Social Cognitive and Affective Neuroscience* 1/2 (2006): 75−86, http://academic.oup.com/scan/article/1/2/75/2362769.

4 Moser et al., "Mind Your Errors."

5 Coyle, *The Talent Code*, 2−3.

6 Coyle, *The Talent Code*, 3−4.

7 Coyle, *The Talent Code*, 5.

8 Moser et al., "Mind Your Errors."

9 Anders Ericsson and Robert Pool, *Peak: Secrets from the New Science of Expertise* (New York: Houghton Mifflin Harcourt, 2016), 75.

10 James W. Stigler and James Hiebert, *The Teaching Gap: Best Ideas from the World's Teachers for Improving Education in the Classroom* (New York: Free Press, 1999).

11 Elizabeth Ligon Bjork and Robert Bjork, "Making Things Hard on Yourself, but in a Good Way: Creating Desirable Difficulties to Enhance Learning," in Morton Ann Gernsbacher and James R. Pomeratz, eds., *Psychology and the Real World* (New York: Worth, 2009), 55−64, https://bjorklab.psych.ucla.edu/wp-content/uploads/sites/13/2016/04/EBjork_RBjork_2011.pdf.

12 J. Boaler, K. Dance, and E. Woodbury, "From Performance to Learning: Assessing to Encourage Growth Mindsets," *youcubed*, 2018, tinyurl.com/A4Lyoucubed.

13 Coyle, *The Talent Code*, 5.

법칙3 무엇이든 될 수 있다고 믿어라

1 O. H. Zahrt and A. J. Crum, "Perceived Physical Activity and Mortality: Evidence from Three Nationally Representative U.S. Samples," *Health Psychology* 36/11 (2017): 1017−25, http://dx.doi.org/10.1037/hea0000531.

2   B. R. Levy et al., "Longevity Increased by Positive Self-Perceptions of Aging," *Journal of Personality and Social Psychology* 83/2 (2002): 261–70, https://doi.org/10.1037/0022-3514.83.2.261.

3   B. R. Levy et al., "Age Stereotypes Held Earlier in Life Predict Cardiovascular Events in Later Life," *Psychological Science* 20/3 (2009): 296–98, https://doi.org/10.1111/j.1467-9280.2009.02298.x.

4   Levy et al., "Age Stereotypes Held Earlier in Life."

5   A. J. Crum and E. J. Langer, "Mind-Set Matters: Exercise and the Placebo Effect," *Psychological Science* 18/2 (2007): 165–71, https://doi.org/10.1111/j.1467-9280.2007.01867.x.

6   V. K. Ranganathan et al., "From Mental Power to Muscle Power-Gaining Strength by Using the Mind," *Neuropsychologia* 42/7 (2004): 944–56.

7   N. F. Bernardi et al., "Mental Practice Promotes Motor Anticipation: Evidence from Skilled Music Performance," *Frontiers in Human Neuroscience* 7 (2013): 451, https://doi.org/10.3389/fnhum.2013.00451.

8   K. M. Davidson-Kelly, "Mental Imagery Rehearsal Strategies for Expert Pianists," *Edinburgh Research Archive*, November 26, 2014, https://www.era.lib.ed.ac.uk/handle/1842/14215.

9   D. S. Yeager, K. H. Trzesniewski, and C. S. Dweck, "An Implicit Theories of Personality Intervention Reduces Adolescent Aggression in Response to Victimization and Exclusion," *Child Development* 84/3 (2013): 970–88.

10   P. B. Carr, C. S. Dweck, and K. Pauker, "'Prejudiced' Behavior Without Prejudice? Beliefs About the Malleability of Prejudice Affect Interracial Interactions," *Journal of Personality and Social Psychology* 103/3 (2012): 452.

11   L. S. Blackwell, K. H. Trzesniewski, and C. S. Dweck, "Implicit Theories of Intelligence Predict Achievement Across an Adolescent Transition: A Longitudinal Study and an Intervention," *Child Development* 78/1 (2007): 24–63.

12   J. S. Moser et al., "Mind Your Errors: Evidence for a Neural Mechanism Linking Growth Mind-set to Adaptive Posterror Adjustments," *Psychological Science* 22/12 (2011): 1484–89.

13   E. A. Gunderson et al., "Parent Praise to 1- to 3-Year-Olds Predicts Children's Motivational Frameworks 5 Years Later," *Child Development* 84/5 (2013): 1526–41.

14   Carol S. Dweck, "The Secret to Raising Smart Kids," *Scientific American Mind* 18/6 (2007): 36–43, https://doi.org/10.1038/scientificamericanmind1207-36.

15   Carol S. Dweck, "Is Math a Gift? Beliefs That Put Females at Risk," in Stephen J. Ceci and Wendy M. Williams, eds., *Why Aren't More Women in Science? Top Researchers Debate the Evidence* (Washington, DC: American Psychological Association, 2006).

16   Blackwell, Trzesniewski, and Dweck, "Implicit Theories of Intelligence Predict Achievement."

17   Angela Duckworth, *Grit: The Power of Passion and Perseverance* (New York: Scribner, 2016). [앤

절라 더크워스, 『그릿』, 비즈니스북스, 2016.]

18   J. Boaler, K. Dance, and E. Woodbury, "From Performance to Learning: Assessing to Encourage Growth Mindsets," *youcubed*, 2018, tinyurl.com/A4Lyoucubed.

19   H. Y. Lee et al., "An Entity Theory of Intelligence Predicts Higher Cortisol Levels When High School Grades Are Declining," *Child Development*, July 10, 2018, https://doi.org/10.1111/cdev.13116.

20   Anders Ericsson and Robert Pool, *Peak: Secrets from the New Science of Expertise* (New York: Houghton Mifflin Harcourt, 2016).

21   Carol S. Dweck, *Mindset: The New Psychology of Success* (New York: Ballantine, 2006), 257.

22   Christine Gross-Loh, "How Praise Became a Consolation Prize," *The Atlantic*, December 16, 2016.

법칙4 다양한 방법의 솔루션을 찾아라

1   Alfie Kohn, "The 'Mindset' Mindset," *Alfie Kohn*, June 8, 2018, http://www.alfiekohn.org/article/mindset/.

2   V. Menon, "Salience Network," in Arthur W. Toga, ed., *Brain Mapping: An Encyclopedic Reference*, vol. 2 (London: Academic, 2015), 597–611.

3   J. Park and E. M. Brannon, "Training the Approximate Number System Improves Math Proficiency," *Psychological Science* 24/10 (2013): 2013–19, https://doi.org/10.1177/0956797613482944.

4   I. Berteletti and J. R. Booth, "Perceiving Fingers in Single-Digit Arithmetic Problems," *Frontiers in Psychology* 6 (2015): 226, https://doi.org/10.3389/fpsyg.2015.00226.

5   M. Penner-Wilger and M. L. Anderson, "The Relation Between Finger Gnosis and Mathematical Ability: Why Redeployment of Neural Circuits Best Explains the Finding," *Frontiers in Psychology* 4 (2013): 877, https://doi.org/10.3389/fpsyg.2013.00877.

6   M. Penner-Wilger et al., "Subitizing, Finger Gnosis, and the Representation of Number," *Proceedings of the 31st Annual Cognitive Science Society* 31 (2009): 520–25.

7   S. Beilock, *How the Body Knows Its Mind: The Surprising Power of the Physical Environment to Influence How You Think and Feel* (New York: Simon and Schuster, 2015).

8   Anders Ericsson and Robert Pool, *Peak: Secrets from the New Science of Expertise* (New York: Houghton Mifflin Harcourt, 2016).

9   A. Sakakibara, "A Longitudinal Study of the Process of Acquiring Absolute Pitch: A

Practical Report of Training with the 'Chord Identification Method,'" *Psychology of Music* 42/1 (2014): 86–111, https://doi.org/10.1177/0305735612463948.

10   Thomas G. West, *Thinking Like Einstein: Returning to Our Visual Roots with the Emerging Revolution in Computer Information Visualization* (New York: Prometheus Books, 2004).

11   Claudia Kalb, "What Makes a Genius?" *National Geographic*, May 2017.

12   Kalb, "What Makes a Genius?"

13   M. A. Ferguson, J. S. Anderson, and R. N. Spreng, "Fluid and Flexible Minds: Intelligence Reflects Synchrony in the Brain's Intrinsic *Network Architecture*," Network Neuroscience 1/2 (2017): 192–207.

14   M. Galloway, J. Conner, and D. Pope, "Nonacademic Effects of Homework in Privileged, High-Performing High Schools," *Journal of Experimental Education* 81/4 (2013): 490–510.

15   M. E. Libertus, L. Feigenson, and J. Halberda, "Preschool Acuity of the Approximate Number System Correlates with School Math Ability," *Developmental Science* 14/6 (2011): 1292–1300.

16   R. Anderson, J. Boaler, and J. Dieckmann, "Achieving Elusive Teacher Change Through Challenging Myths About Learning: A Blended Approach," *Education Sciences* 8/3 (2018): 98.

17   Anderson, Boaler, and Dieckmann, "Achieving Elusive Teacher Change."

18   J. Boaler, K. Dance, and E. Woodbury, "From Performance to Learning: Assessing to Encourage Growth Mindsets," *youcubed*, 2018, tinyurl.com/A4Lyoucubed.

법칙5 문제 해결을 서두르지 마라

1   Claudia Kalb, "What Makes a Genius?" *National Geographic*, May 2017.

2   Sian Beilock, *Choke: What the Secrets of the Brain Reveal About Getting It Right When You Have To* (New York: Simon and Schuster, 2010).[사이언 베일락, 『부동의 심리학』, 21세기 북스, 2011.]

3   학생들이 공포나 불안감을 느끼지 않도록 수학의 개념을 잘 가르치는 방법들에 대한 조언을 주는 논문을 소개하면 다음과 같다. Jo Boaler, Cathy Williams, and Amanda Confer, "Fluency Without Fear: Research Evidence on the Best Ways to Learn Math Facts," *youcubed*, January 28, 2015, https://www.youcubed.org/evidence/fluency-without-fear.

4   E. A. Maloney et al., "Intergenerational Effects of Parents' Math Anxiety on Children's Math Achievement and Anxiety," *Psychological Science* 26/9 (2015): 1480–88, https://doi.

org/10.1177/0956797615592630.

5   S. L. Beilock et al., "Female Teachers' Math Anxiety Affects Girls' Math Achievement," *Proceedings of the National Academy of Sciences* 107/5 (2010): 1860–63.

6   Laurent Schwartz, *A Mathematician Grappling with His Century* (Basel: Birkhäuser, 2001).

7   Kenza Bryan, "Trailblazing Maths Genius Who Was First Woman to Win Fields Medal Dies Aged 40," *Independent*, July 15, 2017, https://www.independent.co.uk/news/world/maryam-mirzakhani-fields-medal-mathematics-dies-forty-iran-rouhani-a7842971.html.

8   Schwartz, *A Mathematician Grappling with His Century*, 30–31.

9   Norman Doidge, *The Brain That Changes Itself* (New York: Penguin, 2007), 199.

10   Doidge, *The Brain That Changes Itself*, 199.

11   K. Supekar et al., "Neural Predictors of Individual Differences in Response to Math Tutoring in Primary-Grade School Children," *PNAS* 110/20 (2013): 8230–35.

12   E. M. Gray and D. O. Tall, "Duality, Ambiguity, and Flexibility: A 'Proceptual' View of Simple Arithmetic," *Journal for Research in Mathematics Education* 25/2 (1994): 116–40.

13   W. P. Thurston, "Mathematical Education," *Notices of the American Mathematical Society* 37 (1990): 844–50.

14   Gray and Tall, "Duality, Ambiguity, and Flexibility."

15   Jo Boaler and Pablo Zoida, "Why Math Education in the U.S. Doesn't Add Up," *Scientific American*, November 1, 2016, https://www.scientificamerican.com/article/why-math-education-in-the-u-s-doesn-t-add-up.

16   Adam Grant, *Originals*: *How Non-Conformists Move the World* (New York: Penguin, 2016).[애덤 그랜트, 『오리지널스』, 한국경제신문, 2016.]

17   Grant, *Originals*, 9–10.

법칙6 내 생각과 타인의 생각을 연결하라

1   U. Treisman, "Studying Students Studying Calculus: A Look at the Lives of Minority Mathematics Students in College," *College Mathematics Journal* 23/5 (1992): 362–72 (368).

2   Treisman, "Studying Students Studying Calculus," 368.

3   Organisation for Economic Co-operation and Development, *The ABC of Gender Equality in Education*: *Aptitude, Behaviour, Confidence* (Paris: PISA, OECD Publishing, 2015), https://www.oecd.org/pisa/keyfindings/pisa-2012-results-gender-eng.pdf.

4   OECD, *The ABC of Gender Equality in Education*.

5   M. I. Núñez-Peña, M. Suárez-Pellicioni, and R. Bono, "Gender Differences in Test Anxiety and Their Impact on Higher Education Students' Academic Achievement," *Procedia-Social and Behavioral Sciences* 228 (2016): 154–60.

6   Organisation for Economic Co-operation and Development, *PISA* 2015 *Results (Volume V): Collaborative Problem Solving* (Paris: PISA, OECD Publishing, 2017), https://doi.org/10.1787/9789264285521-en.

7   J. Decety et al., "The Neural Bases of Cooperation and Competition: An f MRI Investigation," *Neuroimage* 23/2 (2004): 744–51.

8   V. Goertzel et al., *Cradles of Eminence*: *Childhoods of More than* 700 *Famous Men and Women* (Gifted Psychology Press: 2004), 133–55. [빅터 고어즐 외, 『세계적 인물은 어떻게 키워지는가』, 뜨인돌, 2006.]

9   Meg Jay, "The Secrets of Resilience," *Wall Street Journal*, November 10, 2017, https://www.wsj.com/articles/the-secrets-of-resilience-1510329202.

10   Jo Boaler, "Open and Closed Mathematics: Student Experiences and Understandings," *Journal for Research in Mathematics Education* 29/1 (1998): 41–62.

11   Jo Boaler, *Experiencing School Mathematics*: *Traditional and Reform Approaches to Teaching and Their Impact on Student Learning* (New York: Routledge, 2002).

12   J. Boaler and S. Selling, "Psychological Imprisonment or Intellectual Freedom? A Longitudinal Study of Contrasting School Mathematics Approaches and Their Impact on Adults' Lives," *Journal of Research in Mathematics Education* 48/1 (2017): 78–105.

13   J. Boaler and M. Staples, "Creating Mathematical Futures Through an Equitable Teaching Approach: The Case of Railside School," *Teachers' College Record* 110/3 (2008): 608–45.

14   Jo Boaler, "When Academic Disagreement Becomes Harassment and Persecution," October 2012, http://web.stanford.edu/~joboaler.

15   Shane Feldman, "Pain to Purpose: How Freshman Year Changed My Life," https://www.youtube.com/watch?v=BpMq7Q54cwI.

16   Jo Boaler, "Promoting 'Relational Equity' and High Mathematics Achievement Through an Innovative Mixed Ability Approach," *British Educational Research Journal* 34/2 (2008): 167–94.

17   John J. Cogan and Ray Derricott, *Citizenship for the 21st Century*: *An International Perspective on Education* (London: Kogan Page, 1988), 29; Gita Steiner-Khamsi, Judith Torney-Purta, and John Schwille, eds., *New Paradigms and Recurring Paradoxes in Education for Citizenship*: *An International Comparison* (Bingley, UK: Emerald Group, 2002).

18   Boaler and Staples, "Creating Mathematical Futures."

19   Jenny Morrill and Paula Youmell, *Weaving Healing Wisdom* (New York: Lexingford, 2017).

에필로그 그릿을 이기는 한계 제로 마인드셋

1   Etienne Wenger, *Communities of Practice*: *Learning, Meaning, and Identity* (Cambridge: Cambridge Univ. Press, 1999).

2   Angela Duckworth, *Grit*: *The Power of Passion and Perseverance* (New York: Scribner, 2016).

3   Nicole M. Joseph, personal communication, 2019.

4   Henry Fraser, *The Little Big Things* (London: Seven Dials, 2018).

5   Fraser, The Little Big Things, 158–59.

6   R. A. Emmons and M. E. McCullough, "Counting Blessings Versus Burdens: An Experimental Investigation of Gratitude and Subjective Well-Being in Daily Life," *Journal of Personality and Social Psychology* 84/2 (2003): 377.

7   Shawn Achor, The Happiness Advantage: *The Seven Principles of Positive Psychology That Fuel Success and Performance at Work* (New York: Random House, 2011).[숀 아처, 『행복의 특권』, 청림출판, 2012.]

8   Anders Ericsson and Robert Pool, *Peak*: *Secrets from the New Science of Expertise* (New York: Houghton Mifflin Harcourt, 2016).

9   C. Hertzog and D. R. Touron, "Age Differences in Memory Retrieval Shift: Governed by Feeling-of-Knowing?" *Psychology and Aging* 26/3 (2011): 647–60.

10   D. R. Touron and C. Hertzog, "Age Differences in Strategic Behavior During a Computation-Based Skill Acquisition Task," *Psychology and Aging* 24/3 (2009): 574.

11   F. Sofi et al., "Physical Activity and Risk of Cognitive Decline: A MetaAnalysis of Prospective Studies," *Journal of Internal Medicine* 269/1 (2011): 107–17.

12   D. C. Park et al., "The Impact of Sustained Engagement on Cognitive Function in Older Adults: The Synapse Project," *Psychological Science* 25/1 (2013): 103–12.

13   Martin Samuels, "In Defense of Mistakes," *The Health Care Blog*, October 7, 2015, http://thehealthcareblog.com/blog/2015/10/07/in-defense-of-mistakes/.

14   Erica Klarreich, "How to Cut Cake Fairly and Finally Eat It Too," *Quanta Magazine*, October 6, 2016, https://www.quantamagazine.org/new-algorithm-solves-cake-cutting-problem-20161006/#.

15   Adam Grant, *Originals*: *How Non-Conformists Move the World* (New York: Penguin, 2016).

16   J. Boaler, K. Dance, and E. Woodbury, "From Performance to Learning: Assessing to Encourage Growth Mindsets," *youcubed*, 2018, https://bhi61nm2cr3mkdgk1dtaov18-wpengine.netdna-ssl.com/wp-content/uploads/2018/04/Assessent-paper-final-4.23.18.pdf.

17   Achor, *The Happiness Advantage*, 62–63.

18   Achor, *The Happiness Advantage*, 62–63.

89쪽   '학습 구멍', James Nottingham, *The Learning Challenge: How to Guide Your Students Through the Learning Pit to Achieve Deeper Understanding* (Thousand Oaks, CA: Corwin, 2017).

111쪽   '성장 마인드셋과 고정 마인드셋 비교', 다음을 다시 그린 것이다. L. S. Blackwell, K. H. Trzesniewski, and C. S. Dweck, "Implicit Theories of Intelligence Predict Achievement Across an Adolescent Transition: A Longitudinal Study and an Intervention," *Child Development* 78/1 (2007): 246–63.

115쪽   '마인드셋 정보를 제공받은 학생과 그렇지 않은 학생의 비교', 다음을 다시 그린 것이다. L. S. Blackwell, K. H. Trzesniewski, and C. S. Dweck, "Implicit Theories of Intelligence Predict Achievement Across an Adolescent Transition: A Longitudinal Study and an Intervention," *Child Development* 78/1 (2007): 246–63.

186쪽   '개념과 방법론의 구조', 다음을 다시 그린 것이다. E. M. Gray and D. O. Tall, "Duality, Ambiguity, and Flexibility: A 'Proceptual' View of Simple Arithmetic," *Journal for Research in Mathematics Education* 25/2 (1994): 116–40.

옮긴이 이경식

서울대학교 경영학과와 경희대학교 대학원 국문학과를 졸업했다. 오페라 〈가락국기〉, 영화 〈개 같은 날의 오후〉, 〈나에게 오라〉, 연극 〈춤추는 시간여행〉, 〈동팔이의 꿈〉, 텔레비전 드라마 〈선감도〉 등의 각본을 썼다. 옮긴 책으로는 『댄 애리얼리의 부의 감각』, 『소셜애니멀』, 『전략의 역사』, 『조지 길더 구글의 종말』, 『포사이트』, 『플랫폼 제국의 미래』, 『에고라는 적』 등이 있다. 저서로는 『청춘아 세상을 욕해라』, 『나는 아버지다』, 『대한민국 깡통경제학』, 『미쳐서 살고 정신 들어 죽다』 등이 있다.

내 안의 가능성을 깨우는 6가지 법칙

언락Unlock

초판 1쇄 발행 2020년 2월 5일
초판 4쇄 발행 2022년 10월 17일

지은이 조 볼러
옮긴이 이경식
펴낸이 김선식

경영총괄 김은영
책임편집 임소연 **디자인** 황정민 **책임마케터** 문서희
콘텐츠개발4팀장 임소연 **콘텐츠개발4팀** 황정민, 옥다애, 백지윤
편집관리팀 조세현, 백설희 **저작권팀** 한승빈, 김재원, 이슬
마케팅본부장 권장규 **마케팅4팀** 박태준, 문서희
미디어홍보본부장 정명찬 **홍보팀** 안지혜, 김민정, 오수미, 송현석
뉴미디어팀 허지호, 박지수, 임유나, 송희진, 홍수경 **디자인파트** 김은지, 이소영
재무관리팀 하미선, 윤이경, 김재경, 안혜선, 이보람
인사총무팀 강미숙, 김혜진, 황호준
제작관리팀 박상민, 최완규, 이지우, 김소영, 김진경, 양지환
물류관리팀 김형기, 김선진, 한유현, 민주홍, 전태환, 전태연, 양문현, 최창우
외부스태프 본문디자인 DESIGN MOMENT 본문일러스트 김혜 교정교열 임인선

펴낸곳 다산북스 **출판등록** 2005년 12월 23일 제313-2005-00277호
주소 경기도 파주시 회동길 490 다산북스 파주사옥 3층
전화 02-702-1724 **팩스** 02-703-2219 **이메일** dasanbooks@dasanbooks.com
홈페이지 www.dasanbooks.com **블로그** blog.naver.com/dasan_books
종이 (주)한솔피앤에스 **출력·인쇄** 민언프린텍 **후가공** 평창 P&G **제본** 정문바인텍

ISBN 979-11-306-2834-9 (03190)

다산북스(DASANBOOKS)는 독자 여러분의 책에 관한 아이디어와 원고 투고를 기쁜 마음으로 기다리고 있습니다. 책 출간을 원하는 아이디어가 있으신 분은 다산북스 홈페이지 '투고원고'란으로 간단한 개요와 취지, 연락처 등을 보내주세요. 머뭇거리지 말고 문을 두드리세요.